MARKUS LUDWIGS (HRSG.)

Klimaschutz, Versorgungssicherheit und Wirtschaftlichkeit in der Energiewende

Schriften zum Deutschen
und Europäischen Infrastrukturrecht

Herausgegeben von
Ralf Brinktrine und Markus Ludwigs

Band 8

Klimaschutz, Versorgungssicherheit und Wirtschaftlichkeit in der Energiewende

Herausgegeben von

Markus Ludwigs

Duncker & Humblot · Berlin

Bibliografische Information der Deutschen Nationalbibliothek

Die Deutsche Nationalbibliothek verzeichnet diese Publikation in
der Deutschen Nationalbibliografie; detaillierte bibliografische Daten
sind im Internet über http://dnb.d-nb.de abrufbar.

Satz: 3w+p GmbH, Ochsenfurt-Hohestadt
Druck: CPI buchbücher.de GmbH, Birkach
Printed in Germany

ISSN 2198-0632
ISBN 978-3-428-15252-0(Print)
ISBN 978-3-428-55252-8 (E-Book)
ISBN 978-3-428-85252-9 (Print & E-Book)

Gedruckt auf alterungsbeständigem (säurefreiem) Papier
entsprechend ISO 9706 ⊗

Internet: http://www.duncker-humblot.de

Vorwort

Klimaschutz, Versorgungssicherheit und Wirtschaftlichkeit bilden Grundpfeiler der nationalen und europäischen Energiepolitik. Sowohl die 2011 in Deutschland vollzogene Energiewende als auch das seit 2015 forcierte Projekt einer Europäischen Energieunion werden maßgeblich durch dieses „energiepolitische Zieldreieck" geprägt. Ungeachtet einer signifikanten Ziel- und Maßnahmenverflechtung entstehen allerdings auch Spannungsfelder, deren Auflösung zu den zentralen Herausforderungen der politischen Akteure zählt. Den jüngsten Entwicklungsschritt prägen auf nationaler Ebene neben dem Erneuerbare-Energien-Gesetz 2017 das Strommarktgesetz und das Kraft-Wärme-Kopplungsgesetz 2017. Auf europäischer Ebene hat die EU-Kommission Ende November 2016 ihre Vorschläge für ein neues Gesetzespaket zur Energieunion im Strommarkt vorgelegt.

Den aktuellen Rechtsfragen und Folgeproblemen rund um die bestehenden Zielkonflikte bei der Verwirklichung von Energiewende und Energieunion gehen die Beiträge des vorliegenden Sammelbandes nach. Er dokumentiert die von meinem Lehrstuhl für Öffentliches Recht und Europarecht organisierte Tagung „Klimaschutz, Versorgungssicherheit und Wirtschaftlichkeit in der Energiewende", die am 31. März 2017 an der Julius-Maximilians-Universität Würzburg stattfand. Die Veranstaltung bildete einen Teil des von der *Fritz Thyssen Stiftung* geförderten Drittmittelprojekts „Das Recht der Energiewende". Zum Forschungsvorhaben entstanden in den Jahren 2015–2017 u. a. mehrere Doktorarbeiten und zahlreiche Einzelbeiträge zu zentralen Fragen des Kernenergieausstiegs, der Förderung erneuerbarer Energien sowie der Schaffung von Kapazitätsmechanismen. Einen Kernbestandteil des Projekts bildete auch die Durchführung von Konferenzen und Workshops.

Besondere Hervorhebung verdienen die engagierten Referentinnen und Referenten sowie die Förderer der Tagung. Dank gebührt zudem den Mitarbeiterinnen und Mitarbeitern meines Würzburger Lehrstuhls für die vorzügliche Unterstützung bei Planung und Durchführung der Veranstaltung. Besonders zu erwähnen sind hier Frau *Nicole Jördening* und Herr *Christopher Langer* sowie Frau *Patricia Zentgraf* und Herr *Thomas Zorn*, LL.M. Eur. Dem Verlag *Duncker & Humblot*, namentlich Herrn Dr. *Florian R. Simon*, LL.M., sowie Frau *Birgit Müller* und Frau *Agatha May* sei für die erneut hervorragende Zusammenarbeit bei der Entstehung dieses Bandes herzlich gedankt.

Würzburg, im Februar 2018   *Markus Ludwigs*

Inhaltsverzeichnis

Begrüßung und Einführung in das Tagungsthema

Von Markus Ludwigs, Würzburg

Meine sehr geehrten Damen und Herren, ich möchte Sie herzlich zu unserer Tagung „Klimaschutz, Versorgungssicherheit und Wirtschaftlichkeit in der Energiewende" hier in der Neubaukirche der Alten Universität begrüßen. Wir freuen uns sehr, dass wieder mehr als 130 Anmeldungen aus Wissenschaft und Praxis eingegangen sind.

I. Thematische Einordnung

Der Grund für das große Interesse dürfte neben dem Renommee der Referentinnen und Referenten nicht zuletzt in der Aktualität der Thematik liegen. Dabei erscheint der Zeitpunkt unserer Tagung aus dreierlei Gründen glücklich gewählt:

Erstens wurde im Jahr 2016 auf nationaler Ebene eine Vielzahl von Gesetzen erlassen, die den Rechtsrahmen der Energiewende nachhaltig festigen und kritischer Analyse bedürfen. Zu denken ist hier zum einen an den vollzogenen Systemwechsel hin zum Ausschreibungsverfahren als Fördermechanismus für Erneuerbare Energien und Kraft-Wärme-Kopplung im EEG 2017[1] bzw. im novellierten KWKG[2]. Zum anderen wurden durch das Strommarktgesetz vom Juli 2016 neue Mechanismen zur Gewährleistung der Versorgungssicherheit etabliert.[3] Hierdurch wird das überkommene Strommarktdesign, in dem allein gelieferte Energie vergütet wurde, punktuell umgestaltet. Mit dem – noch unter Beihilfevorbehalt stehenden – Gesetz zur Neuordnung der Verantwortung der kerntechnischen Entsorgung vom Januar 2017 ist zudem die Grundlage für eine sachgerechte Verantwortungsteilung zwischen Staat und Unternehmen in der Zwischen- und Endlagerfrage geschaffen worden.[4]

---

[1] Erneuerbare-Energien-Gesetz v. 21.7.2014, BGBl. I S. 1066; zuletzt geändert durch Gesetz v. 22.12.2016, BGBl. I S. 3106; siehe hierzu die Beiträge von *Kahles* und *Mohr* in diesem Band; vgl. auch *Boemke*, NVwZ 2017, 1; *Elspas/Berg/Günther*, KSzW 2016, 211; *Vollprecht*, EnWZ 2016, 387.

[2] Kraft-Wärme-Kopplungsgesetz v. 21.12.2015, BGBl. I S. 2498; zuletzt geändert durch Gesetz v. 22.12.2016, BGBl. I S. 3106; vgl. den Überblick bei *Günther*, ER 2017, 3; siehe auch die Beiträge von *Kahles* und *Mohr* in diesem Band.

[3] Gesetz zur Weiterentwicklung des Strommarktes (Strommarktgesetz) v. 26.7.2016, BGBl. I S. 1786; näher dazu der Beitrag von *Ruttloff* in diesem Band; ferner *Scholtka/Martin/Sänger*, ER 2016, 249; *Stelter/Ipsen*, EnWZ 2016, 483.

[4] Gesetz zur Neuordnung der Verantwortung der kerntechnischen Entsorgung v. 27.1.2017, BGBl. I S. 114; instruktiv *Dietzel/Däuper*, EnWZ 2016, 542.

Zweitens hat die Diskussion auch auf europäischer Ebene mit dem am 30. November 2016 (bzw. in korrigierter Fassung am 23. Februar 2017) von der Europäischen Kommission vorgelegten sog. Winterpaket „Saubere Energie für alle Europäer" Fahrt aufgenommen.[5] Das Projekt ist eingebettet in die Entwicklung einer europäischen Energieunion mit den fünf Schwerpunkten: Versorgungssicherheit, Energiebinnenmarkt, Energieeffizienz, Emissionsminderung sowie Forschung, Innovation und Wettbewerbsfähigkeit.[6] Das Winterpaket soll den Rahmen für die Energiepolitik in der EU bis zum Jahr 2030 prägen. Es umfasst Vorschläge zu insgesamt vier Richtlinien und vier Verordnungen.[7] Vieldiskutierte Bausteine bilden die Relativierung des Einspeisevorrangs für Erneuerbare Energien,[8] der Verzicht auf die Fortschreibung verbindlicher nationaler Ziele für den EE-Ausbau,[9] die Vorgaben zur marktkompatiblen Einführung von Kapazitätsmechanismen (unter faktischem Ausschluss von Kohlekraftwerken[10]) oder die kompetenzrechtlich fragwürdigen[11] institutionellen Reformen (Einführung sog. Regional Operational Center,[12] Aufwertung der Rolle der EU-Kommission[13] und von ACER[14]). Auch hier bietet sich also genügend Stoff für kontroverse und ergiebige Diskussionen.

---

[5] Grundlegend COM(2016) 860 final; alle Dokumente des sog. Winterpakets sind abrufbar unter: https://ec.europa.eu/energy/en/news/commission-proposes-new-rules-consumer-centred-clean-energy-transition (letzter Abruf: 2.4.2017).

[6] Ausführlich zur europäischen Energieunion: *Germelmann*, EuR 2016, 3; *ders.*, in: Gundel/Lange (Hrsg.), Energieversorgung zwischen Energiewende und Energieunion, 2017, S. 27; siehe auch den am 1.2.2017 von der Kommission vorgelegten Zweiten Bericht über die Lage der Energieunion, COM(2017) 53 final.

[7] Eingehend und m.w.N. hierzu der Beitrag von *Groebel* in diesem Band.

[8] Insb. Art. 11 und 12 des Vorschlags für eine neue Strombinnenmarktverordnung [COM (2016) 861 final]; hierzu auch die Beiträge von *Frenz* und *Groebel* in diesem Band.

[9] Siehe Art. 3 des Vorschlags für eine neue Erneuerbare-Energien-Richtlinie [COM(2016) 767 final], wo neben dem in Abs. 1 formulierten verbindlichen Gesamtziel der Union für 2030 die nationalen verbindlichen 2020-Ziele lediglich als Ausgangswert fortgeschrieben werden (Abs. 3).

[10] Vgl. insoweit den Emission Performance Standard von 550 g CO_2/kWh in Art. 23 Abs. 4 des Vorschlags für eine neue Strombinnenmarktverordnung [COM(2016) 861 final].

[11] Am 30.3.2017 hat der Deutsche Bundestag eine Subsidiaritätsrüge gemäß Art. 6 des Protokolls Nr. 2 zum EUV/AEUV bzw. § 11 IntVG beschlossen (vgl. BT-Drs. 18/11777 [neu] mit BT-Plenarprotokoll 18/228, S. 23008). Diese richtet sich sowohl gegen den Vorschlag zur Neufassung der sog. ACER-Verordnung [COM(2016) 863 final/2] als auch gegen den Vorschlag für eine neue Strombinnenmarktverordnung [COM(2016) 861 final]; näher hierzu der Beitrag von *Groebel* in diesem Band.

[12] Art. 32 bis 44 des Vorschlags für eine neue Strombinnenmarktverordnung [COM(2016) 861 final].

[13] Vgl. die in Art. 13 Abs. 4 des Vorschlags für eine neue Strombinnenmarktverordnung [COM(2016) 861 final] vorgesehene Befugnis der Kommission zur *verbindlichen Gebotszonenkonfiguration.*

[14] Siehe insoweit den Vorschlag für eine Neufassung der ACER-Verordnung [COM(2016) 863 final/2]; näher zu den darin vorgesehenen neuen Aufgaben und Befugnissen der Energieagentur der Beitrag von *Groebel* in diesem Band.

Drittens ist auf eine Reihe bedeutsamer Entscheidungen der nationalen und europäischen Gerichte hinzuweisen. Neben dem Urteil des BVerfG zum Atomausstiegsgesetz vom 6. Dezember 2016[15] ist vor allem die Entscheidung des EuG zum Beihilfecharakter der nationalen Ökostrom-Förderung sowie der Industrieausnahmen von der EEG-Umlage hervorzuheben.[16] Sollte das Urteil auch im Rechtsmittelverfahren vom EuGH bestätigt werden,[17] hätte dies weitreichende Folgen für die Verteilung der Gestaltungskompetenzen in der Energiepolitik. Insbesondere dürfte dann auch die Beihilfequalität der Fördersysteme im KWKG[18] und im Strommarktgesetz (hier u. a. betreffend Netzreserve,[19] Kapazitätsreserve sowie Sicherheitsbereitschaft[20]) zu bejahen sein.[21] In der Konsequenz käme der EU-Kommission tatsächlich die von ihr schon heute reklamierte machtvolle Stellung im Rahmen der Beihilfegenehmigung nach Art. 107 Abs. 3 lit. c AEUV zu. Zugleich wirft eine solche exekutive Prägung des Beihilferechts allerdings die kontrovers diskutierte Frage nach der verbleibenden Rolle des demokratisch legitimierten Gesetzgebers auf.[22]

II. Programm der Tagung

Insgesamt wird die Vielfalt an Themen deutlich, denen wir im Rahmen unserer Tagung nachgehen werden. Die heutige Veranstaltung ist dabei Teil eines von der Fritz Thyssen Stiftung geförderten Drittmittelprojekts zum „Recht der Energiewende". Sie knüpft an die Veranstaltung „Der Atomausstieg und seine Folgen" aus dem Jahr 2016 an.[23] Mit Blick auf unsere heutige Tagung freue ich mich sehr, dass es wiederum gelungen ist, ausgewiesene Experten aus Wissenschaft und Praxis als Referentinnen und Referenten zu gewinnen.

---

[15] BVerfG, NJW 2017, 217; hierzu *Ludwigs*, NVwZ-Beilage 1/2017, 3; *Shirvani*, DÖV 2017, 281.

[16] EuG, T-47/15, ECLI:EU:T:2016:281 – Deutschland/Kommission, zum EEG 2012; zustimmend *Ludwigs*, EurUP 2016, 238 (240 ff.); kritisch *Schmidt-Preuß*, EurUP 2016, 251.

[17] Rechtsmittel beim EuGH anhängig unter C-405/16 P.

[18] Beihilfegenehmigung (des Fördersystems) der Kommission v. 24.10.2016, C(2016) 6714 final (Genehmigung der Umlageseite steht noch aus).

[19] Beihilfegenehmigung der Kommission v. 20.12.2016, C(2016) 8742 final.

[20] Beihilfegenehmigung der Kommission v. 27.5.2016, C(2016) 3124 final.

[21] Hierzu demnächst ausführlich *Ludwigs*, in: Pielow (Hrsg.), Verantwortung und Finanzierung im Zuge der Energiewende, 2018.

[22] Kritisch zur Demokratieferne der europäischen Beihilfeaufsicht jüngst *Ludwigs*, EuZW 2017, 41 f.; anders dagegen die Einschätzung von *Frenz* in diesem Band.

[23] Vgl. insoweit den 2016 bei Duncker & Humblot erschienenen gleichnamigen Tagungsband.

1. Einführungsreferate zur Energiewende

Den Anfang macht Herr Kollege *Christian Pielow*. Er hat den Lehrstuhl für „Recht der Wirtschaft" an der Ruhr-Universität Bochum inne und ist zugleich Geschäftsführender Direktor des dortigen Instituts für Berg- und Energierecht. Nachdem ich das Vergnügen hatte, vor wenigen Wochen auf der Bochumer Jahrestagung vorzutragen, freue ich mich heute sehr auf seinen Gegenbesuch hier in Würzburg. Im Vortrag wird sich Herr *Pielow* mit den verfassungs- und europarechtlichen Rahmenbedingungen der Energiewende beschäftigen.[24] Uns erwartet ein Grundlagenreferat, das zugleich dazu dienen soll, den Boden für die weiteren Vorträge zu bereiten[25].

Im unmittelbaren Anschluss an den Eröffnungsvortrag wird sich Frau Dr. *Susanne Cassel* mit „Stand und Perspektiven der Verwirklichung der Energiewende" aus Sicht des Bundesministeriums für Wirtschaft und Energie befassen. Die Frage, inwieweit es sich tatsächlich um eine „Erfolgsgeschichte" handelt, wie es eine im Januar erschienene Broschüre des BMWi reklamiert,[26] lädt dabei zu einer kontroversen Diskussion ein. Frau *Cassel* ist für den Vortrag auch deshalb prädestiniert, weil sie als Referatsleiterin in der Abteilung Energiepolitik des BMWi bildlich gesprochen im Auge des Orkans der energiepolitischen Rechtsentwicklung sitzt.

2. Europäische Energieunion und Beihilferecht

Nach einer Kaffeepause werden wir uns dann mit der Europäischen Energieunion und dem Beihilferecht beschäftigen. Im Eingangsreferat zu diesem Themenblock wird sich Frau Dr. *Annegret Groebel* von der BNetzA dem „Winterpaket der EU-Kommission als Markstein für die Modernisierung des Energiebinnenmarktes" widmen. In ersten Äußerungen seitens der Bundesregierung wurde das Winterpaket zwar begrüßt, zugleich aber Sondierungsbedarf ausgemacht.[27] Wir können gespannt darauf sein, wie die Bewertung der mehr als 1.000 Seiten Rechtstext durch Frau *Groebel* ausfallen wird.

Hieran anschließend wird Herr Kollege *Walter Frenz* von der RWTH Aachen die Energiewende im Spiegel des Europäischen Beihilferechts betrachten. In zahlreichen Beiträgen zum Thema – zwei davon finden sich in den Zeitschriften der Ta-

---

[24] Vgl. bereits *Pielow*, EurUP 2013, 150; siehe auch *Ludwigs*, RW 2014, 254; *Müller-Terpitz*, RdE 2015, 49.

[25] Die Schriftfassung der Referats wurde leider nicht rechtzeitig eingereicht. Vgl. zum Inhalt des Vortrags den Tagungsbericht von *Zentgraf* auf S. 187 (188 f.).

[26] BMWi, Die Energiewende: unsere Erfolgsgeschichte, 2017; abrufbar unter https://www.bmwi.de (letzter Abruf: 2.4.2017).

[27] Pressemitteilung des BMWi v. 30.11.2016: „Gabriel zum Winterpaket der EU-Kommission: ‚Wichtiger Schritt um europäischen Energierahmen neu zu gestalten, aber noch kein ganz großer Wurf!'"; siehe auch noch den Hinweis auf die vom Deutschen Bundestag am 30.3.2017 beschlossene Subsidiaritätsrüge in Fn. 11.

gungsmappe[28] – hat er den Charakter des Beihilfeverbots als „Katalysator des Wettbewerbs" betont und damit zugleich einen wichtigen Kontrapunkt zur eingangs skizzierten Kritik an der Machtfülle der EU-Kommission gesetzt. In seinem heutigen Vortrag wird Herr *Frenz* nicht nur die bisherige Judikatur zur Ökostromförderung analysieren, sondern auch die Brücke zum Winterpaket schlagen.

3. Fördermechanismus für Erneuerbare Energien und Kraft-Wärme-Kopplung

Nach einem Mittagsimbiss soll das neue Fördersystem für Erneuerbare Energien und Kraft-Wärme-Kopplung auf den Prüfstand gestellt werden. Zunächst wird sich Herr Kollege *Jochen Mohr*, Lehrstuhlinhaber an der TU Dresden[29] und Richter am OLG Düsseldorf, mit der Etablierung des „Ausschreibungsverfahren[s] als wettbewerblicher Fördermechanismus in EEG und KWKG" befassen. Die praktische Relevanz des europarechtlich geforderten Systemwechsels wird am Beispiel der Erneuerbaren Energien besonders deutlich. Die Förderung von rund 80 % der in neuen Anlagen erzeugten Strommengen wird künftig durch Ausschreibungen ermittelt. Inwieweit sich die EU-Kommission auch mit ihrer Forderung nach Technologieneutralität der Ausschreibungen durchsetzen wird,[30] zählt zu den noch offenen Fragen.

Den nahezu ubiquitären Einfluss des Europarechts wird auch der nachfolgende Vortrag von Herrn Dr. *Markus Kahles* von der Stiftung Umweltenergierecht hier in Würzburg zur „Grenzüberschreitende[n] Öffnung von Ausschreibungsverfahren" verdeutlichen. Dabei wurzelt die in § 5 EEG 2017 (wie auch in § 1 Abs. 5 – 7 des novellierten KWKG) zu findende vorsichtige Einbeziehung von Erzeugern aus dem EU-Ausland ausnahmsweise nicht im EU-Beihilferecht, sondern in den Regelungen über verbotene Abgaben aus Art. 30 und Art. 110 des AEU-Vertrages. Im Fokus steht insoweit die Problematik der mangelnden Befreiung des importierten Grünstroms von der EEG-Umlage.[31] Weitergehende Vorschläge für eine Öffnung der Förderregelungen enthält nunmehr das Winterpaket der EU-Kommission.[32]

---

[28] *Frenz*, RdE 2017, 109; *Frenz*, EWS 2017, Editorial zu Heft 1.

[29] Seit dem 1. 9. 2017 an der Universität Leipzig.

[30] Vgl. insoweit die Regelungen über die zunächst nur testweise Durchführung technologieneutraler Ausschreibungen in §§ 39i und 39j EEG 2017 (Verordnungsermächtigungen in §§ 88c und 88d EEG 2017) sowie die hierauf Bezug nehmende, im August 2016 erzielte, Verständigung mit der EU-Kommission zum Energiepaket (Infopapier des BMWi v. 30.8. 2016 abrufbar unter: https://www.bmwi.de [letzter Abruf: 2.4.2017]).

[31] Hierzu statt vieler: *Frenz*, RdE 2016, 209 (214 f.); *Ludwigs*, in: Müller/Kahl (Hrsg.), Erneuerbare Energien in Europa, 2015, S. 111 (129 ff.) m.w.N; siehe auch die verfahrensabschließende Entscheidung der Kommission zum EEG 2012 v. 25.11.2014, C(2014) 8786 final, Rn. 217 ff.

[32] Art. 5 des Vorschlags für eine neue Erneuerbare-Energien-Richtlinien (Fn. 9).

4. Reservevorhaltung und Netzausbau

Der abschließende, zweiteilige Themenblock ist Fragen der Reservevorhaltung und des Netzausbaus gewidmet. Den Anfang macht Herr Rechtsanwalt Dr. *Marc Ruttloff.* Er ist Assoziierter Partner der Kanzlei Gleiss Lutz und – was mich besonders freut – Alumnus der Würzburger Juristenfakultät. Herr *Ruttloff* wird das mit dem Strommarktgesetz geschaffene komplexe Geflecht an Mechanismen der Reservevorhaltung analysieren. Dabei wird er aufzeigen, dass Kapazitätsreserve, Sicherheitsbereitschaft, Netzreserve und auch die Netzstabilitätsanlagen durchaus unterschiedliche Ziele verfolgen und vielgestaltige Rechtsfragen aufwerfen.

Den Schlussakkord unserer Tagung setzt Herr *Kim Paulus* von der Bundesnetzagentur in Bonn. Herr *Paulus* wird sich in seinem Vortrag mit Fragen des Netzausbaus und den hier bestehenden Beteiligungsrechten für die Öffentlichkeit beschäftigen. Am Ende seines Vortrags werden wir klarer sehen, sowohl was Stand und Perspektiven des Netzausbaus betrifft, als auch inwieweit die Beteiligung tatsächlich Legitimation stiftet oder vielmehr in eine Art „Partizipationsverflechtungsfalle" führt.[33]

Die Tagung schließt mit einem Empfang, zu dem Sie alle sehr herzlich eingeladen sind. Dieser Empfang, wie die gesamte Tagung wäre im Übrigen ohne die großzügige Unterstützung unserer Drittmittelgeber und Medienpartner nicht möglich. Zu nennen sind neben der bereits erwähnten Fritz Thyssen Stiftung, der Verlag Duncker & Humblot sowie die Zeitschriften EWS (Europäisches Wirtschafts- und Steuerrecht), NVwZ (Neue Zeitschrift für Verwaltungsrecht) und RdE (Recht der Energiewirtschaft).

Meine sehr geehrten Damen und Herren. Ich hoffe es ist mir gelungen, die Vorfreude auf die kommenden Vorträge und Diskussionen zu wecken. Uns allen wünsche ich jetzt eine spannende Tagung!

---

[33] Eingehend *Bauer,* VerwArch 106 (2015), 112.

Stand und Perspektiven
der Energiewende aus Sicht des Bundesministeriums
für Wirtschaft und Energie

Von Susanne Cassel, Berlin

I. Generationenprojekt Energiewende

Die Energiewende ist eines der zentralen Projekte der Bundesregierung. Sie bedeutet die umfassende Transformation des Energieversorgungssystems in Deutschland weg von der Stromproduktion aus Kernenergie und fossilen Energieträgern hin zu einem überwiegenden Anteil erneuerbarer Energien und mehr Energieeffizienz. Mit der Energiewende geht Deutschland den Weg in eine sichere, wirtschaftliche und umweltverträgliche Zukunft der Energieversorgung. Kompass für die Energiewende sind das Energiekonzept der Bundesregierung[1], ergänzende Beschlüsse des Bundestages und europäische Vorgaben. Das energiepolitische Zieldreieck aus Versorgungssicherheit, Bezahlbarkeit und Umweltverträglichkeit bleibt dabei die Richtschnur der Energiepolitik.

Die Energiewende ist ein Generationenprojekt. Ihr Zeithorizont reicht mit Zwischenschritten bis zum Jahr 2050. Bis dahin sollen die Treibhausgasemissionen gegenüber dem Jahr 1990 um 80 bis 95 Prozent gesenkt werden, der Anteil erneuerbarer Energien am Bruttostromverbrauch auf mindestens 80 Prozent ansteigen und der Primärenergieverbrauch gegenüber 2008 halbiert werden. Ein so langer Zeithorizont bringt es mit sich, dass heute noch nicht in jedem Detail klar ist, wie die Energiewelt in Zukunft aussehen wird. Vieles wird sich erst im Laufe der Zeit ergeben. So können z. B. neue Forschungsergebnisse verbesserte Lösungen bringen. Die Energiewende ist daher als lernendes Projekt zu verstehen, das offen sein muss für Entdeckungsprozesse. Dies betrifft neben technologischen Innovationen auch gesellschaftliche Veränderungen und neue Geschäftsfelder und -modelle. Die Energiewende ist zudem ein sehr komplexes Projekt, bei dem Vieles mit Vielem zusammenhängt. Dies zeigt sich schon allein beim Umbau des Stromsektors: So müssen nicht nur die erneuerbaren Energien, sondern gleichzeitig die notwendigen Stromleitungen ausgebaut werden, um insbesondere den Windstrom von den Produktionsstandorten im Norden und Osten Deutschlands zu den Verbrauchsstandorten im Westen und Süden zu transportieren. Darüber hinaus müssen Flexibilitätsoptionen und Backup-Kapazitäten bereit

---

[1] Siehe BMWi/BMU (2010).

stehen, um die Stromversorgung auch dann zu sichern, wenn der Wind nicht weht und die Sonne nicht scheint. Nur wenn all die notwendigen Räder optimal ineinandergreifen, kann die Energiewende erfolgreich umgesetzt werden. Diese Komplexität zeigt sich auch in der Vielzahl der beteiligten Akteure. So sind neben den verschiedenen politischen Ebenen – Bund, Länder, Kommunen – Unternehmen, verschiedenste Verbände und Nichtregierungsorganisationen, die Wissenschaft bis hin zu den Bürgerinnen und Bürgern Akteure und Stakeholder der Energiewende. Sie alle tragen zu ihrem Erfolg bei. Die Energiewende ist damit auch eine Gemeinschaftsaufgabe. Und nicht zuletzt gilt es auch, die europäische und internationale Dimension der Energiewende zu berücksichtigen.

Aufgrund dieser Merkmale stellt die Energiewende nicht nur eine besondere Herausforderung für ihre inhaltliche Umsetzung dar, sondern insbesondere auch für die Steuerung der verschiedenen mit ihr verbundenen Entscheidungen und Prozesse. Eine erfolgreiche Umsetzung der Energiewende erfordert eine auf diese Erfordernisse ausgerichtete Governance-Struktur. Zentrale Elemente der Energiewende-Governance sind der Monitoring-Prozess „Energie der Zukunft", der den Fortschritt bei der Zielerreichung und den Stand der Umsetzung der Maßnahmen der Energiewende überprüft, sowie die frühzeitige und umfassende Beteiligung der an der Energiewende beteiligten Akteure.[2] So werden z. B. in den vom Bundesministerium für Wirtschaft und Energie eingerichteten Energiewendeplattformen mit Bundesländern, Verbänden, Wirtschaft, Sozialpartnern, Gesellschaft und Wissenschaft Maßnahmen und Weichenstellungen der Energiewende erörtert. In den öffentlichen Dialogprozessen „Strom 2030" und „Grünbuch Energieeffizienz" hat das Bundeswirtschaftsministerium jüngst zentrale Aufgabenfelder und Strategien für die künftige Ausrichtung der Energiewende öffentlich diskutiert. Und beim Übertragungsnetzausbau können Länder, Kommunen sowie die Öffentlichkeit auf jeder Stufe der Netzausbauplanung und der Genehmigungsverfahren ihre Positionen einbringen.[3]

II. Ziele und Zielarchitektur der Energiewende

Das Energiekonzept der Bundesregierung enthält eine Vielzahl von Zielen für die Energiewende, die einen unterschiedlichen Detaillierungsgrad aufweisen und auf unterschiedlichen Ebenen angesiedelt sind. Mit dem ersten Fortschrittsbericht des Monitoring-Prozesses „Energie der Zukunft" hat das Bundeskabinett Ende 2014 eine Zielarchitektur zur Energiewende beschlossen.[4] Sie strukturiert und priorisiert die bestehenden Einzelziele des Energiekonzepts, wobei politische Ziele, Kernziele und Steuerungsziele die unterschiedlichen Zielebenen bilden. Die folgende Abbildung veranschaulicht diese Zielarchitektur der Energiewende.

---

[2] Siehe dazu BMWi (2017).
[3] Siehe BNetzA (2017).
[4] Siehe BMWi (2014), S. 95–99.

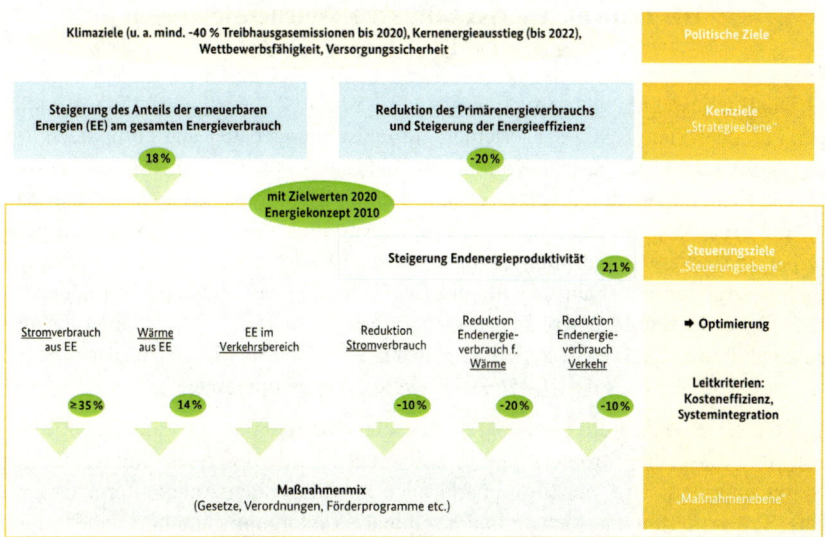

Quelle: Eigene Darstellung BMWi, 12/2016.

Abbildung 1: Strukturierung der Ziele des Energiekonzepts

Auf der obersten Ebene bilden die politischen Ziele den Rahmen für den Umbau des Energiesystems. Sie umfassen die Klimaziele, einschließlich einer Senkung der Treibhausgasemissionen um 40 Prozent gegenüber dem Jahr 1990 bis zum Jahr 2020, den Ausstieg aus der Nutzung der Kernenergie zur Stromerzeugung bis zum Jahr 2022 sowie die Sicherstellung von Wettbewerbsfähigkeit und Versorgungssicherheit. Auf einer zweiten Ebene beschreiben die Kernziele die zentralen Strategien des Energiekonzepts, mit denen die Energiewende voran gebracht werden soll. Dies sind der Ausbau erneuerbarer Energien und die Senkung des Primärenergieverbrauchs bzw. die Steigerung der Energieeffizienz. Die Kernziele sehen vor, den Anteil der erneuerbaren Energien am gesamten Energieverbrauch bis 2020 auf 18 Prozent zu steigern und den Primärenergieverbrauch bis 2020 um 20 Prozent zu senken. Den Kernzielen werden auf einer dritten Ebene Steuerungsziele für die drei Handlungsfelder Strom, Wärme und Verkehr zugeordnet. Für das Kernziel der erneuerbaren Energien sind dies der jeweilige Anteil der Erneuerbaren am Stromverbrauch, am Wärmebedarf sowie im Verkehrsbereich. Für das Kernziel Energieeffizienz sind dies die Reduktion des Stromverbrauchs, des Endenergieverbrauchs für Wärme im Gebäudebereich und des Endenergieverbrauchs im Verkehrssektor sowie – aus diesen Zielen abgeleitet – die Steigerung der Endenergieproduktivität insgesamt. Die Steuerungsziele und die zugehörigen Maßnahmen werden so aufeinander abgestimmt, dass die übergeordneten Ziele durch eine integrierte Betrachtung möglichst zuverlässig und kostengünstig erreicht werden können.

III. Zentrale energiepolitische Weichenstellungen
in der 18. Legislaturperiode

Die Bundesregierung hat die Energiepolitik in der 18. Legislaturperiode grundlegend erneuert, langfristig ausgerichtet, europäisch eingebettet und europarechtlich abgesichert. Die Europäische Kommission hat Ende 2016 ein umfassendes Legislativpaket zur Energieunion vorgelegt, mit dem die Energiewende auch auf europäischer Ebene vorangetrieben wird (siehe dazu Abschnitt IV.). Zu Beginn der Legislaturperiode hat das Bundesministerium für Wirtschaft und Energie mit der *10-Punkte-Energie-Agenda* den Fahrplan für die Energiepolitik vorgelegt (s. Abbildung 2). Diese listet die zentralen Vorhaben der Energiewende auf, verzahnt sie inhaltlich miteinander und zeigt einen genauen Zeitplan auf. Zum Ende der Legislaturperiode sind fast alle Vorhaben aus der 10-Punkte-Energie-Agenda umgesetzt.

In der 18. Legislaturperiode hat der Gesetzgeber die Voraussetzungen dafür geschaffen, dass die Stromerzeugung aus erneuerbaren Energien stärker in den Markt integriert wird, der Strommarkt auch bei steigenden Anteilen erneuerbarer Energien weiterhin eine sichere und bezahlbare Versorgung garantiert, eine umfassende Modernisierung der Netzinfrastruktur stattfinden kann und insgesamt mehr Wettbewerb in die Energiewende Einzug hält. Für eine bessere Planbarkeit und mehr Kosteneffizienz zu sorgen, insbesondere in Bezug auf die Förderung erneuerbarer Energien, kam besondere Bedeutung zu, um die Kostendynamik in den Griff zu bekommen. Dies insbesondere auch, um die Wettbewerbsfähigkeit der deutschen Wirtschaft zu erhalten. Zudem hat die Bundesregierung der Energiewende im Gebäude- und Wärmesektor durch vielfältige Maßnahmen mehr Schwung verliehen. Das Gesamtsystem der Energieversorgung steht nun noch stärker im Fokus. Die beschlossenen Reformen für den Strommarkt, das Fördersystem der erneuerbaren Energien, den Netzausbau und die Digitalisierung der Energiewende sowie neue Energieeffizienzmaßnahmen sind wichtige Schritte auf diesem Weg. Die wichtigsten Vorhaben werden im Folgenden überblicksartig dargestellt.

1. Erneuerbare Energien

a) Erneuerbare Energien-Gesetz

Das Erneuerbare Energien-Gesetz (EEG) ist das zentrale Steuerungsinstrument für den Ausbau der erneuerbaren Energien im Stromsektor. Ziel des EEG ist es, die Energieversorgung umzubauen und den Anteil der erneuerbaren Energien an der Stromversorgung bis 2050 auf mindestens 80 Prozent zu steigern. Seit der Einführung des EEG im Jahr 2000 ist ihr Anteil am Bruttostromverbrauch von rund sechs Prozent auf 31,7 Prozent im Jahr 2016 gestiegen. Die erneuerbaren Energien sind damit die wichtigste Stromquelle in Deutschland.

In der 18. Legislaturperiode wurde das EEG grundlegend reformiert. Die EEG-Reform 2014 zielte darauf ab, den weiteren Kostenanstieg der Erneuerbaren-Förde-

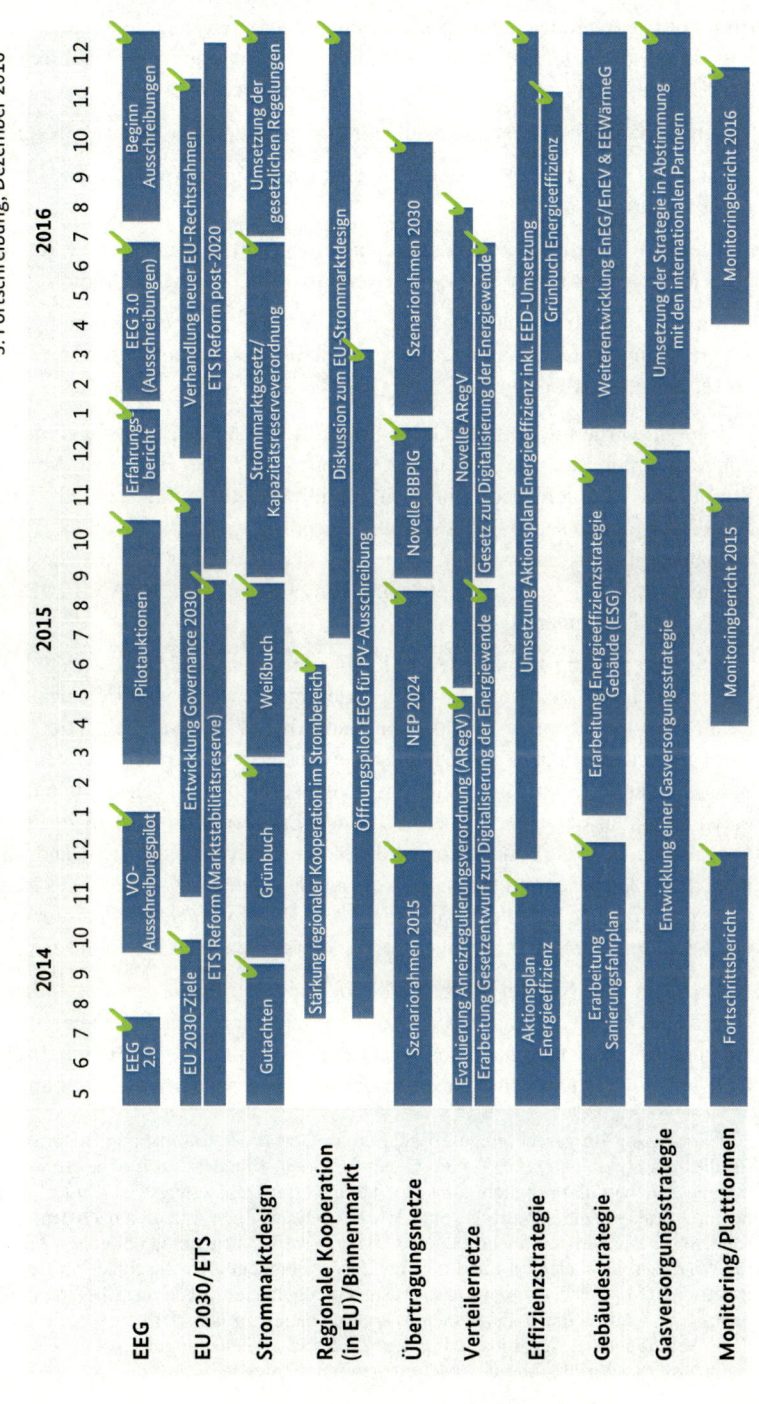

Zentrale Vorhaben Energiewende

3. Fortschreibung, Dezember 2016

Quelle: Eigene Darstellung BMWi, 12/2016.

rung spürbar zu bremsen, den Ausbau der erneuerbaren Energien planvoll zu steuern und sie besser an den Markt heranzuführen. Dazu wurde im reformierten EEG, das am 1. August 2014 in Kraft getreten ist, insbesondere

– ein verbindlicher Ausbaukorridor für die erneuerbaren Energien festgelegt,

– die Förderung auf die kostengünstigen Technologien Windkraft und Photovoltaik konzentriert,

– die verpflichtende Direktvermarktung eingeführt, d.h. neue große Anlagen müssen den produzierten Strom eigenverantwortlich vermarkten, und

– das Regime der Ausnahmeregelungen, die die Eigenstromerzeugung und die Begrenzung der EEG-Umlage für stromintensive Unternehmen betreffen, europarechtskonform weiterentwickelt.

Zudem wurde mit dem EEG 2014 die Einführung wettbewerblicher Ausschreibungen vorbereitet, mit denen seit Anfang 2017 die Höhe der Vergütung für Strom aus erneuerbaren Energien ermittelt wird. Auf der Grundlage des EEG 2014 fanden sechs Pilotausschreibungen für große Photovoltaik (PV)-Freiflächenanlagen statt. Bereits hier zeigte sich der Erfolg des neuen Instruments: Der durchschnittliche Zuschlagswert sank von 9,17 ct/kWh im April 2015 auf 6,90 ct/kWh im Dezember 2016.

Mit dem Anfang Januar 2017 in Kraft getretenen EEG 2017 wurde dieser Paradigmenwechsel – von staatlich festgelegten hin zu wettbewerblich ermittelten Vergütungen – für Strom aus Wind, Sonne und Biomasse gesetzlich fixiert. Insgesamt werden etwa 80 Prozent des Zubaus an erneuerbaren Energien von den Ausschreibungen erfasst. Feste Ausschreibungsmengen erlauben es, den Ausbau der erneuerbaren Energien besser zu steuern. Um den Erneuerbaren-Ausbau besser mit dem Netzausbau zu synchronisieren, wird der Windenergieausbau an Land vorübergehend dort lokal beschränkt, wo sich Netzengpässe verstärkt zeigen. Dies ist insbesondere in Norddeutschland der Fall. Besondere Regeln für Bürgerenergieprojekte sollen die Akteursvielfalt erhalten – ein Markenzeichen der deutschen Energiewende.[5]

Dass das neue System wettbewerblich ermittelter Preise gut funktioniert und der Ausbau der erneuerbaren Energien kosteneffizienter erfolgt, lassen bereits die ersten Ausschreibungsrunden nach dem EEG 2017 erkennen: So ist der durchschnittliche mengengewichtete Zuschlagswert für PV-Anlagen bei der Ausschreibung im Okto-

---

[5] So können Bürgerenergiegesellschaften im Gegensatz zu sonstigen Bietern – zumindest für die Ausschreibungen 2017 – ein Gebot für einen Windpark auch ohne BImSchG-Genehmigung abgeben und erhalten dann eine verlängerte Realisierungsfrist. Zudem bemisst sich bei ihren Anlagen die Förderhöhe nicht wie bei den sonstigen Akteuren nach dem Gebotspreis, sondern sie erhalten den höchsten bezuschlagten Preis. Nachdem in der ersten Ausschreibung für Windenergieanlagen an Land im Mai 2017 93 Prozent aller Zuschläge an Bürgerenergiegesellschaften gingen, wurden diese Ausnahmeregelungen durch das Mieterstromgesetz angepasst. So wird für die ersten beiden Ausschreibungen im Jahr 2018 die Regelung ausgesetzt, nach der Bürgerenergiegesellschaften keine BImSchG-Genehmigung vorzuweisen brauchen. Damit soll die Wirkung dieser Regelung getestet werden.

ber 2017 auf 4,91 ct/kWh gesunken. Ausschlaggebend für das in den letzten beiden Runden gegenüber der Runde im Februar 2017 nochmals deutlich niedrigere Preisniveau dürfte die um Acker- und Grünlandflächen in benachteiligten Gebieten in Bayern und Baden-Württemberg erweiterte Flächenkulisse gewesen sein, die den Wettbewerb intensiviert hat. In der ersten Offshore-Wind-Ausschreibung im April 2017 lag der durchschnittliche mengengewichtete Zuschlagswert bei nur 0,44 ct/kWh, wobei drei der vier bezuschlagten Projekte ganz ohne Förderung realisiert werden sollen. Dies zeigt, dass die Unternehmen neben dem technischen Fortschritt auf den Strommarkt 2.0 vertrauen. In der ersten Ausschreibung für Windenergieanlagen an Land im Mai 2017 lag der durchschnittliche mengengewichtete Zuschlagswert bei 5,71 ct/kWh, in der dritten Runde im November 2017 bei 3,82 ct/kWh.

b) Gemeinsame Ausschreibungen
Windenergieanlagen an Land und Solaranlagen

Im Rahmen der beihilferechtlichen Genehmigung des EEG 2017 hat die Bundesregierung gegenüber der EU-Kommission zugesagt, im Zeitraum 2018 bis 2020 in einem begrenzten Umfang von 400 Megawatt installierte Leistung pro Jahr gemeinsame Ausschreibungen für Windenergieanlagen an Land und Solaranlagen durchzuführen. Ziel dieser gemeinsamen Ausschreibungen ist es, Funktionsweise und Wirkungen von energieträgerübergreifenden Ausschreibungen zu erproben und die Ergebnisse zu evaluieren, auch im Vergleich zu energieträgerspezifischen Ausschreibungen, um Erkenntnisse für die Weiterentwicklung des EEG zu gewinnen. Als neues Instrument wird eine so genannte Verteilernetzkomponente eingeführt. Sie soll dazu beitragen, dass die Netz- und Systemintegrationskosten in den gemeinsamen Ausschreibungen berücksichtigt werden. Zudem werden in den Jahren 2019 und 2020 für Strom aus Windenergieanlagen an Land regional differenzierte Höchstwerte eingeführt. Diese sollen sicherstellen, dass bei den Ausschreibungen keine überhöhten Renditen erwirtschaftet werden.

c) Grenzüberschreitende Ausschreibungen für erneuerbare Energien

Um die europäischen Nachbarn stärker in die Energiewende einzubeziehen, sollen künftig Ausschreibungen im Umfang von fünf Prozent der jährlich zu installierenden Leistung für Erneuerbare-Energien-Anlagen in anderen EU-Mitgliedstaaten geöffnet werden. Erste Erfahrungen konnten bereits 2016 in einer Pilot-Kooperation über die gegenseitige Öffnung von Ausschreibungen für PV-Freiflächenanlagen mit Dänemark gesammelt werden. Grundlage für solche Kooperationen ist die Grenzüberschreitende-Erneuerbare-Energien-Verordnung, die seit dem 15. Juni 2017 auch für Windenergieanlagen an Land gilt.

d) Mieterstromgesetz

Mit dem Mieterstromgesetz sollen Anreize für den Ausbau von PV-Anlagen auf Wohngebäuden geschaffen und Mieterinnen und Mieter künftig stärker am Ausbau der erneuerbaren Energien beteiligt werden. Mieterstrom, der in einer PV-Anlage auf dem Dach eines Wohngebäudes erzeugt und an Letztverbraucher (insbesondere Mieter) in diesem Wohngebäude geliefert wird, rechnet sich derzeit in der Regel für Vermieter nicht, weil zusätzliche Kosten für Abrechnung, Vertrieb und Messungen entstehen. Um Mieterstrom wirtschaftlich attraktiver zu machen, sieht das Mieterstromgesetz einen Förderanspruch für PV-Anlagen auf Wohngebäuden vor. Demnach soll der Betreiber einer solchen Anlage einen Mieterstromzuschlag erhalten, der sich an den im EEG genannten Einspeisevergütungen abzüglich eines Abschlags orientiert. Die konkrete Höhe des Zuschlags hängt von der Größe der Solaranlage und dem PV-Zubau insgesamt ab. Um die durch die Mieterstromförderung entstehenden zusätzlichen Kosten zu begrenzen, wird der förderfähige PV-Ausbau auf 500 Megawatt pro Jahr beschränkt. Über die Vorgabe von kurzen Vertragslaufzeiten, ein Verbot der Kopplung mit dem Mietvertrag und einer Preisobergrenze für Mieterstrom soll sichergestellt werden, dass Mieterstrom zu einem attraktiven Preis angeboten wird. Mieterinnen und Mieter sollen auch zukünftig ihren Stromanbieter frei wählen können. Das Gesetz ist am 25. Juli 2017 in Kraft getreten.

2. Strommarkt 2.0

Das Gesetz zur Weiterentwicklung des Strommarktes, das im Juli 2016 in Kraft getreten ist, macht den Strommarkt fit für wachsende Anteile erneuerbarer Energien und stellt die Weichen für einen Wettbewerb von flexibler Erzeugung, flexibler Nachfrage und Speichern. Der optimierte Strommarkt 2.0 sorgt dafür, dass die Stromversorgung in Deutschland auch bei weiter zunehmenden Mengen an Wind- und Sonnenstrom kostengünstig und verlässlich bleibt. Die Bilanzkreisverantwortlichen werden stärker in die Pflicht genommen, die Menge an Strom ins Netz zu speisen, die sie am Strommarkt verkaufen. So gibt es keine Defizite und die Versorgung bleibt sicher. Eine freie Preisbildung am Stromgroßhandelsmarkt sorgt für Investitionen in die benötigten Kapazitäten. Um die Transparenz des Strommarktes weiter zu erhöhen, hat die Bundesnetzagentur eine Informationsplattform im Internet eingerichtet. Auf www.smard.de können sich Interessierte seit dem 3. Juli 2017 umfassend und allgemein verständlich über das aktuelle Strommarktgeschehen und wesentliche Zusammenhänge informieren sowie Daten und Grafiken nach eigenen Wünschen zusammenstellen.

Eine neu geschaffene Kapazitätsreserve, die strikt vom Strommarkt getrennt wird, soll den Strommarkt 2.0 für unvorhergesehene Fälle absichern, in denen die Nachfrage auf dem Strommarkt das Angebot übersteigt. Darüber hinaus wurde eine Sicherheitsbereitschaft aus Braunkohlekraftwerken in einem Umfang von 2,7 Gigawatt eingerichtet. Die Braunkohlekraftwerke werden schrittweise in die Sicherheitsbereitschaft überführt und nach vier Jahren endgültig stillgelegt. Dies trägt dazu bei, die Klimaziele im Stromsektor bis 2020 zu erreichen.

3. Kraft-Wärme-Kopplung

Die Kraft-Wärme-Kopplungs-Technologie (KWK) ist ein wichtiger Baustein der Energiewende. KWK ermöglicht es, gleichzeitig Strom und Wärme zu erzeugen. Das ist ressourcenschonend und trägt dazu bei, dass Deutschland seine Klimaziele erreicht. Grundlage der Förderung von Kraftwerken mit KWK-Technologie ist seit dem Jahr 2002 das Kraft-Wärme-Kopplungsgesetz (KWKG), das eine umlagefinanzierte Förderung für die gemeinsame und hocheffiziente Erzeugung von Strom und Wärme vorsieht. Die Anfang 2016 in Kraft getretene Novelle des KWKG zielt darauf ab, die Nettostromerzeugung aus KWK-Anlagen zu erhöhen und Investitionen in besonders effiziente, flexible und CO_2-arme KWK-Anlagen zu steigern. Das Anfang 2017 in Kraft getretene KWK-Änderungsgesetz hat das KWKG beihilferechtlich wasserdicht gemacht und schafft damit langfristige Rechtssicherheit. Zusätzlich öffnet es die Förderung für mehr Wettbewerb: Die Förderhöhe für Strom aus KWK-Anlagen mit einer Leistung zwischen 1 und 50 Megawatt wird künftig per Ausschreibung festgelegt. Eine zusätzliche Ausschreibung für innovative KWK-Systeme fördert besonders flexible und emissionssparende KWK-Systeme, die Wärme aus erneuerbaren Energien in ihren Betrieb integrieren. Diese neue Förderkategorie soll der KWK Zukunftsperspektiven eröffnen und notwendige Investitionen in flexible Technologien anreizen.

4. Netze

a) Übertragungsnetzausbau

Mit der Energiewende verändert sich die Erzeugungslandschaft in Deutschland. Gab es früher vor allem wenige große Kraftwerke nahe der großen Verbrauchszentren im Süden und Westen des Landes, die die Umgebung mit Strom versorgten, wird z. B. der Strom aus Windenergie nun vorrangig im windreichen Norden und Osten Deutschlands erzeugt. Gleichzeitig werden bis 2022 die Kernkraftwerke schrittweise außer Betrieb genommen und auch andere konventionelle Kraftwerke aus dem Markt gehen. Um angesichts dieses Wandels auch weiterhin eine sichere und bezahlbare Stromversorgung zu gewährleisten, muss das Stromnetz optimiert und ausgebaut werden. Insgesamt müssen in den nächsten Jahren über 7.500 Kilometer im Übertragungsnetz optimiert, verstärkt oder neu gebaut werden, um insbesondere dem verstärkten Transportbedarf von Nord- nach Süddeutschland gerecht zu werden. Eine besondere Rolle spielen hierbei die Höchstspannungs-Gleichstrom-Übertragungsleitungen (HGÜ-Leitungen), die sogenannten Stromautobahnen, wie *SuedLink* oder *Sued-OstLink*. Auch der Ausbau der Verbindungen zu Deutschlands europäischen Nachbarländern wird immer wichtiger, um von den Vorteilen des europäischen

Strombinnenmarktes zu profitieren. Der Netzausbau ist das Rückgrat einer erfolgreichen Energiewende. Bleibt er aus, drohen weiter steigende Kosten für die Abregelung von erneuerbaren Energien und die Einsatzsteuerung von konventionellen Kraftwerken (*Redispatch*). Netzausbau ist die kostengünstigste Flexibilitätsoption und daher für eine bezahlbare Energiewende unerlässlich.

Mit dem im Dezember 2015 beschlossenen Vorrang der Erdverkabelung für neue HGÜ-Leitungen hat der Gesetzgeber den Weg für einen zwar teureren, jedoch voraussichtlich schnelleren und in der Bevölkerung besser akzeptierten Netzausbau frei gemacht. Anfang März 2017 haben die zuständigen Netzbetreiber Vorschläge für Trassenkorridore und Korridoralternativen für das *SuedLink-* und das *SuedOst-Link*-Vorhaben veröffentlicht und für beide Vorhaben bei der Bundesnetzagentur Anträge auf Bundesfachplanung gestellt. Entscheidend ist nun, die Planungs- und Genehmigungsverfahren zügig voranzubringen. Dies gilt insbesondere auch für die noch nicht fertiggestellten Leitungen nach dem Energieleitungsausbaugesetz, für die die Bundesländer verantwortlich sind, sowie die weiteren (Drehstrom-)Vorhaben nach dem Bundesbedarfsplangesetz.

b) Verteilernetzausbau

Den Verteilernetzen kommt eine wichtige Rolle in der Energiewende zu, nehmen sie doch mehr als 90 Prozent des aus erneuerbaren Energien erzeugten Stroms auf. Investitionen in die Verteilernetze werden daher immer wichtiger. Mit der Anfang August 2016 beschlossenen Novelle der Anreizregulierungsverordnung hat die Bundesregierung den Investitionsrahmen für Verteilernetzbetreiber grundlegend modernisiert und investitionsfreundlicher gestaltet, dabei aber gleichzeitig auf angemessene Netzentgelte geachtet. Durch die unmittelbare Anerkennung von Investitionskosten der Netzbetreiber werden die Investitionsbedingungen verbessert. Anstelle pauschaler Budgets zur Kostendeckung werden nun individuelle Investitionskosten berücksichtigt. Zudem sieht die Novelle Maßnahmen vor, mit denen die Effizienzanreize für Netzbetreiber gestärkt und die Entscheidungen der Regulierungsbehörden sowie die Kosten und Erlöse der Netzbetreiber nachvollziehbarer werden.

c) Digitalisierung der Energiewende

Durch die Energiewende ist die Anzahl der Stromerzeugungsanlagen auf inzwischen über 1,8 Millionen angestiegen, denen auf der Nachfrageseite über 80 Millionen Einwohner und vier Millionen Unternehmen gegenüberstehen. Um diese große Anzahl von Erzeugern und Verbrauchern effizienter zu koordinieren, soll der Energiesektor zunehmend digitalisiert werden. Das im September 2016 in Kraft getretene Gesetz zur Digitalisierung der Energiewende schafft die Voraussetzungen für den Einsatz von Smart Grid, Smart Meter und Smart Home in Deutschland. Im Zentrum steht die schrittweise Einführung intelligenter Messsysteme, die als sichere Kommunikationsplattform für eine energiewendetaugliche Stromversorgung dienen. Das

Gesetz enthält darüber hinaus höchste technische Mindestanforderungen für Datenschutz und Datensicherheit.

d) Netzentgelte

Mit dem Netzentgeltmodernisierungsgesetz (NEMoG) sollen die regionalen Unterschiede bei den Netzentgelten verringert und so eine faire bundesweite Verteilung der Netzkosten erreicht werden. Die Übertragungsnetzkosten machen derzeit etwa 25 Prozent der Gesamtkosten der Stromnetze aus. Das NEMoG beinhaltet die schrittweise Vereinheitlichung der Übertragungsnetzentgelte sowie die Abschmelzung der so genannten vermiedenen Netzentgelte. Die Übertragungsnetzentgelte sollen bundesweit in fünf Stufen, beginnend am 1. Januar 2019, angeglichen werden. Zur Umsetzung enthält das NEMoG eine Ermächtigung zum Erlass einer Rechtsverordnung durch die Bundesregierung mit Zustimmung des Bundesrates. Die Einführung vermiedener Netzentgelte basierte auf der Annahme, dass lokal erzeugter und verbrauchter Strom Kosten für das übergeordnete Netz einsparen würde. Diese Annahme trifft immer weniger zu, denn Windstrom muss aus Norddeutschland in die Verbrauchszentren im Süden und Westen transportiert werden, wofür Netze nötig sind. Aus diesem Grund werden mit dem NEMoG die Berechnungsgrundlagen für vermiedene Netzentgelte bei allen Bestandsanlagen an die aktuelle Situation angepasst und ab 2018 auf dem Niveau des Jahres 2016 eingefroren. Zudem werden die vermiedenen Netzentgelte für Neuanlagen mit volatiler Stromerzeugung (PV, Wind) ab 2018 komplett abgeschafft und für Bestandsanlagen ab 2018 in drei Schritten vollständig abgeschmolzen. Neuanlagen mit steuerbarer Stromerzeugung (z. B. KWK) erhalten ab 2023 keine Zahlungen aus vermiedenen Netzentgelten mehr. Das Gesetz ist am 22. Juli 2017 in Kraft getreten.

5. Energieeffizienz

Neben dem Ausbau der erneuerbaren Energien ist es wesentlich für den Erfolg der Energiewende, Energie effizienter einzusetzen und einzusparen. Denn Energie, die eingespart wird, muss nicht erzeugt, gespeichert und transportiert werden. Energieeffizienz trägt damit dazu bei, die Kosten der Dekarbonisierung zu senken und die ambitionierten Klimaschutzziele zu erreichen. Die Bundesregierung hat daher einen besonderen Fokus auf das Thema Energieeffizienz gelegt. Der bereits im Dezember 2014 vorgelegte *Nationale Aktionsplan Energieeffizienz* (NAPE) definiert die Energieeffizienzstrategie für die 18. Legislaturperiode.[6] Er enthält ein umfassendes Maßnahmenpaket mit den Schwerpunkten informieren, fördern und fordern. Dieses beinhaltet u.a. den Ausbau des Informations- und Beratungsangebots, die gezielte und innovative Förderung von Effizienzinvestitionen sowie die Verpflichtung für große Unternehmen, Energieaudits durchzuführen. Rund 35 Prozent der in

---

[6] Siehe BMWi (2014a).

Deutschland verbrauchten Endenergie entfallen auf den Gebäudebereich, vor allem auf Heizung und Warmwasserbereitung. Um der besonderen Bedeutung des Gebäudebereichs für die Energiewende Rechnung zu tragen, hat die Bundesregierung mit der im November 2015 beschlossenen Energieeffizienzstrategie Gebäude eine Gesamtstrategie vorgelegt.[7] Sie integriert den Strom-, Wärme- und Effizienzbereich und schafft damit einen klaren Handlungsrahmen für die Energiewende im Gebäudebereich. Um das Ziel eines nahezu klimaneutralen Gebäudebestands im Jahr 2050 zu erreichen, muss der Anteil erneuerbarer Energien am Wärmeverbrauch erhöht und müssen die Gebäude energieeffizienter werden.

Investitionen in energieeffiziente Technologien helfen nicht nur, Deutschlands ambitionierte Klimaziele zu erreichen, sondern sind auch Motor für Innovationen „made in Germany". Insgesamt stehen bis 2020 Fördermittel in Höhe von über 17 Mrd. Euro für Energieeffizienzmaßnahmen zur Verfügung. Um Fördermittel effektiver einzusetzen, wird die Beratungs- und Investitionsförderung mit der Förderstrategie „Energieeffizienz und Wärme aus erneuerbaren Energien" grundlegend reformiert.[8] Bis 2019 werden die Förderprogramme schrittweise neu geordnet, themenspezifisch gebündelt und adressatengerecht ausgerichtet. Die Maßnahmen im Bereich Energieeffizienz werden von der Informationsoffensive *„Deutschland macht's effizient"* flankiert, in die Bundesländer, Unternehmens- und Kommunalverbände sowie Sozialpartner als Multiplikatoren einbezogen sind.[9]

IV. Die europäische Dimension der Energiewende

Um bei der Energiewende Versorgungssicherheit, Wettbewerbsfähigkeit und Klimaschutz effizient und kostengünstig zusammen zu bringen, sind europäische Lösungen nötig. Deutschland profitiert von seiner zentralen Lage innerhalb des europäischen Strombinnenmarktes, auf dem z. B. Wasserkraft in Skandinavien und den Alpenländern mit Windkraft und Photovoltaik in Deutschland verbunden sind. Dies trägt dazu bei, die Kosten der Energiewende zu begrenzen. Um die Potenziale des Binnenmarktes noch weiter auszuschöpfen, ist Deutschland in einem ständigen Austausch mit seinen Nachbarländern. Dabei geht es z. B. um die Frage, wie die Versorgungssicherheit weiter erhöht werden kann. In intensiven Gesprächen mit der EU-Kommission hat die Bundesregierung ihre energiepolitischen Maßnahmen europarechtlich abgesichert.

Mit dem Europäischen Klima- und Energierahmen 2030 und den Vorschlägen zur Energieunion hat die EU-Kommission die Weichen für die künftige Ausrichtung der europäischen und nationalen Klima- und Energiepolitiken und die erfolgreiche Umsetzung der Energiewende gestellt. Das am 30. November 2016 von der EU-Kom-

---

[7] Siehe BMWi (2015).
[8] Siehe BMWi (2017a).
[9] Siehe BMWi (2017b).

mission veröffentlichte „*Clean Energy for all Europeans*"-Paket soll zusammen mit den bereits früher vorgelegten Vorschlägen im Klimabereich und im Gassektor die Umsetzung der Energieunion und des 2030-Klima- und Energierahmens vervollständigen. Das umfangreiche Legislativpaket umfasst vier Richtlinien und vier Verordnungen, unter anderem einen Vorschlag für eine bessere Koordinierung der nationalen Energiepolitiken durch abgestimmte nationale Klima- und Energiepläne (sog. Governance-Verordnung), eine neue Energieeffizienzrichtlinie, die Weiterentwicklung der Gebäuderichtlinie, eine neue Erneuerbaren-Richtlinie und ein neues europäisches Strommarktdesign. Es soll auch die Beschlüsse des Europäischen Rates vom Oktober 2014 zu den europäischen Klima- und Energiezielen für 2030 umsetzen. Die Vorschläge der Kommission werden aktuell und in den kommenden Monaten im Europäischen Rat und im Europäischen Parlament verhandelt.

Aus Sicht der Bundesregierung ist das „*Clean Energy for all Europeans*"-Paket ein wichtiger Schritt, um den europäischen Energierahmen grundlegend neu zu gestalten. Positiv zu bewerten ist, dass die nationalen Energiepolitiken künftig besser koordiniert werden sollen und Maßnahmen der Mitgliedstaaten vorgesehen sind, falls die freiwilligen Beiträge nicht ausreichen, um die EU-Ziele im Bereich Energieeffizienz und erneuerbare Energien zu erreichen. Zudem begrüßt die Bundesregierung, dass das neue europäische Strommarktdesign dem Modell des *Strommarkts 2.0* folgen, Versorgungssicherheit künftig nicht mehr nur national, sondern grenzüberschreitend betrachtet werden und das Energieeffizienzziel auf 30 Prozent angehoben werden soll. Kritisch ist aus Sicht der Bundesregierung, dass zu viele Fragen von zentraler politischer Relevanz bei der Umsetzung der Energieunion auf die technische Ebene verlagert werden sollen. Alle politisch wichtigen Entscheidungen sollten vielmehr im Europäischen Rat und im Europäischen Parlament getroffen werden.

V. Zum aktuellen Stand der Energiewende

Mit dem Monitoring-Prozess „*Energie der Zukunft*" überprüft die Bundesregierung den Fortschritt bei der Zielerreichung und den Stand der Maßnahmen zur Energiewende mit Blick auf eine sichere, wirtschaftliche und umweltverträgliche Energieversorgung, um bei Bedarf nachsteuern zu können. Der jährliche Monitoring-Bericht gibt einen faktenbasierten Überblick über den Fortschritt bei der Umsetzung der Energiewende. Dazu wird die Vielzahl der verfügbaren energiestatistischen Informationen auf ausgewählte Kennziffern verdichtet und aufbereitet. Anhand des Status quo wird bewertet, inwieweit die Ziele aus dem Energiekonzept der Bundesregierung erreicht werden und wie die Maßnahmen wirken. In den alle drei Jahre erscheinenden Fortschrittsberichten werden auf einer mehrjährigen Datenbasis bei absehbaren Zielverfehlungen Maßnahmen vorgeschlagen, um Hemmnisse zu beseitigen und die Ziele zu erreichen. Zudem machen die Fortschrittsberichte verlässliche Trends erkennbar. Eine Kommission aus unabhängigen Energie-Experten begleitet den Moni-

toring-Prozess. Sie nimmt aus wissenschaftlicher Perspektive zu den Monitoring-
und Fortschrittsberichten der Bundesregierung Stellung.

Der Ende 2016 erschienene fünfte Monitoring-Bericht zur Energiewende zeigt
den Stand der Energiewende für das Jahr 2015.[10] Um wichtige Kenngrößen der Energiewende auf einen Blick einfach und nachvollziehbar einordnen zu können, bedient
sich der Monitoring-Bericht hinsichtlich der quantitativen Ziele der Energiewende
eines Punktesystems. Abbildung 3 zeigt zusammenfassend anhand des Punktesystems den Stand der Energiewende für das aktuelle Berichtsjahr 2015.

Während der Ausbau der erneuerbaren Energien voll auf Kurs liegt und die erneuerbaren Energien mit einem Anteil von 31,6 Prozent am Bruttostromverbrauch die
wichtigste Stromquelle in Deutschland sind, entwickelt sich der Endenergiever-
brauch im Verkehrssektor gegenläufig zu den Zielen des Energiekonzepts. Hier besteht noch deutlicher Handlungsbedarf. In den Bereichen Klimaschutz und Energieeffizienz sind größere Zielabweichungen festzustellen, allerdings müssen viele der
u.a. im Nationalen Aktionsprogramm Energieeffizienz und im Aktionsprogramm
Klimaschutz 2020[11] beschlossenen Maßnahmen noch umgesetzt werden bzw. ihre
Wirkung erst noch zeigen.

VI. Perspektiven

Die Energiewende bedeutet eine umfassende Transformation in allen Wirtschafts-
sektoren mit dem Ziel einer weitgehenden Dekarbonisierung bis zum Jahr 2050. Der
Klimaschutzplan 2050, den das Kabinett am 14. November 2016 beschlossen hat,
zeigt die Grundlinien für die Umsetzung der langfristig angelegten Klimaschutzstra-
tegie Deutschlands auf.[12] Er beschreibt Strategien und konkrete Leitbilder für alle
Handlungsfelder, um Treibhausgase zu reduzieren. Erstmals werden Zielkorridore
für Emissionsminderungen der einzelnen Sektoren bis 2030 festgelegt. Diese sind
noch einer umfassenden Folgenabschätzung zu unterziehen und auf dieser Basis
Handlungsoptionen und Anpassungsnotwendigkeiten zu ermitteln.

Den durch die Energiewende hervorgerufenen Strukturwandel so zu gestalten,
dass Deutschland seine industrielle Basis erhält, wettbewerbsfähig bleibt und Arbeit
und Wohlstand schafft, mit anderen Worten, die Energiewende nicht nur zu einem
ökologischen, sondern auch zu einem ökonomischen Erfolgsmodell macht, bleibt
Anspruch und Herausforderung. Dekarbonisierung ist dabei nicht gleichbedeutend
mit Deindustrialisierung. Die Energiewende ist vielmehr das größte Modernisie-
rungs- und Innovationsprogramm Deutschlands. Sie lässt eine moderne Energiein-
frastruktur entstehen, ist Innovations- und Technologietreiber und schafft neue Ar-
beitsplätze.

---

[10] Siehe BMWi (2016).
[11] Siehe BMUB (2014).
[12] Siehe BMUB (2016).

	2015 Ist	2020 Ziele	Aktueller Trend
Treibhausgasemissionen			
Treibhausgasemissionen (gegenüber 1990)	-27,2 %*	mindestens -40 %	●●●○○
Erneuerbare Energien			
Anteil am Bruttoendenergieverbrauch	14,9 %	18 %	●●●●●
Anteil am Bruttostromverbrauch	31,6 %	mindestens 35 %	●●●●●
Anteil am Wärmeverbrauch	13,2 %	14 %	●●●●○
Anteil im Verkehrsbereich	5,2 %	10 %	●○○○○
Effizienz und Verbrauch			
Primärenergieverbrauch (gegenüber 2008)	-7,6 %	-20 %	●●●○○
Endenergieproduktivität (2008–2050)	1,3 % pro Jahr (2008–2015)	2,1 % pro Jahr (2008–2015)	●●●●○
Bruttostromverbrauch (gegenüber 2008)	-4,0 %	-10 %	●●○○○
Primärenergiebedarf Gebäude (gegenüber 2008)	-15,9 %	(2050-Ziel: 80%)	Keine Aussage wegen langem Zeitraum
Wärmebedarf Gebäude (gegenüber 2008)	-11,1 %	-20 %	●●●●●
Endenergieverbrauch Verkehr (gegenüber 2005)	1,3 %	-10 %	●○○○○
Bewertung			

Zur Bewertung wird die Entwicklung seit dem jeweiligen Basisjahr bis zum Jahr 2020 linear fortgeschrieben. Dann wird berechnet, wieviel Prozent dieser fortgeschriebene Wert vom Zielwert abweicht.

5 Punkte: 0 % – 10 %
4 Punkte: 10 % – 20 %
3 Punkte: 20 % – 40 %
2 Punkte: 40 % – 60 %
1 Punkt: größer als 60 %

Quelle: Eigene Darstellung BMWi, 10/2016.
*Vorläufige Werte für 2015.

Abbildung 3: Überblick Punktesystem zum
fünften Monitoring-Bericht zur Energiewende

Um die ambitionierten Ziele zu erreichen, sind in den kommenden Jahren weitere Fortschritte sowohl bei der Energieeffizienz als auch beim Ausbau der erneuerbaren Energien erforderlich. Die öffentliche Diskussion darüber, wie die nächsten Schritte der Energiewende aussehen müssen, hat das Bundeswirtschaftsministerium im Sommer 2016 mit dem „Grünbuch Energieeffizienz" und dem Impulspapier „Strom 2030" angestoßen.[13] Die Diskussion hat u.a. gezeigt, dass erneuerbarer Strom künftig verstärkt auch im Verkehrssektor, zur Wärmeversorgung und in der Industrie effizient eingesetzt werden sollte, um dort die CO_2-Emissionen zu verringern. Um die Energiewendeziele kosteneffizient zu erreichen, sollte diese sogenannte Sektorkopplung erst als dritte Option in einem energiepolitischen Dreiklang genutzt werden: Erstens sollte der Energieverbrauch in allen Sektoren deutlich und dauerhaft durch Investitionen in Effizienztechnologien gesenkt werden (*Efficiency first*). Dies begrenzt den Bedarf an Erzeugungsanlagen, Netzen, importierten Rohstoffen und Speicherung. Zweitens sollten erneuerbare Energien in allen Sektoren direkt genutzt werden, d.h. ohne diese in Strom umzuwandeln, soweit dies ökonomisch und ökologisch sinnvoll ist. Der Energiebedarf, der trotz Energieeffizienzmaßnahmen und direkter Nutzung erneuerbarer Energien verbleibt, sollte drittens künftig mit Strom aus erneuerbaren Quellen gedeckt werden. Damit die Sektorkopplung gelingt, müssen die richtigen Rahmenbedingungen gesetzt werden. Dazu gehört vor allem, dass die Wettbewerbsbedingungen für erneuerbaren Strom in den Bereichen Wärme und Verkehr verbessert werden.

In der 18. Legislaturperiode hat das Bundeswirtschaftsministerium mit zahlreichen Maßnahmen wichtige Weichen für den Umbau des Energieversorgungssystems hin zu mehr Energieeffizienz und erneuerbaren Energien gestellt. Im Weiteren muss es darum gehen, die noch notwendigen Voraussetzungen dafür zu schaffen, dass der Übergang von der Strom- zur Energiewende in allen Sektoren gelingt.

Literaturverzeichnis

BMUB (2016), Bundesministerium für Umwelt, Naturschutz, Bau und Reaktorsicherheit, Klimaschutzplan 2050, http://www.bmub.bund.de/fileadmin/Daten_BMU/Download_PDF/Klimaschutz/klimaschutzplan_2050_bf.pdf (letzter Aufruf: 05.07.2017).

– (2014), Bundesministerium für Umwelt, Naturschutz, Bau und Reaktorsicherheit, Aktionsprogramm Klimaschutz 2020, http://www.bmub.bund.de/fileadmin/Daten_BMU/Download_PDF/Aktionsprogramm_Klimaschutz/aktionsprogramm_klimaschutz_2020_broschuere_bf.pdf (letzter Aufruf: 05.07.2017).

BMWi (2017), Bundesministerium für Wirtschaft und Energie, Dossier Energiewende („Fortschrittsbericht und Monitoring" sowie „Gemeinschaftsaufgabe"), http://www.bmwi.de/Redaktion/DE/Dossier/energiewende.html (letzter Aufruf: 09.06.2017).

– (2017a), Bundesministerium für Wirtschaft und Energie, Förderstrategie „Energieeffizienz und Wärme aus erneuerbaren Energien", http://www.bmwi.de/Redaktion/DE/Publikationen/Energie/foerderstrategie-energieeffizienz.html (letzter Aufruf: 27.06.2017).

---

[13] Siehe BMWi (2016a) und BMWi (2016b). Die Ergebnisse der öffentlichen Diskussion fassen der Auswertungsbericht zur öffentlichen Konsultation des Grünbuchs Energieeffizienz und das Ergebnispapier Strom 2030 zusammen. Siehe dazu BMWi (2017c) und BMWi (2017d).

– (2017b), Bundesministerium für Wirtschaft und Energie, Deutschland macht's effizient, http://www.deutschland-machts-effizient.de/KAENEF/Navigation/DE/Home/home.html (letzter Aufruf: 07.07.2017).

– (2017c), Bundesministerium für Wirtschaft und Energie, Auswertungsbericht zur öffentlichen Konsultation des Grünbuchs Energieeffizienz, http://www.bmwi.de/Redaktion/DE/Publikationen/Energie/gruenbuch-energieeffizienz.pdf?__blob=publicationFile&v=24 (letzter Aufruf: 06.07.2017).

– (2017d), Bundesministerium für Wirtschaft und Energie, Ergebnispapier Strom 2030, Langfristige Trends – Aufgaben für die kommenden Jahre, http://www.bmwi.de/Redaktion/DE/Publikationen/Energie/strom-2030-ergebnispapier.pdf?__blob=publicationFile&v=32 (letzter Aufruf: 06.07.2017).

– (2016), Bundesministerium für Wirtschaft und Energie, Fünfter Monitoring-Bericht zur Energiewende, http://www.bmwi.de/Redaktion/DE/Publikationen/Energie/fuenfter-monitoring-bericht-energie-der-zukunft.pdf?__blob=publicationFile&v=38 (letzter Aufruf: 06.07.2017).

– (2016a), Bundesministerium für Wirtschaft und Energie, Grünbuch Energieeffizienz, http://www.bmwi.de/Redaktion/DE/Publikationen/Energie/gruenbuch-energieffizienz-august-2016.pdf?__blob=publicationFile&v=13 (letzter Aufruf: 06.07.2017).

– (2016b), Bundesministerium für Wirtschaft und Energie, Impulspapier Strom 2030, http://www.bmwi.de/Redaktion/DE/Publikationen/Energie/impulspapier-strom-2030.pdf?__blob=publicationFile&v=23 (letzter Aufruf: 06.07.2017).

– (2015), Bundesministerium für Wirtschaft und Energie, Energieeffizienzstrategie Gebäude, http://www.bmwi.de/Redaktion/DE/Publikationen/Energie/energieeffizienzstrategie-gebaeude.html (letzter Aufruf: 27.06.2017).

– (2014), Bundesministerium für Wirtschaft und Energie, Erster Fortschrittsbericht zur Energiewende, http://www.bmwi.de/Redaktion/DE/Publikationen/Energie/fortschrittsbericht.pdf?__blob=publicationFile&v=11 (letzter Aufruf: 09.06.2017).

– (2014a), Bundesministerium für Wirtschaft und Energie, Nationaler Aktionsplan Energieeffizienz, http://www.bmwi.de/Redaktion/DE/Publikationen/Energie/nationaler-aktionsplan-energieeffizienz-nape.html (letzter Aufruf: 27.06.2017).

BMWi/BMU (2010), Bundesministerium für Wirtschaft und Technologie und Bundesministerium für Umwelt, Naturschutz und Reaktorsicherheit, Energiekonzept für eine umweltschonende, zuverlässige und bezahlbare Energieversorgung, http://www.bmwi.de/Redaktion/DE/Downloads/E/energiekonzept-2010.pdf?__blob=publicationFile&v=3 (letzter Aufruf: 09.06.2017).

BNetzA (2017), Bundesnetzagentur, Stromnetze zukunftssicher gestalten, wer kann mitreden?, https://www.netzausbau.de/mitreden/wer-kann-mitreden/de.html (letzter Aufruf: 09.06.2017).

Das „Winterpaket" als Markstein für die Modernisierung des Energiebinnenmarkts

Von Annegret Groebel, Bonn

Am 30. November 2016 hat die Europäische Kommission das sog. *„Saubere Energie für alle Europäer"*-Paket[1] vorgelegt, das Vorschläge für folgende Rechtsakte bzw. deren Änderung umfasst:

– Mitteilung „Saubere Energie für alle Europäer" COM(2016)860_final;

– Strommarkt-Richtlinie (Gemeinsame Regeln für den Elektrizitätsbinnenmarkt – Recast der RL 2009/72/EG) COM(2016)864_final;

– Strommarkt-Verordnung (Verordnung über den Elektrizitätsbinnenmarkt – Recast der VO (EG) 714/2009) COM(2016)861_final;

– ACER-Verordnung (Verordnung zur Gründung einer Agentur der EU für die Zusammenarbeit der Energieregulierungsbehörden – Recast der VO (EG) 713/2009) COM(2016)863_final /2;

– Risikovorsorge-Verordnung (Verordnung über die Risikovorsorge im Elektrizitätssektor und zur Aufhebung der Richtlinie 2005/89/EG) COM(2016)862_final;

– Erneuerbare Energien-Richtlinie (Recast der RL 2009/28/EG) COM(2016) 767_final/2;

– Energieeffizienzrichtlinie (Revision der RL 2012/27/EU) COM(2016)761_final und Revision der Gebäudeeffizienzrichtlinie 2010/31/EU COM(2016)765_final;

– Verordnung über das Governance-System der Energieunion COM(2016) 759_final/2.

Eine *Neufassung (*„Recast"*)* entspricht insofern einer Kodifizierung, als ein Basisrechtsakt und alle Änderungsrechtsakte in einem einzigen neuen Rechtsakt zusammengefasst werden. Der neue Rechtsakt durchläuft das gesamte Rechtsetzungsverfahren und ersetzt alle Rechtsakte, die in die Neufassung eingegangen sind. An-

---

[1] Vgl. „Saubere Energie für alle Europäer – Wachstumspotenzial Europas erschließen" (Pressemitteilung IP-16–4009 v. 30.11.16) und „Commission proposes new rules for consumer centred clean energy transition", Vorschlag der KOM *„Clean Energy for All Europeans"*, alle Dokumente in der am 23.2.2017 korrigierten Fassung sind abrufbar unter: https://ec.euro pa.eu/energy/en/news/commission-proposes-new-rules-consumer-centred-clean-energy-transit ion, zuletzt abgerufen am 15.10.2017.

ders als bei der Kodifizierung sind mit einer Neufassung jedoch inhaltliche Änderungen verbunden, da der Basisrechtsakt im Zuge der Neufassung geändert wird.[2]

Mit diesen am Anfang auch als „*Winterpaket*"[3] bezeichneten umfangreichen Vorschlägen will die Kommission die *Regeln* des *Energiebinnenmarkts modernisieren* und den europäischen Rechtsrahmen an die *Veränderungen* auf den europäischen Strommärkten insbesondere mit Blick auf eine zunehmend dezentrale und fluktuierende Stromerzeugung, die Nutzung nachfrageseitiger Flexibilitäten, die Integration der dazugehörigen Marktakteure einschließlich der Verbraucher sowie der Rolle von ACER, ENTSO-E/G und einer zukünftigen „DSO-Entity"[4] *anpassen*.

Die *Energieunion* soll der Hauptvektor der EU für einen globalen und umfassenden Übergang zu einer Wirtschaft mit *niedrigen CO2-Emissionen* und für Beiträge zu diesem Prozess sein.[5] Es geht bei der Überarbeitung der Erneuerbare Energien- und der Effizienz-Richtlinie um die Ausrichtung auf die *Klima- und Energieziele der EU für 2030*[6] aber auch um die Gewährleistung der Erreichung dieser Ziele (einschließlich des Ziels der Sicherheit der Stromversorgung) im Rahmen eines Governance-Systems der *Energieunion*.

Wichtig ist aber auch, dass der Übergang zu einem System der sauberen Energie *allen europäischen Bürgern zugutekommt*. Alle Verbraucher – auch schutzbedürftige und von Energiearmut betroffene – sollten sich einbezogen fühlen und von den spürbaren Vorteilen des Zugangs zu sicherer, sauberer und wettbewerbsfähiger Energie profitieren, wie es den zentralen Zielen der Energieunion entspricht. Der erste Schritt in Richtung auf das Ziel, die Verbraucher in den Mittelpunkt der Energieunion zu rücken, besteht darin, ihnen *bessere Informationen* über ihren Energieverbrauch und ihre Kosten zu geben. In den Vorschlägen ist ein Anspruch der Verbraucher *auf intelligente Zähler, verständliche Rechnungen* und einfachere Bedingungen für einen *Anbieterwechsel* vorgesehen.

Mit der (Neu-)*Gestaltung des Strommarkts* („*Electricity Market Design*" – EMD) soll aber nicht nur ein „*more competitive, modern and cleaner energy system*"[7] er-

---

[2] Die Regeln für diese Rechtsetzungstechnik sind in einer interinstitutionellen Vereinbarung (vom 28. November 2001) enthalten, die eine besondere Vorgehensweise vorsieht, damit sich der Gesetzgeber auf die Teile des Legislativvorschlags konzentrieren kann, die neu sind.

[3] Wegen des Bezugs und der Bedeutung der Klima- und Energieziele und der „Aufwertung" des Verbrauchers kam es dann zu dem offiziellen Titel „*Saubere Energie für alle Europäer*".

[4] D.h. es soll ein europäischer Verband der Verteilnetzbetreiber vergleichbar ENTSO-E gegründet werden.

[5] Die Umsetzung der ehrgeizigen Klimaschutzverpflichtungen der EU aufgrund des Pariser Übereinkommens hat jetzt Priorität, sie hängt in starkem Maße vom erfolgreichen Übergang zu einem System der sauberen Energie ab, da 2/3 der Treibhausgasemissionen bei der Energieerzeugung und -nutzung entstehen.

[6] Insbesondere die Verpflichtung die CO_2-Emissionen bis 2030 um mindestens 40 % zu reduzieren und die Erhöhung der Energieeffizienz.

[7] Englische Fassung der Pressemitteilung IP-16–4009 v. 30.11.16.

reicht werden, sondern auch das „Wachstumspotenzial Europas" erschlossen werden, d. h. die Modernisierung des Energiesystems geht Hand in Hand mit der Modernisierung der EU-Wirtschaft.[8]

Die Kommission hat sich – wie der deutsche Gesetzgeber[9] – zur Integration eines steigenden Anteils volatiler erneuerbarer Energien für einen *marktbasierten Ansatz* entschlossen, d. h. das Setzen auf Marktmechanismen, die ein Knappheitspreissignal für die effiziente Bereitstellung setzen. Denn letztlich kann die für die Integration nötige *Flexibilität* am besten im Rahmen eines solchen marktbasierten Ansatzes nicht verzerrter Preise („*scarcity pricing*") erreicht werden. Hierzu ist der *Wettbewerb* auf der Vorleistungs- und insbesondere der Endkundenebene zu fördern, indem der *Verbraucher* in den Fokus gerückt wird, dem eine neue Rolle als „*active consumer*" und „*prosumer*" (also als „*pro*ducer" und „con*sumer*") zugewiesen wird. Diese aktive Beteiligung wird auch als „*Demand Side Response*" (DSR) bezeichnet und schöpft – richtig ausgestaltet – Flexibilitätspotenziale aus. Die Vorschläge zur DSR ebenso wie die zu den Aggregatoren werden grundsätzlich positiv gesehen, aber es sind noch Unklarheiten bezüglich des Datenaustauschs zwischen Aggregator und Lieferant zu klären.

Die Stärkung des *Wettbewerbs auf der Endkundenebene* schließt ein, einen fairen Marktzugang neuer Akteure zu ermöglichen, regulierte Preise auszuphasen und die Rolle von *Verteilnetzbetreibern* so zu gestalten, dass sie einerseits *neutral* sind (d. h. keinen Vorteil aus dem Monopolbereich ziehen können), aber auch ein „*active market facilitor*" sind. Bezüglich der *Verteilnetzbetreiber* wird vorgeschlagen, auch auf dieser Ebene einen Netzentwicklungsplan einzuführen, was jedoch mit einem enormen bürokratischen Aufwand verbunden wäre. Korrespondierend wird die Einrichtung einer Organisation europäischer Verteilnetzbetreiber vergleichbar ENTSO-E sowie Prinzipien für einheitliche Tarifstrukturen für Verteilnetzbetreiber vorgeschlagen, was beides aus Sicht der BNetzA kritisch zu bewerten ist. Solche Prinzipien für einheitliche Tarifstrukturen werden zum einen für nicht erforderlich gehalten und greifen zum anderen in die Kernkompetenz der Entgeltregulierung des nationalen Regulierers ein.[10]

Die *Integration erneuerbarer Energien* in den Markt mittels eines marktbasierten Ansatzes bedeutet zum einen eine Präferenz für den „*Energy Only Market*" (EOM), so dass Kapazitätsmechanismen („*Capacity renumeration mechanism*" – CRM) nur „*Second-best*"-Lösungen und nur unter bestimmten (einschränkenden) Bedingungen erlaubt werden. Zu den Bedingungen zählt insbesondere die *Binnenmarktkompatibi-*

---

[8] Vgl. Pressemitteilung IP-16–4009 v. 30.11.16.

[9] Strommarktgesetz v. 08.07.16 (26.07.16), BGBl. I S. 1786 ff.

[10] Siehe CEER „White paper on distribution and transmission network tariffs and incentives" v. 11.05.2017: „No need for an EU-wide Tariffs Network Code: Both the Network Code on transmission and distribution tariffs in Article 55 of the Electricity Regulation, and the ACER recommendation for a progressive convergence of distribution and transmission tariffs methodologies in Article 16 of the Electricity Regulation, should be removed".

lität, d. h. die CRM müssen so ausgestaltet sein, dass sie keine Binnenmarktverzerrung hervorrufen, d. h. die Versteigerungen müssen *grenzüberschreitend offen* sein und die Vorbedingung eines *„European resource adequacy assessment"* erfüllen, also einer nach europaweit einheitlichen Anforderungen vorgenommenen Bewertung der Sicherheit der Stromversorgung als Nachweis, der die Einführung eines CRM rechtfertigt. In beiden Bedingungen kommt die *europäische Dimension* der Integration zum Ausdruck. Denn wie der ebenfalls am 30. November 2016 veröffentlichte Endbericht der Sektoruntersuchung zu den Kapazitätsmechanismen[11] zeigt, führen „unabgestimmte" nationale CRM zu Verzerrungen im Binnenmarkt und erschweren bzw. verschleppen die Vollendung des mit dem Dritten Energiebinnenmarktpaket von 2009 angestrebten Energiebinnenmarkts (*„Internal Energy Market"* – IEM).

Zum anderen schließt der gewählte marktbasierte Ansatz der Integration erneuerbarer Energien den Übergang der *Fördermechanismen* weg von starren administrierten Preisen (*„Feed-in-tariffs"*) hin zur *Ausschreibung (*„tendering"*)* ein. Auch dies findet mit der Reform des EEG 2014 im EEG 2017[12] in Deutschland sein Pendant, wobei im EEG 2017 anders als von der Kommission vorgeschlagen weiterhin technologiespezifische Ausschreibungen vorgesehen sind. Die *europäische Dimension* fließt auch hier durch das Erfordernis ein, dass Fördersysteme für EE-Anlagen anderer Mitgliedstaaten in grenzüberschreitenden Ausschreibungen geöffnet werden müssen, was teilweise kritisch gesehen wird.

Zur weiteren „Gleichstellung" erneuerbarer Energien, die der Reduzierung bzw. dem Abbau preisverzerrender Vorteile, die anfangs zur Markteinführung erneuerbarer Energien erforderlich waren, dient, zählt die *Abschaffung des Einspeisevorrangs* (*„priority dispatch"*), der mit der Einführung des nichtdiskriminierenden und marktorientierten (*„market based dispatch"*) abgelöst wird, wobei Ausnahmen für kleinere EE-Anlagen ebenso wie Bestandsschutz für bestehende Anlagen bestehen bleiben. Der physikalische Einspeisevorrang (*„priority grid access"*) bleibt im Rahmen

---

[11] Vgl. IP-16–4021 v. 30.11.16 – Staatliche Beihilfen: Bericht zur Sektoruntersuchung gibt Hinweise zu Kapazitätsmechanismen, im Internet abrufbar unter http://europa.eu/rapid/press-release_IP-16-4021_de.htm, zuletzt abgerufen am 15.10.17. Der Abschlussbericht zur Sektoruntersuchung über Kapazitätsmechanismen (COM(2016)752_final) ist im Internet abrufbar unter http://eur-lex.europa.eu/legal-content/DE/TXT/PDF/?uri=CELEX:52016DC0752 &from=EN, zuletzt abgerufen am 15.10.17; das zugehörige Staff Working Dokument SWD (2016)385_final ist im Internet abrufbar unter http://eur-lex.europa.eu/legal-content/EN/TXT/PDF/?uri=CELEX:52016SC0385&from=EN, zuletzt abgerufen am 15.10.17.

[12] EEG 2017 v. 08.07.2016 (Bundestagsbeschluss), mit der das Fördersystem auf wettbewerbliche Ausschreibungen umgestellt wurde. Wie die verschiedenen Ausschreibungen erneuerbarer Energien der BNetzA seit Anfang 2017 zeigen bestätigt sich die Annahme, dass wettbewerbliche Ausschreibungen zu effizienten Ergebnissen führen, d. h. konkret, dass im Vergleich zum bisherigen System die Fördersätze sinken, teilweise sehr stark wie im Fall der ersten Ausschreibung von Offshore-Windenergie, vgl. BNetzA-Pressemitteilung v. 13.04.17 – „Bundesnetzagentur erteilt Zuschläge in der ersten Ausschreibung für Offshore-Windparks – Homann: Zuschlagswert mit 0,44 ct/kWh weit unterhalb der Erwartungen".

von Einspeisemanagementmaßnahmen (*non-market-based curtailment*) erhalten, was die BNetzA begrüßt.[13]

Der *grenzüberschreitende Stromhandel* als Kernstück des Energiebinnenmarkts soll weiter gestärkt und ausgebaut werden. Hierzu wird eine Reihe von Maßnahmen vorgeschlagen, u. a. wird eine *regionale Koordinierung* eingezogen, wobei die Governance-Regeln, d. h. die Aufsicht der nationalen Energieregulierungsbehörden nicht näher ausgeführt werden. Grundsätzlich ist die Einfügung der regionalen Ebene als Zwischenschritt zum Energiebinnenmarkt aber durchaus sinnvoll, aber auch hier ist die Ausgestaltung entscheidend.

Für die regionale Koordinierung der Übertragungsnetzbetreiber werden sog. „*Regional Operation Center*" (ROCs) vorgesehen, denen eine Entscheidungsbefugnis übertragen wird, d. h. anders als die bestehenden „*Regional Security Coordinator*" (RSC), die eine gemeinsame Einrichtung der Übertragungsnetzbetreiber einer Region sind und lediglich Empfehlungen aussprechen können, sollen die ROCs den nationalen Übertragungsnetzbetreibern auch *verbindliche Vorgaben zur Systemführung* machen können, während die Systemverantwortung bei den Übertragungsnetzbetreibern verbliebe, d. h. es kommt zu einem Auseinanderklaffen von Systembetrieb und der Systemverantwortung.[14] Dies wird wegen der Gefahr für die Systemsicherheit nahezu einhellig sowohl von ENTSO-E, den nationalen Übertragungsnetzbetreibern als auch den Mitgliedstaaten abgelehnt. Der Bericht des zuständigen ITRE-Rapporteurs MEP *Karins* kommt ebenfalls zu einem ablehnenden Votum.[15] Die BNetzA lehnt die Vorschläge gleichfalls ab und plädiert dafür, zunächst Erfahrungen bei der Implementierung der *System Operation Guideline* und des *Emergency and Restauration Network Code* zu sammeln, bevor man anstelle der bisherigen freiwilligen regionalen Zusammenarbeit der Übertragungsnetzbetreiber eine verbindliche vorschreibt.

Ebenfalls abgelehnt wird die Übertragung der Zuständigkeit für die *Gebotszonenkonfiguration*, das bisherige Mitspracherecht der Mitgliedstaaten und nationalen Regulierungsbehörden entfällt. ACER erhält zukünftig die Zuständigkeit Änderungen am Untersuchungsrahmen zu fordern, die jetzt bei den nationalen Regulierern gemeinsam liegt. Auch im *Network Code-Prozess* werden Änderungen zugunsten der europäischen Ebene vorgeschlagen. Grundsätzlich zu begrüßen ist die stärkere Stellung von ACER gegenüber ENTSO, da es eine Änderungsbefugnis geben wird, aber zugleich wird vorgeschlagen, dass die Annahme der Network Codes künftig als *delegierte Rechtsakte* durch die KOM erfolgt anstelle des bisherigen Komitologieverfahrens unter Beteiligung der Mitgliedstaaten, die damit deutlich geringer

---

[13] Art. 11 u. 12 EE-RL-Vorschlag.
[14] Art. 32 ff. Strom-VO-Vorschlag. Insbesondere sind die Haftungsfragen ungeklärt.
[15] ITRE-Berichtsentwurf zur Strom-VO von MEP Karins v. 16.06.17.

ausfällt. Das sog. „*All-NRA-Decision*"-Verfahren (CACM-Guideline[16]) wird im Sinne einer Straffung der Verfahren abgeschafft.

Der Vorschlag der KOM zur *Kapazitätsberechnung*[17], demzufolge künftig Übertragungsnetzbetreiber die Interkonnektorenkapazität nicht beschränken dürfen, um einen Engpass innerhalb der eigenen Regelzone zu beheben oder um Ringflüsse zu regeln, wird seitens der BNetzA abgelehnt, da die möglichen Konsequenzen (massiver Netzausbau oder massive Erhöhung des Redispatch- und Einspeisemanagement-Volumens oder kompletter Stopp des Ausbaus der Interkonnektorkapazität) für nicht tragbar erachtet werden.

Insgesamt wird die *Übertragung von Kompetenzen auf die europäische Ebene* in nahezu allen Bereichen: insbesondere aber bei der Gebotszonenkonfiguration, die künftig nicht mehr von den Mitgliedstaaten, sondern der KOM bestimmt werden soll, ACER anstelle Regulierer, ROCs anstelle nationale Übertragungsnetzbetreiber sehr kritisch gesehen. Der Bundestag hat deshalb am 30.03.2017 eine sog. *Subsidiaritätsrüge* in Bezug auf folgende Punkte beschlossen:

– Verstoß gegen das Subsidiaritätsprinzip bei der Übertragung der Entscheidung über den Gebotszonenzuschnitt;

– Verstoß gegen das Subsidiaritätsprinzip bei der Übertragung ganzer Themenfelder in delegierte Rechtsakte;

– Verstoß gegen das Subsidiaritätsprinzip bei der Errichtung von ROCs mit verbindlichen Entscheidungsbefugnissen gegenüber nationalen Übertragungsnetzbetreibern;

– Verstoß gegen das Subsidiaritäts- und Verhältnismäßigkeitsprinzip bei der Ausweitung von Entscheidungs- und Zuständigkeitskompetenzen auf ACER, insbesondere der

– Änderung des ACER-Abstimmungsverfahrens, v.a. die Herabsetzung des Mehrheitserfordernisses von gegenwärtig 2/3 auf die einfache Mehrheit (bei Beibehaltung der Regel, dass jeder Regulierer eine Stimme hat.[18]

Auch Parlamente anderer Mitgliedstaaten haben Subsidiaritätsrügen beschlossen.[19]

Wie mehrfach erwähnt werden die *Kompetenzen von ACER ausgeweitet*. Dies betrifft u.a. den Network Code-Prozess, die Aufsicht über die neuen europäischen Marktorganisationen (sog. „*Nominated Electricity Market Operator*" – NEMO[20]) und Aufgaben in Zusammenhang mit der Gebotszonenkonfiguration (s.o.). In eini-

---

[16] Verordnung (EU) 2015/1222 zur Festlegung einer Leitlinie für die Kapazitätsvergabe und das Engpassmanagement v. 24.07.2015, ABl. L 197 v. 25.07.2015.

[17] Art. 14 Abs. 7 Strom-VO-Vorschlag.

[18] Vgl. BT-Drs. 18/11777 (neu) und BT-Plenarprotokoll 18/228, S. 23008.

[19] Z.B. der französische Senat, im Internet abrufbar unter https://www.legifrance.gouv.fr/af fichTexte.do?cidTexte=JORFTEXT000034372239&dateTexte=&categorieLien=id.

[20] Deren Einrichtung ergibt sich aus der CACM-Guideline 2015/1222 (s.o.).

gen Bereichen wie der Aufsicht über europäische Organisationen wie der NEMOs war dies zu erwarten gewesen. Gleichwohl muss mit einer Ausweitung der ACER-Kompetenzen eine entsprechende Anpassung der „*internal governance rules*" einhergehen, d. h. eine entsprechende verpflichtende Einbeziehung des Regulierungsrats („Board of Regulators" – BoR) mit einer sog. „*Opinion*" zu allen regulatorischen Dokumenten, aber dies ist nicht im erhofften Ausmaß erfolgt. Im Gegenteil wird die Stellung des BoR durch die Änderung des Mehrheitserfordernisses von 2/3 auf die einfache Mehrheit bei Beibehaltung der Regel, dass jeder Regulierer eine Stimme hat, eher geschwächt. D. h. das notwendige Gegengewicht des BoR, der die Sichtweisen der nationalen Regulierer auf der europäischen Ebene einbringt[21], wächst nicht im Gleichklang mit den zusätzlichen ACER-Kompetenzen. Positiv ist im Kontext der „*internal governance rules*" allerdings, dass nunmehr die Einrichtung von Arbeitsgruppen in dem ACER-Verordnungsvorschlag aufgenommen wurde, was bisher nicht der Fall war.

Das Fehlen entsprechender „*checks and balances*" in der internen Governance von *ACER* wird von der Stellungnahme der europäischen Regulierer v. 22. Januar 2017 besonders kritisiert. CEER/ACER hatten in einem „*European Energy Regulators' Overview Paper – Initial Reactions to the European Commission's proposals on Clean Energy*"[22] eine erste Reaktion auf das Winterpaket veröffentlicht. Die wesentlichen Botschaften sind in den folgenden Übersichten dargestellt.

Quelle: CEER - Council of European Energy Regulators, 10/2017.

---

[21] Vgl. *Groebel/Horstmann*, in: Berliner Kommentar zum Energierecht, Bd. 3, 4. Aufl. 2017 – i.E.

[22] https://www.ceer.eu/documents/104400/5937686/Overview+-+Clean+Energy/cebf13ca-e381-1efa-71fd-b571d3b94f48.

Flexible Regulation
Regulators must facilitate the entry of new suppliers into the retail market to ensure broader choice for consumers by removing entry barriers.

Securing Supplies
Greater transparency and regulatory involvement is needed to ensure that consumers, industry and politicians can trust that markets are functioning well.

Making Markets Work
The real-time value of energy should be the basis of the price signals that all participants face.

Smarter System Operation
We welcome a proportionate and focused approach to TSO cooperation and to the future cooperation between TSO and DSOs.

Regulatory Oversight
Regulators need to ensure that the roles and responsibilities at national and EU level are clear and proper checks and balances are in place. Regional governance needs robust stress testing.

Balancing Innovation and Regulation
Remove priority dispatch; to bring renewables into the market; and to ensure that all relevant market players are responsible for balancing.

Quelle: CEER - Council of European Energy Regulators, 10/2017.

Seit 11. Mai 2017 werden fortlaufend sog. „*White Papers*" zu verschiedenen die Regulierer besonders betreffenden Themen veröffentlicht.[23] Nachfolgende Tabelle enthält eine Übersicht über alle bis 24. Okt. 2017 veröffentlichten *White Papers*, wobei die linke Spalte die gemeinsamen White Papers (CEER/ACER) und die rechte Spalte die CEER White Papers wiedergibt.

ACER-CEER White Papers		CEER White Papers	
Paper 1: Renewables in the Wholesale Market	May 2017	Paper I: Distribution and Transmission Network Tariffs and Incentives	May 2017
Paper 2: The Role of the DSO	May 2017	Paper II: Technology that Benefits Consumers	May 2017
Paper 3: Facilitating Flexibility	May 2017	Paper III: Consumer Empowerment	May 2017
Paper 4: Efficient Wholesale Price Formation	May 2017	Paper IV: Efficient System Operation	June 2017
		Paper V: The Independence of National Regulatory Authorities (NRAs)	June 2017
		Paper VI: Infrastructure	July 2017
		Paper VII: System Adequacy & Capacity Mechanism	July 2017

---

[23] https://www.ceer.eu/white-papers.

ACER-CEER White Papers		CEER White Papers	
		Paper VIII: Renewable Self-Consumers and Energy Communities	July 2017
		Paper IX: Regional Regulatory Oversight	Oct. 2017

Quelle: CEER – Council of European Energy Regulators, 10/2017.

Bevor ein kurzes Fazit gezogen wird, werden in der nachfolgenden Übersicht die wichtigsten Elemente des Vorschlags kurz dargestellt und auch die Verbindung zu den bestehenden Energierechtsvorschriften sowie den Wettbewerbs- und Beihilferegeln auf europäischer Ebene aufgezeigt.

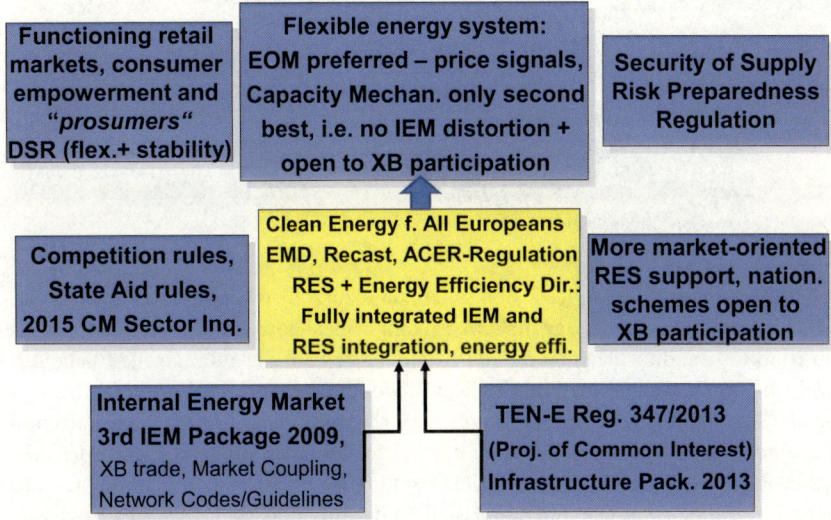

Quelle: Eigene Darstellung.

In der nachfolgenden Darstellung wird ein Vergleich der deutschen Gesetzgebung vom 8. Juli 2016 – dem Strommarktgesetz und dem EEG 2017 und den Clean-Energy-Vorschlägen der KOM v. 30. November 2016 vorgenommen, um die Parallelen des deutschen und europäischen Ansatzes für den Übergang zu einem flexiblen Energiesystem herauszustellen.

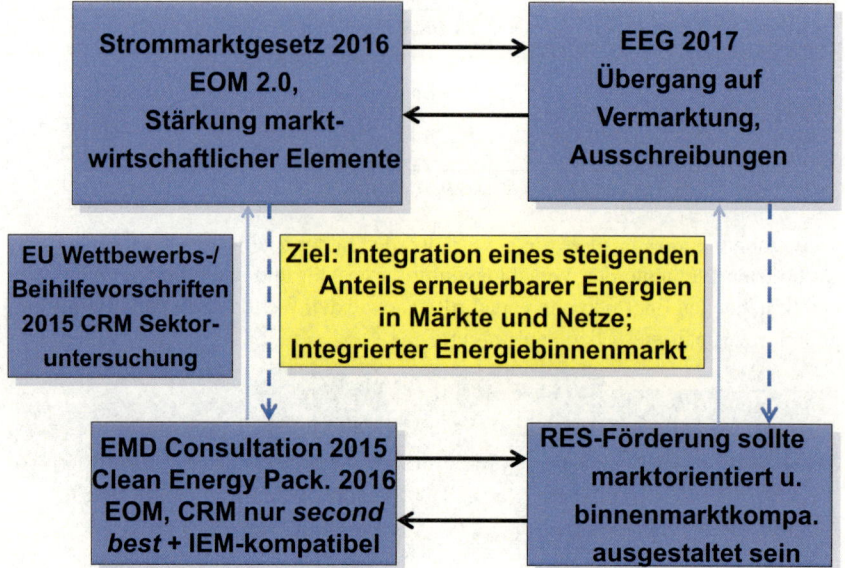

Quelle: Eigene Darstellung.

Zum *weiteren Zeitplan* lässt sich sagen, dass zurzeit sowohl der Rat als auch das EP ihre Änderungsvorschläge diskutieren und insbesondere im Rat viele Vorschläge im Hinblick auf die Übertragung von Kompetenzen auf die europäische Ebene sehr kritisch aufgenommen wurden. Der Rat arbeitet auf die am 18. Dezember stattfindende Sitzung des Ministerrats hin, um ein Mandat für den Trilog zu finalisieren. Der zuständige ITRE-Ausschuss arbeitet z. Z. an der Konsolidierung der Änderungsvorschläge zu den Berichten der Berichterstatter, die auf der Sitzung am 11. Dezember angenommen werden sollen und dann in der Sitzungswoche des EP-Plenums v. 18.–22. Dezember beschlossen werden könnten. Nach jetzigem Planungsstand wird mit einem Beginn des Trilogs im ersten Quartal 2018 gerechnet. Wann die endgültige Verabschiedung des Pakets erfolgen wird, lässt sich zurzeit noch nicht abschätzen.

Als *Fazit* lässt sich folgendes festhalten: Ziel der Vorschläge der KOM ist die Umgestaltung hin zu einem effizienten und *flexiblen Energiesystem* zur Integration steigender Anteile erneuerbarer Energien und die Schaffung eines integrierten Energiebinnenmarkts sowie die Ausrichtung auf die *Klima- und Energieziele der EU für 2030*. Das *Clean-Energy*-Paket umfasst eine Vielzahl von Vorschlägen für Rechtsakte und deren Änderung im Strombereich, insbesondere Änderungsvorschläge für die Elektrizitätsrichtlinie und die Elektrizitätsverordnung sowie die ACER-Verordnung. *Positiv* ist zu bewerten, dass die KOM sich für die Umwandlung des Energiesystems ebenfalls – wie der deutsche Gesetzgeber – für einen *marktbasierten Ansatz* und das Setzen auf den Marktmechanismus entschieden hat. Denn auch die KOM bevorzugt den sog. „*Energy-Only-Market*" und sieht CRMs nur als „*Second-best*"-Lösung, die nur unter bestimmten Bedingungen erlaubt ist. Der marktbasierte Ansatz mit unverzerrten Preissignalen wird konsequent verfolgt, denn zum einen sollen *Ausschreibungen grenzüberschreitend offen* sein und zum anderen sollen auch die nationalen Fördersysteme für erneuerbare Energien auf wettbewerbliche technologieneutrale Ausschreibungen mit grenzüberschreitender Beteiligung umgestellt werden.

Positiv zu erwähnen sind auch die neuen Vorschriften zur *Stärkung der Verbraucherrechte („consumer empowerment")*.

Kritisch werden die Vorschläge im Hinblick auf die Vielzahl von *Übertragungen von Zuständigkeiten auf die europäische Ebene* gesehen, insbesondere im Hinblick auf den Gebotszonenzuschnitt und die Annahme von Network Codes als delegierte Rechtsakte der KOM anstelle des bisherigen Komitologieverfahrens. Auch der Vorschlag, ROCs mit verbindlicher Entscheidungsbefugnis gegenüber nationalen Übertragungsnetzbetreibern einzurichten, stößt auf Ablehnung. Ebenfalls kritisch wird die *Ausweitung von Befugnissen von ACER* gesehen. Alle drei Punkte wurden als *Verstoß gegen das Subsidiaritätsprinzip* vom Bundestag in seiner am 30. März 2017 angenommenen *Subsidiaritätsrüge* moniert.

Bei den Vorschlägen bezüglich *ACER* fehlt die Ausgewogenheit. Der Ausweitung der Kompetenzen von ACER steht keine entsprechende Ausweitung der BoR-Beteiligungsrechte gegenüber, so dass es zu einer „Schieflage" kommt. Diese fehlenden „*checks-and-balances*" der internen Governance von ACER werden insbesondere von den europäischen Regulierern kritisiert, denn ACER soll – wie der Name sagt – einen Rahmen für die Kooperation der Energieregulierer bieten, d. h. die Beteiligung der nationalen Regulierungsbehörden über das BoR ist sozusagen programmatisch. V. a. fordern die Regulierer eine *Beibehaltung des jetzigen 2/3-Mehrheitserfordernisses*.

Die Marktorientierung der Vorschläge setzt das richtige Signal für die Modernisierung des europäischen Energiesystems, kritisch sind indessen die vorgeschlagenen Kompetenzverlagerungen auf die europäische Ebene zu bewerten.

Die Energiewende im Spiegel
des Europäischen Beihilferechts

Von Walter Frenz, Aachen*

Das Beihilfenverbot nach Art. 107 Abs. 1 AEUV prägt die Energiewende in vielfältiger Weise. Für Deutschland besonders aufsehenerregend war die Einstufung der EEG-Umlage als Beihilfe durch die Kommission und das EuG; diese Einstufung aber erweckt Zweifel, über die der EuGH zu befinden hat. Ein weiterer intensiver Streitpunkt ist die Frage, ob und inwieweit die Vorhaltung von Reservekapazitäten eine (gerechtfertigte) Beihilfe darstellt. Ganz aktuell ist die Beurteilung einer weitgehenden Abschaffung des Einspeisevorrangs für erneuerbare Energien: Wird dadurch nur ein mit Art. 107 Abs. 1 AEUV kompatibler Zustand hergestellt?

I. Winterpaket der Kommission: drohendes Ungemach

1. Geplante weitgehende Abschaffung des Einspeisevorrangs

Die Kommission überlegt in ihrem *Winterpaket* vom 30. November 2016[1], angesichts der steigenden Kosten für Ökostrom und der Verzerrung des Wettbewerbs, die bevorzugte Einspeisung für erneuerbare Energien in Zukunft nur für sehr kleine Anlagen beizubehalten und im Übrigen abzuschaffen: „*Against this background, the provision of priority dispatch and priority grid access will need to be reassessed in the context of in the on-going Electricity Market Design initiative in view of the main policy objectives of sustainability, security of supply and competitiveness.*"[2] Sie nennt dafür eine Reihe von Gründen: „*In particular:*

---

* Der Beitrag beruht auf verschiedenen Aufsätzen des Verfassers insbesondere RdE 2016, 1, RdE 2017, 109 sowie RdE 2017, 281 und EWS 2017, Editorials Hefte 1 und 2 und seiner Kommentierung zum Europarecht der Erneuerbaren Energien, in: Frenz/Müggenborg/Cosack/ Henning/Schomerus, EEG, 5. Aufl. 2018.

[1] Pressemitteilung der Kommission v. 30.11.2016 – Saubere Energie für alle Europäer – Wachstumspotenzial Europas erschließen, IP/16/4009.

[2] Europäische Kommission v. 30.11.2016, SWD(2016) 416 final, COMMISSION STAFF WORKING DOCUMENT, Refit evaluation of the Directive 2009/28/EC of the European Parliament and of the Council Accompanying the document, Proposal for a Directive of the European Parliament and of the Council on the promotion of the use of energy from renewable sources (recast), COM(2016) 767 final, S. 46.

– *Subsidy schemes based on priority dispatch (such as Feed-in Tariffs) are often based on high running hours and a mitigation of market signals to the subsidized generator („produce and forget'). This means that non-subsidized generation is increasingly pushed out of the market even where this is not cost-efficient;*

– *Situations in which more than 100 % of demand is covered by priority dispatch become more prevalent. This lowers the investment security and can lead to unnecessary curtailment of renewable electricity;*

– *Electricity generation should be guided by price signals. In a situation where the clear majority of power generation does not react to price signals, market integration fails and market signals cannot develop;*

– *Incentives to invest in increased flexibility, which would naturally result from price signals on a functioning wholesale market, do not reach a significant part of the generation mix. Priority dispatch rules can eliminate incentives for flexible generation (e. g. biomass) to use its flexibility potential and, instead, create incentives to run independently from market demand;*

– *Priority dispatch and priority grid access limit the choice for transmission system operators to intervene in the system (e. g. in case of congestion on certain parts of the electricity grid). This can result in less efficient interventions (e. g. re-dispatching power plants in suboptimal locations);*

– *Priority dispatch rules for high marginal cost technologies (e. g. biomass) can result in using costly primary resources to generate electricity at a time where other, cheaper, technologies were available."*[3]

Angesichts dieser Gründe soll mithin die umfassende Abnahmegarantie für Ökostrom verloren gehen. Dadurch will die Kommission die Wettbewerbsgleichheit mit konventionellen Energieträgern wiederherstellen.

2. Einspeisegarantie vs. Warenverkehrsfreiheit

Auch das Beihilfenverbot zielt darauf ab, verschiedene Wirtschaftsteilnehmer in Wettbewerbsgleichheit und damit zugleich Wettbewerbsfreiheit am Markt agieren zu lassen. Gleichwohl unterfällt die Einspeisegarantie eigentlich nicht dem Beihilfenverbot. Es fehlt die Zuwendung staatlicher Mittel. Zwar kann eine solche auch erfolgen, wenn Private die Gelder auszahlen.[4] Bei der Einspeisegarantie sind das die Netzbetreiber, welche den Ökostrom abnehmen und damit auch bezahlen müssen. Aller-

---

[3] Europäische Kommission v. 30. 11. 2016, SWD(2016) 416 final, COMMISSION STAFF WORKING DOCUMENT, Refit evaluation of the Directive 2009/28/EC of the European Parliament and of the Council Accompanying the document, Proposal for a Directive of the European Parliament and of the Council on the promotion of the use of energy from renewable sources (recast), COM(2016) 767 final, S. 45 f.

[4] Etwa EuGH, Rs. C-482/99, ECLI:EU:C:2002:294 Rn. 56 – Frankreich/Kommission.

dings hat in der *PreussenElektra*-Entscheidung[5] erst die Kombination von Einspeisungs- und Vergütungsgarantie zur näheren Untersuchung des Beihilfenverbotes geführt, ohne dass es eingriff.

Aus der Einspeisegarantie allein folgen sowieso keine näher staatlich ausgestalteten Geldflüsse. Vielmehr handelt es sich um eine Form der Wirtschaftslenkung. Daher greift die Warenverkehrsfreiheit ein.[6] Daraus ergeben sich aber auch erhebliche Beschränkungen und Anforderungen, die angesichts der von der Kommission aufgezeigten Defizite eines Einspeisevorrangs nicht ohne Weiteres erfüllt sein dürften.

3. Erweiterung des Beihilfenverbotes

Eine weitere Konzeption könnte höchstens aus dem Ansatz heraus folgen, der auch schon bei der *PreussenElektra*-Entscheidung auftrat und entgegen dieser zur Bejahung von Art. 107 AEUV führte, nämlich dass sich die Privaten, welche eine garantierte Abnahme von Staats wegen verliehen bekommen haben, am Markt nicht mehr darum bemühen müssen, im Wettbewerb zu bestehen.[7] Zugleich ist ihnen die Vergütung als solche sicher. Daraus erwächst eine staatlich garantierte Einnahmegarantie; sie ist im Ergebnis praktisch genauso viel wert wie die Zuwendung staatlicher Mittel, zumal wenn diese auch auf der Basis von privaten Beziehungen bejaht wird, sofern nur der Staat eine ständige Kontrolle darüber hat.[8]

4. Problematische Rechtfertigung

a) Klimaschutz als Ansatz

Unabhängig davon, welche Konzeption verfolgt wird und ob daher die Warenverkehrsfreiheit und/oder das Beihilfenverbot zu prüfen sind: In beiden Fällen kann eine weitgehende Rechtfertigung aus Gründen des Klimaschutzes erfolgen, wenn auch nicht unbegrenzt. Schon im *PreussenElektra*-Urteil[9], das auch in anderen Fällen immer noch der Bezugspunkt ist,[10] sah der EuGH im Hinblick auf die Warenverkehrsfreiheit den Klimaschutz als maßgeblichen Gesichtspunkt. Das gilt auch für

---

[5] EuGH, Rs. C-379/98, ECLI:EU:C:2001:160 – PreussenElektra.

[6] *Frenz*, EWS 2017, Editorial Heft 1, auch zum Folgenden.

[7] *Frenz*, Handbuch Europarecht 3: Beihilfe- und Vergaberecht, 2007, Rn. 566 ff. m.w.N.

[8] EuGH, Rs. C-262/12, ECLI:EU:C:2013:851 Rn. 21 – Vent de Colère. Zu dieser Doppelgleisigkeit *Nettesheim*, NJW 2014, 1847; krit. *Frenz*, EWS 2015, 194. Näher unter II.

[9] EuGH, Rs. C-379/98, ECLI:EU:C:2001:160 – PreussenElektra.

[10] So auch in EuG, Rs. T-47/15, ECLI:EU:T:2016:281 Rn. 96 ff. – Deutschland/Kommission.

das Beihilfenverbot.[11] Stets ist allerdings die Erforderlichkeit zu prüfen und die För-
derungsmöglichkeit entfällt, wenn die Erzeugung erneuerbarer Energien auf eigenen
Beinen stehen kann, mithin kein Marktversagen mehr vorliegt.[12] Darauf ist generell
hinzuarbeiten und Marktmechanismen sind vorzuziehen.[13]

b) Keine Pflicht zu einem Einspeisevorrang

Die Rechtfertigungsfähigkeit eines Einspeisevorrangs bedeutet aber noch keine
Pflicht dazu. Der Klimaschutz ist zwar als wesentlicher Bestandteil der Umweltpo-
litik vertraglich festgeschrieben (s. Art. 191 Abs. 1 4. Spiegelstrich AEUV: insbesondere zur Bekämpfung des Klimawandels). Gilt dieses Ziel auf internationaler
Ebene, muss es erst recht auf EU-Level verfolgt werden, um mit eigenen Fortschrit-
ten andere Staaten für globale Aktionen mit ins Boot zu holen. Erfolgreiches Beispiel
dafür war das Pariser Klimaübereinkommen, auch wenn viele Kompromisse geschlossen werden mussten und durchsetzbare Pflichten fehlen: An die Stelle von verbindlichen Verminderungsverpflichtungen treten Selbstverpflichtungen der Staaten,
die mit dem Ziel fortlaufender Verschärfung angelegt sind; an diesen selbst gesteck-
ten Zielen haben sie sich messen zu lassen, formal abgesichert über Berichtspflichten
und eine kontinuierliche globale Bestandsaufnahme.[14] Solche Selbstverpflichtungen
müssen aber erst von den einzelnen Staaten kommen. Das vorbildliche Verhalten der
EU und ihrer Mitgliedstaaten kann dazu anregen.

Für die Verfolgung des Klimaschutzes ist kein Weg vorgeschrieben. Lediglich
Aktivitäten auf internationaler Ebene setzt Art. 191 Abs. 1 4. Spiegelstrich AEUV
voraus. Die Union setzt dabei vor allem auf eine Begrenzung des CO_2-Ausstoßes.
Nur dessen Reduktion bis 2030 ist für alle Mitgliedstaaten verbindlich. Dazu erfolgt
eine umfassende Reform des Emissionshandels, um diesen effektiver zu gestalten.[15]

Hingegen sind die Ausbauziele für erneuerbare Energien nicht mehr für die einzelnen Mitgliedstaaten verbindlich festgeschrieben. Dies liegt aber im Rahmen des
Gestaltungsspielraumes der Unionsorgane, wie sie den Umwelt- und Klimaschutz
verwirklichen: Er muss nur als solcher ein hohes Schutzniveau haben. Daher besteht

---

[11] Kommission, Umweltschutz- und Energiebeihilfeleitlinien 2014–2020, ABl. 2014 C
200, S. 1 Rn. 30; EuG, Rs. T-47/15, ECLI:EU:T:2016:281 Rn. 95 – Deutschland/Kommissi-
on.

[12] Kommission, Umweltschutz- und Energiebeihilfeleitlinien 2014–2020, ABl. 2014 C
200, S. 1 Rn. 27 lit. b, 33, 68 f., 118 f.

[13] Kommission, Umweltschutz- und Energiebeihilfeleitlinien 2014–2020, ABl. 2014 C
200, S. 1 Rn. 108. Näher Frenz, RdE 2017, 109 (111 f.).

[14] Kreuter-Kirchhof, DVBl. 2017, 97 (104).

[15] Das Europäische Parlament stimmte den Vorschlägen der Kommission am 15. 2. 2017
zu. Das bildet die Basis für die weiteren Verhandlungen mit dem Ministerrat über die endgültige Fassung der Richtlinie, http://www.europarl.europa.eu/news/de/news-room/
20170210IPR61806/parlament-will-co2-zertifikate-verringern-und-co2-arme-innovationen-f%
C3%B6rdern, aufgerufen am 22. 2. 2017.

auch keine Pflicht für die Unionsorgane, auf den Einspeisevorrang für erneuerbare Energien zu setzen.

c) Rechtfertigungsfähigkeit eines nationalen Opting out auch nach dem Urteil Parkinson

Eine andere Frage ist allerdings, ob die Kommission den durch einen Mitgliedstaat festgesetzten Einspeisevorrang für erneuerbare Energien antasten darf. Bezogen auf den Umweltschutz handelt es sich um ein nach Art. 193 AEUV zulässiges Opting out eines Mitgliedstaates, wenn durch einen solchen Einspeisevorrang dem Klimaschutz besser gedient ist und die EU insoweit hinter nationalen Bestimmungen zurückbleibt, es sich mithin um eine verstärkte Schutzmaßnahme handelt. Dies ändert aber nichts daran, dass eine solche Festlegung mit den allgemeinen Bestimmungen der Verträge übereinstimmen muss (Art. 193 S. 2 AEUV).

Auf den ersten Blick lässt die Warenverkehrsfreiheit mehr Raum für mitgliedstaatliche Gestaltungen als das Beihilfeverfahren mit Anmeldepflicht bei der Kommission, sodass eine Einstufung als allgemeine wirtschaftslenkende Maßnahme mit bloßer Kontrolle an Art. 34 AEUV vorteilhafter erscheint. Indes prüfte der EuGH erst jüngst im Urteil *Parkinson* trotz nationaler Kompetenz im Arzneimittel- und Gesundheitsbereich sehr streng die Verhältnismäßigkeit einer Preisbindung für den Versandhandel und verneinte schon die Eignung einer solchen Maßnahme. Ansatz war eine potentiell stärkere Hinderung des Marktzugangs für ausländische Anbieter.[16] Genau dies erfolgt auch im Energiebereich, wenn für nationale Erzeuger von Ökostrom ein Einspeisevorrang statuiert wird. Stromanbieter aus anderen EU-Staaten finden dann einen geschlossenen, praktisch verteilten Energiemarkt, auf dem sie schwerlich Fuß fassen können.

Die von Deutschland im Fall *Parkinson* für den Gesundheitsschutz angeführten Gründe nahm der EuGH intensiv unter die Lupe und befürwortete bewusst ein Modell mit stärkerem Wettbewerb, obwohl es um den Erhalt der Gesundheit ging.[17] Parallel dazu ist dann auch für den Klimaschutz zu prüfen, inwieweit dieser nicht doch durch Wettbewerb erreicht werden kann. Die im EEG 2017 umfassend vorgesehenen Ausschreibungen[18] sind dafür ein wichtiger Ansatz.

Angesichts der schon in deren Rahmen fallenden Preise für Ökostrom stellt sich aber die weitergehende Frage, ob nicht insgesamt konventionelle und regenerative Energien in einen umfassenden Wettbewerb treten können, ohne dass Letztere durch einen Einspeisevorrang begünstigt sein müssen, um sich behaupten und so den Klimaschutz voranbringen zu können. Hierfür wird aber noch ein gewisser Zeitraum vergehen müssen, legitimierte doch die Kommission weiterhin die technologie-

---

[16] EuGH, Rs. C-148/15, ECLI:EU:C:2016:776 Rn. 26 ff. – Parkinson. Zur näheren dogmatischen Einordnung: *Frenz*, GewArch 2017, 9.

[17] EuGH, Rs. C-148/15, ECLI:EU:C:2016:776 Rn. 35 ff., bes. 39 ff. – Parkinson.

[18] Näher u. III. S. für Windkraftanlagen *Frenz*, RdE 2016, 209.

bezogenen Ausschreibungen[19] – wenn auch nur bis 2020[20] – und lehnte damit selbst innerhalb der regenerativen Energien einen Wettbewerb im Rahmen der Ausschreibungen ab. Dann kann ein solcher erst recht noch nicht zwischen Ökostrom und konventionellen Energieträgern gefordert werden. Der Einspeisevorrang ist daher zumindest vorerst noch rechtfertigungsfähig. Deutschland musste nur den Test gemeinsamer Ausschreibungen für Windkraft- und Solaranlagen zusagen.[21]

Hintergrund der Rechtfertigung der technologiespezischen Ausschreibungen waren die unterschiedliche Verteilung der Ökostromträger und die Erhaltung der Versorgungssicherheit.[22] Letztere spricht verstärkt für eine Einbeziehung konventioneller Energieträger, um plötzliche Flauten bei Wind- und Sonnenenergie auffangen zu können. Insoweit geht es allerdings um eine Reservekapazität, für deren Subventionierung sich eigene beihilferechtliche Fragen stellen.[23] Die Kommission hat nunmehr in ihrem Abschlussbericht zu Kapazitätsmechanismen vom 30. November 2016[24] eine generelle Anmeldepflicht statuiert. Für die Regelenergieversorgung ist hingegen die Marktfähigkeit bei jederzeitiger Absetzbarkeit des erzeugten Stroms entscheidend. Bei einem Einspeisevorrang zugunsten bestimmter Energien werden die Marktgegebenheiten verschoben – bis hin zur von vornherein fehlenden Rentabilität von Kraftwerken auf der Basis konventioneller Energien.

Auf lange Sicht bleibt das Ziel, dass der Wettbewerb zwischen allen Energieträgern ohne staatliche Fördermechanismen greift. Die Ökostromförderung ist und bleibt eine Anschubhilfe, um überhaupt erneuerbare Energien im Interesse des Klimaschutzes im Strommarkt zu etablieren. Sofern die äußeren Gegebenheiten dafür vorhanden sind, entfällt jedoch die Förderfähigkeit. Das gilt jedenfalls für finanzielle Zuwendungen auf der Basis der Umweltschutz- und Energiebeihilfeleitlinien 2014 bis 2020, aber weitergehend auch für den Einspeisevorrang – für diesen aufgrund der Warenverkehrsfreiheit in der Ausprägung, die sie durch das Parkinson-Urteil des EuGH gefunden hat.

---

[19] Kommission v. 20.12.2016, Vertretung in Deutschland – EU-Wettbewerbshüter genehmigen Ausschreibungsregelung für erneuerbare Energien und Netzreserve in Deutschland, online abrufbar unter: https://ec.europa.eu/germany/news/eu-wettbewerbsh%C3%BCter-geneh migen-ausschreibungsregelungf%C3%BCr-erneuerbare-energien-und-netzreserve_en, zuletzt aufgerufen am 10.1.2017. Im Einzelnen u. III. 2.

[20] Darauf verweisend *Scholtka/Martin*, NJW 2017, 932 (934).

[21] State Aid SA.45461 (2016/N) – Germany/EEG 2017.

[22] Kommission v. 20.12.201, Vertretung in Deutschland – EU-Wettbewerbshüter genehmigen Ausschreibungsregelung für erneuerbare Energien und Netzreserve in Deutschland, online abrufbar unter: https://ec.europa.eu/germany/news/eu-wettbewerbsh%C3%BCter-geneh migen-ausschreibungsregelungf%C3%BCr-erneuerbare-energien-und-netzreserve_en, zuletzt aufgerufen am 10.1.2017.

[23] Siehe unten VI.

[24] Bericht der Kommission, Abschlussbericht zur Sektoruntersuchung über Kapazitätsmechanismen, COM (2016) 752 final.

II. Rechtfertigungsbedürftigkeit der Ökostromförderung: Abhängig von anstehendem EuGH-Urteil

1. Kommission und EuG

Um die Frage, ob die Staatlichkeit der Mittelvergabe aus einer ständigen staatlichen Kontrolle herrühren kann, geht es bei der Klage der Bundesrepublik Deutschland[25] vom 19. Juli 2016 gegen das Urteil des EuG im Hinblick auf das EEG 2012[26]. Für dieses hat nämlich die Kommission[27] angenommen, dass die EEG-Umlage ebenso wie die Befreiung der energieintensiven Unternehmen davon eine Beihilfe bildet und wurde darin vom EuG bestätigt.

Die Kommission sah einen Übergang von dem im Jahr 1998 eingeführten System mit einer fest vergüteten Abnahmeverpflichtung, die vom EuGH in der *Preussen-Elektra*-Entscheidung[28] nicht als staatliche Beihilfe eingestuft wurde, zu einer Umlage, die von den vier deutschen Übertragungsnetzbetreibern (ÜNB) nach genau festgelegten Vorgaben verwaltet wird, was wiederum von der Regulierungsbehörde überwacht wird. Diese bilden die vom Staat damit normativ betraute zentrale Verteilstelle.[29] Das EuG bestätigte diese Sicht in seiner Entscheidung vom 10. Mai 2016.[30] Es grenzt klar vom Urteil *PreussenElektra*[31] ab: Der damals zugrunde liegende Sachverhalt sah weder die ausdrückliche Abwälzung der Mehrkosten auf die Letztverbraucher noch ein Tätigwerden einer mit der Erhebung oder der Verwaltung der die Beihilfe bildenden Beträge betrauten Mittelsperson und damit keine Einheiten vor, deren Struktur oder Rolle den ÜNB in ihrer Gesamtheit vergleichbar wäre.[32]

Damit ist zunächst die Rolle der ÜNB zu untersuchen. Nach dem EuG ist sie dadurch gekennzeichnet, dass die ÜNB ihrer Pflicht zur zusätzlichen Vergütung der Erzeuger von EEG-Strom unstrittig nicht unter Einsatz eigener finanzieller Mittel nachkommen, sondern mit den Mitteln, die mit der EEG-Umlage erwirtschaftet, von den ÜNB verwaltet und ausschließlich zur Finanzierung der durch das EEG 2012 eingeführten Förder- und Ausgleichsregelung verwendet werden.[33] Daher werden diese

---

[25] Rechtsmittel (Rs. C-405/16 P, ABl. 2016 C 326, S. 18) der Bundesrepublik Deutschland gegen das Urteil des EuG, Rs. T-47/15, ECLI:EU:T:2016:281 – Deutschland/Kommission.

[26] EuG, Rs. T-47/15, ECLI:EU:T:2016:281 – Deutschland/Kommission.

[27] Kommission v. 25.11.2014, SA.33995, C(2014) 8786 final.

[28] EuGH, Rs. C-379/98, ECLI:EU:C:2001:160 – PreussenElektra.

[29] Kommission v. 18.12.2013, C(2013) 4424 final Rn. 104; ebenso der eigentliche Rückforderungsbeschluss der Kommission v. 25.11.2014, SA.33995, C(2014) 8786 final, gegen den Deutschland klagte; die vorherige Klage Rs. T-134/14 gegen den erstgenannten Beschluss v. 18.12.2013 wurde abgesetzt.

[30] EuG, Rs. T-47/15, ECLI:EU:T:2016:281 Rn. 93 ff. – Deutschland/Kommission.

[31] EuGH, Rs. C-379/98, ECLI:EU:C:2001:160 – PreussenElektra.

[32] EuG, Rs. T-47/15, ECLI:EU:T:2016:281 Rn. 99 – Deutschland/Kommission.

[33] EuG, Rs. T-47/15, ECLI:EU:T:2016:281 Rn. 101 – Deutschland/Kommission.

Mittel, obwohl von den Letztverbrauchern von Strom erhoben, als Gelder unter Einsatz staatlicher Mittel eingestuft, die einer Abgabe gleichgestellt werden können.[34]

Die Initiative zur Erhebung dieser Mittel ging ausschließlich vom Staat aus, die Auferlegung erfolgte einseitig zu öffentlichen Zwecken.[35] Es besteht ein zwingender Verwendungszusammenhang zwischen EEG-Umlage und Förderung von Ökostrom, sodass die Mittelerhebung einen integralen Bestandteil der Gesamtregelung bildet.[36] Diese Gelder bleiben nach dem EuG unter beherrschendem staatlichem Einfluss; sie werden von den ÜNB gemeinsam verwaltet, die nach den für sie geltenden Rechts- und Verwaltungsvorschriften insgesamt einer eine staatliche Konzession in Anspruch nehmenden Einrichtung gleichgestellt werden.[37]

2. Abgleich mit der bisherigen EuGH-Judikatur

Um bei einer Stelle durchlaufende Gelder als staatliche Mittel zu qualifizieren, muss nach dem EuGH nur eine ständige staatliche Kontrolle über sie erfolgen. Bei einer solch weiten kontrollbezogenen Sicht folgt die Zugehörigkeit zum Staat schon aus der staatlichen Kontrolle: Bereits sie begründet die Staatlichkeit der Mittel.[38] Allerdings muss diese Kontrolle ständig sein.[39] Damit genügt auch eine private Einheit, wenn diese bei der Vergabe ihrer Mittel nur hinreichend staatlich gesteuert wird. Sämtliche Indizien sind heranzuziehen, so zur Intensität einer Aufsicht.[40] Vor allem darf nicht die auszahlende Einheit über den Einsatz und die dabei zu verfolgenden Ziele bestimmen, sondern dies muss der Staat,[41] und zwar nicht nur abstrakt, sondern konkret.[42] Eine bloße Rechtsaufsicht genügt dafür nicht.[43]

---

[34] EuG, Rs. T-47/15, ECLI:EU:T:2016:281 Rn. 96 – Deutschland/Kommission unter Verweis auf EuGH, Rs. C-206/06, ECLI:EU:C:2008:413 Rn. 66 – Essent und EuG, Rs. T-251/11, ECLI:EU:T:2014:1060 Rn. 68 – Österreich/Kommission.

[35] EuG, Rs. T-47/15, ECLI:EU:T:2016:281 Rn. 95 – Deutschland/Kommission.

[36] EuG, Rs. T-47/15, ECLI:EU:T:2016:281 Rn. 97 – Deutschland/Kommission; vgl. in diesem Sinne schon EuGH, Rs. C-393/04 u. 41/05, ECLI:EU:C:2006:403 Rn. 46 – Air Liquide Industries Belgium m.w.N.

[37] EuG, Rs. T-47/15, ECLI:EU:T:2016:281 Rn. 94 – Deutschland/Kommission unter Betonung der Gemeinsamkeiten mit der Situation der Samenwerkende Elektriciteits Produktiebedrijven NV in der dem Urt. v. 17.7.2008, Essent (Rs. C-206/06, ECLI:EU:C:2008:413) zugrunde liegenden Rechtssache und zur Situation der Abwicklungsstelle für Ökostrom AG in der dem Urt. v. 11.12.2014, Österreich/Kommission (Rs. T-251/11, ECLI:EU:T:2014:1060) zugrunde liegenden Rechtssache Rn. 93 a.E.

[38] So EuGH, Rs. C-262/12, ECLI:EU:C:2013:851 Rn. 21 – Vent de Colère; zum Folgenden bereits *Frenz*, EWS 2014, 247.

[39] Bereits EuGH, Rs. C-677/11, ECLI:EU:C:2013:348 Rn. 35 – Doux Élevage unter Verweis auf Rs. C-482/99, ECLI:EU:C:2002:294 Rn. 37 – Frankreich/Kommission.

[40] EuGH, Rs. C-482/99, ECLI:EU:C:2002:294 Rn. 56 – Frankreich/Kommission.

[41] EuGH, Rs. C-677/11, ECLI:EU:C:2013:348 Rn. 36 – Doux Élevage; *Nettesheim*, NJW 2014, 1847 (1851) auch zum Folgenden.

Die Bestimmung der für die Förderung maßgeblichen EEG-Umlage erfolgt durch den Übertragungsnetzbetreiber nach § 60 Abs. 1 EEG 2017, ohne dass insoweit eine Fachaufsicht und damit eine staatliche Eingriffsmöglichkeit festgelegt ist; die Bundesnetzagentur hat nur eine Rechtsaufsicht nach § 85 Abs. 1 Nr. 3 lit. b) EEG 2017: Sie hat danach zu überwachen, dass die EEG-Umlage ordnungsgemäß ermittelt, festgelegt, veröffentlicht, erhoben und vereinnahmt wird. Die Zwecke des § 1 EEG 2017 fließen nunmehr nur bei den Aufgaben der Bundesnetzagentur nach § 85 Abs. 2 EEG 2017 ein. Auch die Vorgängervorschrift statuierte wie auch die anderen in § 85 EEG 2014 aufgeführten Ziffern lediglich eine Rechtsaufsicht. § 6 Abs. 3 Ausgleichsmechanismusverordnung betraf ebenfalls die Rechtsaufsicht; eine sich bei Verstoß gegen normative Vorgaben ergebende Anpassungspflicht der Berechnung der EEG-Umlage begründet kein einseitiges Festsetzungsrecht der Bundesnetzagentur.[44] Ein solches ist auch in der Erneuerbare-Energien-Verordnung nicht vorgesehen. Deshalb ist auch der Beihilfecharakter der Befreiung von der EEG-Umlage zu verneinen.[45]

Die Höhe der EEG-Umlage bestimmt sich jedenfalls im Ausgangspunkt nach dem bezahlten Marktpreis und wird auf dieser Basis – wenn auch nach detaillierten Vorgaben – von den Übertragungsnetzbetreibern errechnet[46] und nicht wie im Fall ÖMAG, auf den das EuG verweist,[47] vom Staat.[48] Für das französische Modell hob der EuGH darauf ab, dass die Höhe der jedem Stromendverbraucher auferlegten Belastungen jährlich auf Vorschlag einer Kommission zur Regulierung der Energie durch den französischen Energieminister festgelegt wurde.[49]

Bei einem – vom EuG angenommenen[50] – übergreifenden Gemeinwohlziel trifft die staatliche Steuerung inhaltlich eher zu als bei einem gruppennützigen Zweck[51] bzw. bei einer Umverteilung nur zwischen den Mitgliedern in einem „geschlossenen

---

[42] GA *Wathelet*, Schlussanträge v. 31. 1. 2013 – Rs. C-677/11, ECLI:EU:C:2013:58 Rn. 69 – Doux Élevage.

[43] EuGH, Rs. C-677/11, ECLI:EU:C:2013:348 Rn. 38 – Doux Élevage.

[44] So aber Kommission v. 18. 12. 2013, C(2013) 4424 final Rn. 42, 134.

[45] *Burgi/Wolff*, EuZW 2014, 647 (653) gegen Kommission v. 18. 12. 2013 C (2013) 4424 final Rn. 111 ff. und 133 ff.; näher *Frenz*, ZNER 2014, 25 (29 f.).

[46] *Frenz*, ZNER 2014, 25 (31): Je niedriger der erzielte Preis, desto höher ist die EEG-Umlage.

[47] EuG, Rs. T-47/15, ECLI:EU:T:2016:281 Rn. 93 a.E. – Deutschland Kommission unter Verweis auf EuG; Rs. T-251/11, ECLI:EU:T:2014:1060 – Österreich/Kommission.

[48] In Österreich im Hinblick auf den obligatorischen Tarifaufschlag für die Abnahme von Ökostrom, der als parafiskalische Abgabe qualifiziert wird, durch den zuständigen Bundesminister, EuG, Rs. T-251/11, ECLI:EU:T:2014:1060 Rn. 68 – Österreich/Kommission.

[49] EuGH, Rs. C-262/12, ECLI:EU:C:2013:851 Rn. 23 – Vent de Colère. Näher dazu im Vergleich zum deutschen EEG *Frenz*, RdE 2017, 109.

[50] EuG, Rs. T-47/15, ECLI:EU:T:2016:281 Rn. 95 – Deutschland/Kommission.

[51] EuGH, Rs. C-677/11, ECLI:EU:C:2013:348 Rn. 39 – Doux Élevage; *Nettesheim*, NJW 2014, 1847 (1851).

System".[52] Die EEG-Umlage folgt zwar einem festen Verteilungsmechanismus, der aber Geld von den Stromendverbrauchern zu den Erzeugern von Ökostrom gelangen lässt, ohne dass der Staat für sich auf die Mittel zurückgreifen kann: Diese wandern zwischen Privatpersonen im Rahmen des durch das EEG aufgebauten geschlossenen Systems.

Dieses System bezieht freilich verschiedene Gruppen mit ein, nämlich die Stromendverbraucher als Zahlende, die Übertragungsnetzbetreiber als Verteilstelle, welche EuG und Kommission als staatlich gesteuert ansehen, und die Ökostromerzeuger als Vergütungsempfänger. Diese arbeiten alle für den Klimaschutz und die Energiewende. Zwar handelt es sich insoweit um ein Gemeinwohlziel, das vom Staat im Rahmen der EEG-Umlage verfolgt wird.[53] Indes besteht insoweit mittlerweile gesellschaftlicher Konsens. Zudem sind die Gruppen in ein einheitliches Ganzes gefügt, um dieses Ziel zu erreichen. Ihr Handeln greift notwendigerweise ineinander. Jeder hat seinen eigenen Platz im System der Energiewende. Dementsprechend erfolgt auch zwischen ihnen eine Umverteilung, ohne dass der Staat Zugriff auf die Mittel hätte.

Das EuG stellt freilich darauf ab, dass die Mittel nicht in das allgemeine Budget der Übertragungsnetzbetreiber fließen, sondern strikt getrennt in der Buchführung ausgewiesen werden und auch nicht frei verwendungsfähig sind.[54] Indes sind die Übertragungsnetzbetreiber als Verteilstelle der EEG-Umlage zugleich mit anderen, netzbezogenen Aufgaben versehen und dadurch in Geschäftsbeziehungen mit den dabei einbezogenen wirtschaftlichen Kontaktpersonen. Parallel dazu verläuft auch die Abwicklung der EEG-Umlage über vertragliche Beziehungen. Damit aber sind die Übertragungsnetzbetreiber eingebunden in den wirtschaftlichen Kreislauf[55] und die Verteilung der EEG-Umlage knüpft daran an.

In Zukunft ist ohnehin ein stärker marktwirtschaftliches Vorgehen geplant. Dann tritt die staatliche Steuerung immer mehr zurück, wie dies Art. 107 AEUV auch fordert. Daher liegt zumindest die Zukunft außerhalb des Beihilfenverbots. Umgekehrt verlangt das Beihilfenverbot mit seinen Beihilfen legitimierenden Ansätzen gerade, dass diese Unterstützungen immer weiter zurückgefahren werden. Von daher besteht eine Wechselwirkung. Die Kommission genehmigte die Beihilfen nach dem EEG 2017 nur bis 2020.[56]

---

[52] GA *Wathelet*, Schlussanträge v. 31.01.2013 – Rs. C-677/11, ECLI:EU:C:2013:58 Rn. 66 – Doux Élevage.

[53] Allein darauf abhebend EuG, Rs. T-47/15, ECLI:EU:T:2016:281 Rn. 95 – Deutschland/Kommission.

[54] EuG, Rs. T-47/15, ECLI:EU:T:2016:281 Rn. 93 – Deutschland/Kommission.

[55] Siehe dagegen EuG, Rs. T-251/11, ECLI:EU:T:2014:1060 Rn. 70 – Österreich/Kommission.

[56] Siehe bereits o. I. 4. c).

III. Beihilfenkonformität des EEG 2017

1. Abstimmung mit der Kommission

Auch die deutsche Ökostromförderung ist mittlerweile so ausgestaltet, dass sie mit Unionsrecht übereinstimmt. Vor der endgültigen Verabschiedung des EEG 2017 hat sich Deutschland die Zustimmung der Kommission eingeholt und damit die Vereinbarkeit der deutschen Regelung mit dem EU-Beihilfenverbot geklärt. Die Meldung der Novelle des EEG erfolgte schon im Juli 2016 und damit vor der Verabschiedung des nunmehrigen Korrekturgesetzes zum EEG 2017.[57] Die formale Genehmigung erfolgte am 20. Dezember 2016.[58] Bereits das EEG 2014 hat sich die Bundesregierung von der Kommission billigen lassen. Im Juli 2014 erfolgten intensive Gespräche, welche dazu führten, dass die deutschen Regelungen insoweit angepasst wurden.

2. Technologiespezifische Ausschreibungen als zentrales Element

Die Kohärenz mit dem Beihilfenverbot wurde insbesondere durch Ausschreibungen hergestellt. Zunächst wurde ein Einstieg in die Ausschreibungen gefunden, nämlich durch die Pilotversuche für die Photovoltaikfreiflächenanlagen (§ 2 Abs. 5, § 55 EEG 2014).[59] Zudem wurde eine umfassende Revision zugesagt und eine deutliche Erweiterung der Ausschreibungen ab 2017 schon damals avisiert. Diese erfolgt nunmehr im EEG 2017, welches Ausschreibungen umfassend für Solaranlagen wie auch für Windenergieanlagen und Biomasseanlagen vorsieht.[60]

Diese Ausschreibungen erfolgen allerdings für jede Ökostromart einzeln und damit technologiespezifisch, da der deutsche Strommarkt im Hinblick auf Netzstabilität und Integration problematisch ist. So wird der unterschiedlichen Verteilung der Ökostromträger Rechnung getragen und zugleich die Versorgungssicherheit gewährleistet, die durch die Abschaltung der Kernkraftwerke und den schleppenden Netzausbau bedroht ist. Daher war auch noch keine Ausschreibung in Konkurrenz aller oder zumindest sämtlicher regenerativer Energieträger notwendig.[61] Dies ist

---

[57] Gesetz zur Einführung von Ausschreibungen für Strom aus erneuerbaren Energien und zu weiteren Änderungen des Rechts der erneuerbaren Energien v. 13. 10. 2016 (Erneuerbare-Energien-Gesetz – EEG 2017), BGBl. 2016 I Nr. 49.

[58] State Aid SA.45461 (2016/N) – Germany-EEG 2017.

[59] *Frenz*, NuR 2014, 768.

[60] Im Überblick *Lülsdorf*, NuR 2016, 756; ausführlich zu Solaranlagen *Frenz*, ZNER 2016, 298 und zu Windkraftanlagen *ders.*, RdE 2016, 209; spezifisch zu Bürgerenergiegesellschaften *ders.* ER 2016, 194.

[61] Kommission v. 20. 12. 2016, Vertretung in Deutschland – EU-Wettbewerbshüter genehmigen Ausschreibungsregelung für erneuerbare Energien und Netzreserve in Deutschland, online abrufbar unter: https://ec.europa.eu/germany/news/eu-wettbewerbsh%C3%BCter-geneh migen-ausschreibungsregelungf%C3%BCr-erneuerbare-energien-und-netzreserve_en, zuletzt aufgerufen am 10. 1. 2017.

aber der erforderliche Schritt. Zunächst genügt die Erprobung weiterer innovativer Ausschreibungsformen unter Berücksichtigung der Netzintegrationskosten oder im Hinblick auf bestimmte Stromqualitäten (stabil oder flexibel erzeugt).[62] Deutschland hat wie zugesagt gemeinsame Ausschreibungen für Windkraft- und Solaranlagen zu testen.[63]

Dadurch werden die Anforderungen erfüllt, welche die Kommission generell in ihren Umweltschutz- und Energiebeihilfeleitlinien aufgestellt hat. Dazu gehört insbesondere, dass die Förderung lediglich solange erfolgen soll, wie sie von den wirtschaftlichen Gegebenheiten her notwendig ist.[64] Damit muss notwendigerweise der Einstieg gefunden werden, um auch die Erzeugung von Ökostrom wieder vollständig marktwirtschaftlichen Entwicklungen zu unterwerfen. Die Förderung kann nur für eine Übergangszeit erfolgen, um nämlich die Wettbewerbsfähigkeit erneuerbarer Energien herzustellen. Auf Dauer müssen sie in Konkurrenz mit den konventionellen Energieträgern bestehen.[65]

IV. Fehlende Rechtfertigungsfähigkeit wegen Demokratiedefizit der Leitlinien?

1. Bedeutung der Umweltschutz- und Energiebeihilfeleitlinien 2014–2020

Die vorstehende Rechtfertigung der EEG-Umlage bzw. die Befreiung davon ist maßgeblich geprägt von den Umweltschutz- und Energiebeihilfeleitlinien 2014–2020, welche spezifisch die Genehmigungsfähigkeit von notifizierungspflichtigen Maßnahmen betreffen.[66] Sie beinhalten Prüfmaßstäbe, die im Rahmen der Ermessensentscheidung gem. Art. 107 Abs. 3 AEUV angelegt werden sollen.[67] Sie binden die Kommission in ihrer Praxis im Wege der Selbstbindung[68] und weisen zugleich

---

[62] Kommission v. 20.12.2016, wie zuvor.

[63] State Aid SA.45461 (2016/N) Rn. 58.

[64] Mitteilung der Kommission, Leitlinien für staatliche Umweltschutz- und Energiebeihilfen 2014–2020, ABl. 2014 C 200, S. 1 Rn. 33: Erforderlichkeit durch Marktversagen.

[65] Näher *Frenz*, RdE 2014, 465.

[66] Siehe Umweltschutz- und Energiebeihilfeleitlinien 2014–2020, ABl. 2014 C 200, S. 1 Rn. 248; zum Inhalt in Bezug auf die Ökostromförderung näher *Frenz*, ZNER 2014, 345.

[67] Vgl. auch z.B. Mitteilung der Kommission, Leitlinien für staatliche Beihilfen zur Rettung und Umstrukturierung nichtfinanzieller Unternehmen in Schwierigkeiten, ABl. 2014 C 249, S. 1.

[68] EuG, Rs. T-380/94, ECLI:EU:T:1996:195 Rn. 54 f. – AIUFFASS und AKT; Rs. T-149/95, ECLI:EU:T:1997:165 Rn. 61 – Ducros; Rs. T-35/99, ECLI:EU:T:2002:19 Rn. 77 – Keller; EuGH, Rs. C-382/99, ECLI:EU:C:2002:363 Rn. 24 – Niederlande/Kommission; Rs. C-278/00, ECLI:EU:C:2004:239 Rn. 98 – Griechenland/Kommission.

über ihren Geltungszeitraum hinaus, indem sie den Boden für die Zeit bis 2030 bereiten.[69] Daher wird ihnen quasi-legislativer Charakter zuerkannt.[70]

Allerdings ist ein Abweichen in einem atypischen Einzelfall mit einer entsprechenden Begründung zulässig.[71] Im Verhältnis zu Mitgliedstaaten oder Unternehmen entfalten Leitlinien keine rechtliche Bindungswirkung,[72] wohl aber insofern eine faktische, als die Kommission eine Beihilfe nur bei Konformität mit ihren Leitlinien passieren lässt. Nicht zuletzt deshalb erfolgt vielfach ein Kompromiss. Bei einem solchen können auch die Spielräume der Kommission genutzt werden, bildet doch das Beihilferecht letztlich ein stark politisch geprägtes Recht.

2. Demokratieferne Gestaltung?

Für die Umweltschutz- und Energiebeihilfeleitlinien wird eine „demokratieferne Gestaltung der europäischen Beihilfeaufsicht" moniert.[73] Verstoßen sie daher gegen das Demokratieprinzip und sind gar ungültig bzw. bilden jedenfalls keine geeignete Rechtfertigung für die Ökostromförderung? Unterliegt die EEG-Umlage dann auch nicht den in diesen Leitlinien aufgestellten Grenzen?

Allerdings ist auch die Kommission hinreichend mittelbar demokratisch legitimiert.[74] Die Kommissare werden nach einem ausdifferenziert in Art. 17 EUV geregelten Verfahren von den Mitgliedstaaten vorgeschlagen und vom Europäischen Parlament in ihrer Gesamtheit als Kollegium bestätigt (Art. 17 Abs. 7 UAbs. 3 EUV); der Präsident wird sogar vom EU-Parlament auf Vorschlag des Europäischen Rates gewählt (Art. 17 Abs. 7 UAbs. 1 EUV).[75] Damit besitzen die Kommissionsmitglieder zwei demokratische Grundlagen: zum einen das direkt gewählte Parlament; sie bilden gleichsam die von den EU-Parlamentariern gewählte bzw. bestätigte Regierung.[76] Zum anderen werden die Kommissionsmitglieder vom Rat vorgeschlagen, der an die Mitgliedstaaten rückgekoppelt ist, die ihrerseits im Rat durch die gewählten Regierungen vertreten sind. Der vom Parlament gewählte Präsident wirkt dabei

---

[69] Kommission, Umweltschutz- und Energiebeihilfeleitlinien 2014–2020, ABl. 2014 C 200, S. 1 Rn. 9.

[70] *Kröger*, NuR 2016, 85 (89).

[71] *Mederer*, in: von der Groeben/Schwarze/Hatje, EU, 7. Aufl. 2015, Art. 107 AEUV Rn. 219; schon *Jestaedt/Schweda*, in: Heidenhain, Beihilfenrecht, 2003, § 14 Rn. 34.

[72] *Frenz*, Handbuch Europarecht 5: Wirkungen und Rechtsschutz, 2010, Rn. 1543: nur eine ergänzende Funktion.

[73] *Ludwigs*, EuZW 2017, 41.

[74] Allgemein zur hinreichenden demokratischen Legitimation auf europäischer Ebene m.w.N. *Frenz*, Handbuch Europarecht 6: Institutionen und Politiken, 2011, Rn. 133 ff.

[75] Im Einzelnen *Frenz*, Handbuch Europarecht 6: Institutionen und Politiken, 2011, Rn. 1111 ff., bes. 1161 ff.

[76] Zusammen mit Rat und Europäischem Rat gemeinsam bilden sie die europäische Regierung, BVerfG, Urt. v. 30.06.2009 – 2 BvE 2/08 u.a., BVerfGE 123, 267 Rn. 403 – Lissabon.

einvernehmlich mit (Art. 17 Abs. 7 UAbs. 2 EUV). Damit spielt verstärkend der erste Strang der demokratischen Legitimation mit herein.

Die Kommission ist also genügend demokratisch legitimiert, um sich nicht den Vorwurf einer demokratiefernen Gestaltung machen lassen zu müssen. Überdies muss sich die Kommission im bestehenden Primärrechtsrahmen halten und darf diesen nicht überschreiten. Damit ist auch die inhaltliche demokratische Legitimation gewahrt.[77] Insoweit wurde auch geklagt.[78] Der EuGH ist nicht der schlechteste Kontrolleur.[79]

Zwar können damit nationale Gesetzgebungen durch die Kommission kassiert werden, wenn sie gegen das Beihilfenverbot verstoßen, ohne dass dazu ein Gesetzgebungsorgan tätig wird. Der Unionsgesetzgeber kann darauf keinen Einfluss nehmen; das Wettbewerbsrecht steht. Daher wird vorgeschlagen, primäres Unionsrecht in sekundäres umzuwandeln, soweit es seiner Natur nach Gesetzesrecht sei, um wieder die legislative Steuerung durch Parlament und Rat zu eröffnen[80] bzw. einzupflegende „sekundärrechtliche Direktiven zu berücksichtigen und Abweichungen zu begründen."[81] Indes würde damit die notwendig neutrale Wettbewerbsaufsicht wieder politischen Einflussnahmen geöffnet.[82] Dieses System wurde bereits mit den Ursprungsverträgen etabliert. Insoweit erfolgte eine Hoheitsübertragung durch alle Mitgliedstaaten auf die europäische Ebene. Hoheitsübertragungen unterliegen dem Erfordernis der Zustimmung der innerstaatlichen Entscheidungsorgane. Für Deutschland ordnet dies mittlerweile Art. 23 GG. Daher ist jedenfalls die Hoheitsübertragung hinreichend demokratisch legitimiert und bis zu einem seinerseits vom Parlament abzusegnenden[83] Austritt irreversibel. Deshalb kann auch nicht etwa die grundrechtliche Wesentlichkeitstheorie angeführt werden, nach der die grundrechtsrelevanten Entscheidungen vom Parlament zu treffen sind.[84]

---

[77] Vgl. dafür das GG *Grzeszick*, in: Maunz/Dürig, GG, Loseblatt, Stand: September 2016, Art. 20 VI Rn. 107 ff.

[78] Siehe die – allerdings erfolglose – Klage Deutschlands (EuG, Rs. T-258/06, ECLI:EU:T:2010:214) gegen die Mitteilung der Kommission zu Auslegungsfragen in Bezug auf das Gemeinschaftsrecht, das für die Vergabe öffentlicher Aufträge gilt, die nicht oder nur teilweise unter die Vergaberichtlinien fallen, ABl. 2006 C 179, S. 2.

[79] Zu Recht *Behrens*, EuZW 2017, 81 (82) gegen den Vorwurf der De-Legitimierung.

[80] *Grimm*, Europa ja – aber welches?, 2016, S. 44 ff., 86 f.

[81] Für eine solche legislative Umprogrammierung der primärrechtlichen Verankerung der Beschlusspraxis der Kommission in Beihilfesachen *Ludwigs*, EuZW 2017, 41, 42.

[82] Näher dazu *Frenz*, WRP 2017, 1045.

[83] Näher *Frenz*, DVBl. 2017, 468 ff.

[84] Etwa BVerfG, 27.11.1990 – 1 BvR 402/87, BVerfGE 83, 130, 142 – Josefine Mutzenbacher; 26.06.2002 – 1 BvR 670/91, BVerfGE 105, 279, 304 f. – Psychosekte.

3. Ausgestaltung im Interesse
der Rechtssicherheit und Vorhersehbarkeit

Teilweise werden in Leitlinien auch unbestimmte Rechtsbegriffe des Vertrags erläutert.[85] In den Umweltschutz- und Energiebeihilfeleitinien wird näher ausgestaltet, was als Vorhaben von gemeinsamem europäischem Interesse nach Art. 107 Abs. 3 lit. b) AEUV anzusehen ist. Damit zeigt sich aber auch, dass die Leitlinien nur konkretisieren und ausgestalten. Von ihrer Existenz hängt daher die Rechtfertigungsfähigkeit von Beihilfen zur Ökostromförderung nicht ab. Das gilt auch für die Grenzen; schon das Beihilfenverbot als solches schließt eine fortdauernde, wettbewerbsverzerrende Unterstützung bestimmter Unternehmen und Branchen aus.[86]

Jedoch dienen die wesentlich genaueren Leitlinien der Rechtssicherheit und der Vorhersehbarkeit. So sind die in den Umweltschutz- und Energiebeihilfeleitlinien[87] aufgeführten Prozentzahlen ein wichtiger Anhaltspunkt, ab wann Unternehmen als energieintensiv und exportorientiert einzustufen sind, damit sie von der EEG-Umlage befreit werden können. Bestünden hier keine näheren Anhaltspunkte, müssten sie erst durch die Rechtsprechung entwickelt werden – mit all den negativen Folgen, wenn Unternehmen aus der EEG-Umlage herausgenommen werden, obwohl sie mangels hinreichender Energieintensität oder defizitärer Exportorientierung hätten belastet bleiben müssen. Genau daraus ergaben sich die Schwierigkeiten bei der Rückforderung im Gefolge der Beanstandung des EEG 2012 durch die Kommission.[88]

V. Unionsweite Harmonisierung der Förderung:
Art. 107 AEUV als Wertentscheidung

Die Alternative zu den immer wieder in verschiedenen Mitgliedstaaten auftretenden Problemen mit dem EU-Beihilfenverbot wäre eine unionsweit einheitliche Förderung des Ökostroms. Dadurch würden die Fördersätze nivelliert und es würde a priori verhindert, dass in der grenzüberschreitenden Förderung Benachteiligungen auftreten. Ansatzpunkt dafür wäre die Binnenmarktkompetenz nach Art. 114 AEUV, bei deren Ausübung auch im Umweltbereich ein hohes Schutzniveau sicher-

---

[85] Vgl. etwa zu den Begriffen »Schaffung von Arbeitsplätzen« oder »großes Investitionsvorhaben«, Ziff. 20 lit. k) und l) der Leitlinien für Regionalbeihilfen 2014–2020, ABl. 2013 C 209, S. 1.

[86] Näher *Frenz*, RdE 2017, 109 (111 f.).

[87] Mitteilung der Kommission, Leitlinien für staatliche Umweltschutz- und Energiebeihilfen 2014–2020, ABl. 2014, C 200 S. 1 Rn. 186 ff. sowie Annex 3.

[88] Dazu etwa *Altenschmidt*, NuR 2015, 166.

zustellen ist.[89] Die Abgrenzung zur Umweltkompetenz erfolgt fallbezogen nach dem jeweiligen Schwerpunkt; a priori sind beide gleichrangig.[90] Wichtige Hinweise geben im Einzelfall die Erwägungsgründe und die Wahl der Rechtsgrundlage.[91]

Eine Binnenmarktintegration erneuerbarer Energien könnte auch schrittweise erfolgen.[92] Zwar bleibt es nach Art. 194 Abs. 2 UAbs. 2 AEUV dem einzelnen Mitgliedstaat vorbehalten, selbst über die Bedingungen für die Nutzung seiner Energieressourcen, die Wahl zwischen verschiedenen Energiequellen und die allgemeine Struktur seiner Energieversorgung zu bestimmen. Art. 194 Abs. 2 UAbs. 2 AEUV legt für rein energiepolitische Maßnahmen eine Kompetenz- und nicht wie Art. 192 Abs. 2 lit. c) AEUV lediglich eine Verfahrensgrenze fest. Gleichwohl kann die Union eine Harmonisierung der Förderbedingungen für Ökostrom statuieren, wird doch allein dadurch die Zusammensetzung der nationalen Energiemixe nicht erheblich berührt.[93] Höchstens bei parallelen technologiebezogenen Ausbauzielen[94] sowie bei extremer Förderung könnte dies im Ergebnis der Fall sein.

Eine solche exorbitante Subventionierung ist indes gerade aufgrund des Beihilfenverbotes nach Art. 107 AEUV ausgeschlossen. Ihm unterliegt zwar die Union aufgrund des auf die Mitgliedstaaten bezogenen Wortlauts nicht unmittelbar. Jedoch hat sie es als Wertentscheidung der Verträge in ihrem Handeln gleichfalls zu wahren, zumal sie es den Mitgliedstaaten gegenüber durchsetzt sowie sekundärrechtlich und durch Leitlinien näher ausgestaltet.[95] Die Grundentscheidung für einen unverfälschten Wettbewerb wird wesentlich durch das Verbot von öffentlichen Unterstützungsleistungen an bestimmte Unternehmen oder Produktionszweige gesichert.[96] Sie würde daher verletzt, wenn Unionsorgane den Mitgliedstaaten eine diesen Grundsätzen zuwiderlaufende Subventionierung auferlegen würden, außer sie ist wie im Fall der Agrarsubventionen primärrechtlich eigens vorgesehen.

---

[89] Insoweit handelt es sich um eine Rechtspflicht, wenngleich nicht auf ein ganz bestimmtes Niveau, *Frenz*, Handbuch Europarecht 6: Institutionen und Politiken, 2011, Rn. 3469 f.

[90] *Frenz*, Handbuch Europarecht 5: Wirkungen und Rechtsschutz, 2010, Rn. 669, 678 ff. m.w.N. aus der Rspr.

[91] *Ludwigs*, Rechtsangleichung nach Art. 94, 96 EG-Vertrag, 2004, S. 334.

[92] *Kröger*, Die Förderung erneuerbarer Energien im Europäischen Elektrizitätsbinnenmarkt, 2015, S. 348 ff.

[93] *Kröger*, NuR 2016, 85 (90).

[94] *Kröger*, NuR 2016, 85 (90).

[95] *Frenz*, Handbuch Europarecht 3: Beihilfe- und Vergaberecht, 2007, Rn. 77 ff., bes. 82 f.

[96] Näher *Frenz*, Handbuch Europarecht 3: Beihilfe- und Vergaberecht, 2007, Rn. 91 ff.

VI. Reservekapazitäten und Beihilfenverbot

1. Aktueller Entwicklungsstand

Äußerst spannend ist die Frage der möglichen Unterstützung für Reserveenergieträger. Für Süddeutschland wurde eine auf vier Jahre konzipierte Beihilfe für eine Netzreserve genehmigt, um die Versorgungssicherheit zu stützen, ohne dass der Wettbewerb über Gebühr verfälscht wird.[97] Damit ist § 13d EnWG beihilferechtskonform. § 13e EnWG sieht ebenfalls zur Gewährleistung der Versorgungssicherheit das neue Instrument der Kapazitätsreserve vor.[98] Dies kann aber nach den Leitlinien der Kommission nur insoweit erfolgen, als nicht der Markt selbst bereits genügend Reservekapazitäten aufweist.[99] Diese müssen dabei auch nicht unbedingt aus Deutschland kommen, sondern können aus anderen Staaten stammen.

Damit ist bereits vom Ansatz her näher zu prüfen, ob eben nicht doch ohne staatliche Unterstützungsleistungen hinreichende Kapazitäten zur Verfügung stehen. Die Kommission nimmt in ihrem Abschlussbericht zu Kapazitätsmechanismen vom 30. November 2016 generell eine Beihilfe an, wenn die Mitgliedstaaten Kapazitätsreserven bzw. Netzreserven vorsehen, wie dies in Deutschland der Fall ist. Die Kommission erkennt damit zwar für die Mitgliedstaaten die Erforderlichkeit von Kapazitätsmechanismen an. Es bedarf aber einer strengen Bewertung der Angemessenheit nach einem genau definierten Zuverlässigkeitsstandard.

Kann gleichwohl die Notwendigkeit nachgewiesen werden, soll ein wettbewerbliches Preisfestsetzungsverfahren installiert werden, damit nicht zu viel für Kapazität gezahlt wird. Dieses Verfahren muss allen potenziellen Anbietern offenstehen und damit auch solchen aus anderen EU-Staaten. Insoweit lässt die Kommission dann nicht eine nationale Betrachtungsweise durchschlagen. Damit ist es auch für die Mitgliedstaaten umso schwieriger, eine unzureichende Erzeugungskapazität nachzuweisen, sieht doch die Kommission die Stromversorgung auf europäischer Ebene insgesamt als ausreichend an.

2. Nationale Betrachtung

Eine Ausnahme kann höchstens insoweit gemacht werden, als die Förderung erneuerbarer Energien, welche nach dem Urteil *Ålands Vindkraft* national ausgestaltet

---

[97] Kommission, C (2016) 8742 final; Kommission v. 20.12.2016 – EU-Wettbewerbshüter genehmigen Ausschreibungsregelung für erneuerbare Energien und Netzreserve in Deutschland, online abrufbar unter: https://ec.europa.eu/germany/news/eu-wettbewerbsh%C3%BCter-genehmigen-ausschreibungsregelungf%C3%BCr-erneuerbare-energien-und-netzreserve_en, zuletzt aufgerufen am 10.1.2016.

[98] *Scholtka/Martin*, NJW 2017, 932 (933).

[99] Mitteilung der Kommission, Leitlinien für staatliche Umweltschutz- und Energiebeihilfen 2014–2020, ABl. 2014 C 200, S. 1 Rn. 224 f.

werden kann,[100] mit einer darauf bezogenen Reserveenergiekapazität als Einheit gesehen wird, sodass dann auch dieser Bestandteil in eine rein mitgliedstaatlich bezogene Konzeption aufgehen darf. Dafür spricht, dass jeder Mitgliedstaat sein eigenes Energiesystem aufbauen kann (s. Art. 194 AEUV) und damit auch Störungen und Friktionen durch die Energiegestaltung eines Mitgliedstaates im Hinblick auf den Energiemix eines anderen Mitgliedstaates möglichst auszuschließen sind.[101] Polen hat immer wieder seine Energienetze abgeriegelt, um zu verhindern, dass überschüssiger deutscher Ökostrom das polnische Netz überflutet und damit die heimische Energieerzeugung völlig durcheinander bringt.

3. Zeitliche Begrenzung und Anmeldepflicht

Die Kommission will nach ihrem Abschlussbericht vom 30. November 2016 die Verfälschung des grenzüberschreitenden Wettbewerbs und Handels entsprechend dem Beihilfenverbot minimieren, Anreize für fortlaufende Investitionen in Verbindungsleitungen sicherstellen sowie die Kosten der europäischen Versorgungssicherheit langfristig senken. Das erinnert an die langfristige Begrenzung der Ökostromförderung. So können auch Kapazitätsmechanismen nicht endlos laufen. Ab sofort verlangt die Kommission die Anmeldung solcher Mechanismen, die aber mit geeigneten Marktreformen kombiniert werden sollen. Noch ohne diese hat die Kommission im November 2016 auch die Förderung der Kraft-Wärme-Kopplung genehmigt, weil KWK-Anlagen höhere Produktionskosten haben und infolge zugleich niedrigerer Strompreise den Betrieb einstellen würden, wenn keine vorübergehende Unterstützung erfolgte. Auch hier zeigt sich das Beihilfenverbot in seinem Charakter als Katalysator des Wettbewerbs.

4. Abschaltung von Braunkohlekraftwerken

In der Einigung vom 24. Oktober 2015 zwischen BMWi und Energiekonzernen wurden Letzteren Unterstützungsleistungen in Höhe von durchschnittlich 230 Mio. Euro für sieben Jahre gewährt, und zwar für die CO2-bedingte Stilllegung von verschiedenen Kraftwerken, die dann in eine »Sicherheitsbereitschaft« überführt werden (s. nunmehr § 13 g EnWG). Die Abschaltung von Kohlekraftwerken in Deutschland wurde mithin nicht über eine Schaffung einer bloßen Reserveenergie zulässigerweise staatlich unterstützt, sondern zur Senkung des CO_2-Ausstoßes.[102]

---

[100] EuGH, Rs. C-573/12, ECLI:EU:C:2014:2037 – Ålands Vindkraft.

[101] Bezogen auf den Verkauf der ostdeutschen Braunkohleaktivitäten des Staatskonzerns Vattenfall *Frenz*, UPR 2015, 16.

[102] Im Einzelnen *Frenz*, RdE 2016, 1.

5. Vermeidung einer Beihilfe?

a) Gemeinwohlbezug

Mittlerweile hat die neuere Rechtsprechung im Bereich der Unterstützung gemeinwohlbezogener Unternehmen einen engeren Begünstigungsbegriff zugrunde gelegt. Eine Begünstigung soll insoweit nicht vorliegen, als sie nur besondere Gemeinwohlverpflichtungen ausgleicht.[103] Solche können im Energiebereich sowohl im Hinblick auf eine Fortführung des Klimaschutzes im Zuge der Energiewende als auch aus einer Gewährleistung der Versorgungssicherheit herrühren; inzwischen sind beide für die Energieversorgung spezifische Gemeinwohlverpflichtungen.[104]

Eine solche tatbestandliche Reduktion stößt allerdings auf grundsätzliche systematische Bedenken. Der EuGH lehnte sie namentlich aus ökologischen Motiven gerade für die Ökostromförderung ausdrücklich ab.[105] Eine limitierende Funktion haben eher die weiteren Tatbestandsmerkmale des Art. 107 Abs. 1 AEUV vor allem in Form der Selektivität.[106] Die Eingrenzung des Begriffs der Begünstigung engt zudem den Anwendungsbereich des Art. 106 Abs. 2 AEUV erheblich ein, wo ein sachgerechter Ausgleich zur Aufrechterhaltung der Funktionsfähigkeit eines Dienstes von allgemeinem wirtschaftlichem Interesse erfolgen kann. Ein Stromversorger bildet ohnehin nur einen Dienst von allgemeinem wirtschaftlichem Interesse, wenn er flächendeckend, ununterbrochen und uneingeschränkt Strom liefert.[107] Eine hinreichende Grundlast ist daher zugleich die Grundlage dafür, dass es sich (weiter) um einen solchen Dienst handelt.

b) Annahme einer Gegenleistung

Gleichwohl sind Ansätze insofern vorhanden, als bei dem Bau reiner Reservekraftwerke eine private Gegenleistung für staatliche Zahlungen erbracht wird. Zudem können die Ansätze für die wirksame Erbringung von Dienstleistungen von allgemeinem wirtschaftlichem Interesse ins Spiel gebracht werden. Staatliche Zahlungen für die Vorhaltung von Reservekapazitäten können danach als Gegenleistung für eine gemeinwohlbezogene Verpflichtung gesehen werden, wenn sie sich spezifisch auf die Kosten dafür beschränken und nicht den allgemeinen Betrieb ab-

---

[103] Grundlegend EuGH, Rs. C-280/00, ECLI:EU:C:2003:415 Rn. 87 – Altmark.

[104] Für den Umweltschutz abl. noch EuGH, Rs. C-159/94, ECLI:EU:C:1997:501 Rn. 68 f. – Kommission/Frankreich; auch noch *Breuer*, Das EU-Kartellrecht im Kraftfeld der Unionsziele, S. 651 f.; einbeziehend hingegen *Frenz*, Handbuch Europarecht 2: Europäisches Kartellrecht, 2. Aufl. 2015, Rn. 1556, 4272.

[105] EuG, Rs. T-251/11, ECLI:EU:T:2014:1060 Rn. 98 – Kommission/Österreich m.w.N.

[106] Siehe EuGH, Rs. C-524/14 P, ECLI:EU:C:2016:971 Rn. 63 ff. – Flughafen Lübeck; Rs. C-518/13, ECLI:EU:C:2015:9 Rn. 53 ff. – Eventech sowie aus dem Energiebereich zur Kernbrennstoffsteuer EuGH, Rs. C-5/14, ECLI:EU:C:2015:354 Rn. 74 – Hauptzollamt Osnabrück; näher dazu *Frenz*, EWS 2015, 194.

[107] EuGH, Rs. C-393/92, ECLI:EU:C:1994:171 Rn. 48 – Almelo.

decken, soweit dieser sich auf den gewöhnlichen Stromverkauf bezieht. Das wirtschaftliche Risiko kann nicht abgenommen, die aktuelle schwierige ökonomische Situation der Energiekonzerne nicht abgefedert werden.

Werden aber Kraftwerke eigens als Reservekapazität gebaut, so ist der Zweck, sofern die Unternehmen keine selbsttragenden Verdienstmöglichkeiten realisieren können, von vornherein gemeinwohlbezogen und nicht auf Gewinnerzielung im allgemeinen Geschäftsbetrieb angelegt. In einem solchen Fall kann ein solcher Bau eine vergütungsfähige Gegenleistung bilden. In der Höhe sind die auf die Sicherung der Versorgungssicherheit bezogenen Zusatznettokosten umfasst.[108]

Unabhängig vom Neubau eines Kraftwerks fallen für Reservekapazitäten Vorhaltekosten an, die auch zu erbringen sind, wenn kein Strom abgegeben werden kann. Werden diese nicht über die spätere Stromabgabe kompensiert und damit amortisiert, bleiben sie als Zusatzkosten im Hinblick auf die Vorhaltung einer Reservekapazität. Wird eine solche von den Unternehmen nicht aus eigenem Antrieb betrieben, handelt es sich um keine allgemeine wirtschaftliche Aufwendung, sondern der Staat hat sie zur Erhaltung der Versorgungssicherheit vorgegeben. Damit sind die Zusatzkosten für den Vorhaltebetrieb eines Kraftwerks ausschließlich auf eine solche Gemeinwohlverpflichtung zurückzuführen und damit als Gegenleistung anzusehen, sodass der Ausgleich keine anmeldepflichtige Beihilfe darstellt. Aber auch das Entfallen einer Begünstigung beim Ausgleich besonderer Gemeinwohlverpflichtungen steht unter dem Vorbehalt der Erforderlichkeit,[109] an der es fehlt, wenn am Markt genügend Energie angeboten wird.

c) Ausschreibungen

Auf eine genauere Prüfung, wie hoch die finanziellen Ausgleichszahlungen sein dürfen, verzichtet der EuGH, wenn vor der Unterstützung eine Vergabe erfolgt ist.[110] Darin liegt eine besondere Begünstigung dieser Vorgehensweise durch den EuGH, nicht allerdings eine Pflicht zur Ausschreibung.[111] Ausschreibungen sieht auch § 13e Abs. 2 EnWG für die Bildung der Kapazitätsreserve vor.

Sobald es um Förderungen geht, die notwendig mit einer bestimmten Leistung verbunden sind, wird allerdings automatisch der Beihilfecharakter angenommen,[112] sodass es nur um die Rechtfertigung geht. So ist es auch im Bereich der Förderung erneuerbarer Energien. Bei Ausschreibungen eröffnet zwar Anlage 1 der Umwelt-

---

[108] Ausführlich *Frenz*, RdE 2016, 1 (3 f.) auch zum Folgenden.

[109] Grundlegend bereits EuGH, C-280/00, ECLI:EU:C:2003:415 Rn. 85 f. – Altmark; näher zum Energiebereich *Frenz*, RdE 2016, 1 (2 f.).

[110] EuGH, Rs. C-280/00, ECLI:EU:C:2003:415 Rn. 93 – Altmark.

[111] *Lehr*, DÖV 2005, 542 (543).

[112] *Kliemann*, in: von der Groeben/Schwarze/Hatje, EUV/GRC/AEUV, 7. Aufl. 2015, Art. 107 AEUV Rn. 42.

schutz- und Energiebeihilfeleitlinien 2014–2020 der Kommission eine Vollförderung. Indes erfolgt diese im Rahmen dessen, wie hoch eine Beihilfe ausfallen darf.

Dabei wird ein echter Wettbewerb verlangt; es dürfen also nicht alle vorhandenen Unternehmen (und damit etwa alle konventionellen Energieerzeuger) zum Zuge kommen können.[113] Die Auswahl sollte nach der größten Kosteneffizienz und der geringsten Beihilfenotwendigkeit zur Erreichung der verfolgten Umwelt- bzw. Energieziele erfolgen.[114] Diese Eckpunkte können auch bei Ausschreibungen im Hinblick auf Reservekapazitäten herangezogen werden.

6. Energieformneutralität der Förderung

Die Kommission genehmigte am 6. März 2017 eine Investitionsbeihilfe zugunsten ungarischer Kernkraftwerke.[115] Allerdings musste Ungarn für die Unterstützung des Baus zwei neuer Kernkraftwerke in Paks (Paks II) Verpflichtungszusagen abgeben. Damit sieht die Kommission zwar mögliche Wettbewerbsverzerrungen im Energiemarkt auch bei Beihilfen an Kernkraftwerken, lässt diese aber mit bestimmten Maßgaben am Ende doch passieren.

Ungarn will durch den Bau zwei neuer Kernkraftwerke die vier bisherigen auf dem Paks-Gelände betriebenen Reaktoren aus den 1980er Jahren ersetzen, welche aktuell etwa die Hälfte der inländischen ungarischen Stromproduktion ausmachen. Auch insoweit besteht die Grenze für nationale Unterstützungsleistungen im EU-Beihilfenverbot. Hintergrund sind Wettbewerbsverzerrungen, die es zu begrenzen gilt. Daher will Kommissarin *Margrethe Vestager* die staatliche Unterstützungsleistung „auf ein Minimum" begrenzen. Das korrespondiert mit der Grenze der Erforderlichkeit für die Förderung der Produktion erneuerbarer Energien und der Vorhaltung von Reservekapazitäten nach dem *Winterpaket* der Kommission vom 30. November 2016.

Die Beihilfe wurde genehmigt, weil sie nach Auffassung der Kommission auf der Basis des Nachweises Ungarns keine übermäßigen Wettbewerbsverzerrungen auf dem dortigen Energiemarkt bewirkt. Hierfür musste Ungarn aber wesentliche Verpflichtungszusagen machen. Insbesondere dürfen die in den neuen Kernkraftwerken erzielten Gewinne durch den Betreiber nicht für Reinvestitionen in den Bau oder für den Erwerb zusätzlicher Erzeugungskapazität verwendet werden. Der Betreiber darf sie nur für die Deckung der normalen Betriebskosten einsetzen oder zur Rückzahlung des Investitionsbetrages an den ungarischen Staat. Dadurch ist gesichert, dass dessen

---

[113] Bezogen auf die Förderung erneuerbarer Energien Mitteilung der Kommission, Leitlinien für staatliche Umweltschutz- und Energiebeihilfen 2014–2020, ABl. 2014 C 200, S. 1 Rn. 79.

[114] Mitteilung der Kommission, Leitlinien für staatliche Umweltschutz- und Energiebeihilfen 2014–2020, ABl. 2014 C 200, S. 1 Rn. 99.

[115] COMM-REP-DE Newsletter v. 6.3.2017; Europaticker aktuell vom 7.3.2017 auch zum Folgenden.

Förderung nicht dazu beiträgt, im Markt zu expandieren, sondern lediglich den Status quo zu erhalten. So ist jedenfalls eine offensive Verdrängung von Wettbewerbern ausgeschlossen.

Zudem erfolgt eine Trennung der neuen Kernkraftwerke vom Betreiber sowie seiner etwaigen Nachfolger oder sonstigen in Staatseigentum stehenden Energieunternehmen. Damit wird eine Marktkonzentration vermieden. Schließlich müssen zur Gewährleistung der Marktliquidität mindestens 30 Prozent der gesamten Stromerzeugung aus Paks II an die offene Strombörse verkauft werden; im Übrigen wird der erzeugte Strom von diesen Kraftwerken zu objektiven, transparenten und nicht diskriminierenden Bedingungen im Wege von Auktionen verkauft.

Im Ergebnis wird diese Investition nach der Kommission Art. 2 lit. c) Euroatomvertrag gerecht, wonach die Mitgliedstaaten die Investitionen zu erleichtern und insbesondere durch Förderung der Initiative der Unternehmen durch die Schaffung der wesentlichen Anlagen sicherzustellen haben, die für die Entwicklung der Kernenergie in der Union notwendig sind. Dieser Vertrag gilt weiterhin. Zudem tragen die neuen Kernkraftwerke zur Sicherstellung der Energieversorgung bei. Die Energieversorgung ist seit dem Urteil *Almelo*[116] ein klassisches Feld einer Dienstleistung von allgemeinem wirtschaftlichem Interesse. Daher dürfen die Mitgliedstaaten Förderungen geben, um die Funktionsfähigkeit zu gewährleisten. Dazu gehört eine umfassende, flächendeckende Versorgung unter wirtschaftlich tragbaren Bedingungen.[117] So können auch Investitionen in Kraftwerke unterstützt werden.

Insgesamt zeigen sich in der Kommissionsgenehmigung ungarischer Beihilfen für den Bau zweier Kernreaktoren vom 6. März 2017 die Energieformneutralität der Union und zugleich die Einbindung von Energiebeihilfen in das Konzept von Dienstleistungen von allgemeinem wirtschaftlichem Interesse. Die Begrenzung erfolgt strikt durch die Erforderlichkeit. Das gilt sowohl im Bereich der erneuerbaren Energien als auch für die Kernkraftnutzung. Der Klimaschutz und die Energieversorgungssicherheit bilden im Ergebnis gleichermaßen Rechtfertigungsgründe für staatliche Unterstützungsleistungen. Die verwendeten Klauseln, welche die Förderung in Ungarn möglichst wettbewerbsneutral machen sollen, können auch ein Vorbild für die Förderung von Reservekapazitäten bilden.

VII. Fazit

Das Beihilfenverbot prägt in vielfältiger Weise die Energiewende. Das gilt bereits für die EEG-Förderung als solche. Von der Einstufung als Beihilfe hängt ab, inwieweit die Ökostromförderung durch die Grenze der Erforderlichkeit sowohl in der Höhe als auch in der Zeit begrenzt ist. Sie hat daher am ehesten auf einheitlicher eu-

---

[116] EuGH, Rs. C-393/92, ECLI:EU:C:1994:171 – Almelo; näher vorstehend VI. 5. a).

[117] EuGH, Rs. C-437/09, ECLI:EU:C:2011:112 Rn. 76 – AG2R Prévoyance; auch BVerwG, Urt. v. 30. 6. 2016 – 7 C 4/15 Rn. 43.

ropäischer Basis eine feste Perspektive. Sie droht hingegen auf nationaler Ebene in ihrer Basis zu zerbrechen, wenn der Einspeisevorrang für erneuerbare Energien entsprechend den Überlegungen der Kommission in ihrem *Winterpaket* vom 30. November 2016 weitestgehend fällt. Dieser Vorrang ist aber als nationales *Opting out* nach Art. 193 AEUV möglich, solange ein umfassender gleicher Wettbewerb zwischen regenerativen und konventionellen Energien (noch) nicht möglich ist.

Eine – auch nach dem Urteil des EuG vom 10. Mai 2016 notwendige, aber unter Vorbehalt eines möglicherweise gegenteiligen EuGH-Urteils stehende – Rechtfertigung scheitert jedenfalls nicht an einer demokratiefernen Gestaltung der Umweltschutz- und Energiebeihilfeleitlinien: Auch die Kommission ist demokratisch legitimiert und kann den Wirtschaftsteilnehmern Rechtssicherheit geben, sofern sie in ihren Leitlinien den primärrechtlichen Rahmen wahrt.

Staatliche Zahlungen für die Vorhaltung von Reservekapazitäten können als Gegenleistung für eine gemeinwohlbezogene Verpflichtung gesehen werden, wenn sie sich spezifisch auf die Kosten dafür beschränken und nicht den allgemeinen Betrieb abdecken, soweit dieser sich auf den gewöhnlichen Stromverkauf bezieht. Die Kommission nimmt allerdings generell eine Beihilfe an und verlangt eine Anmeldung sowie eine nähere Darlegung der Erforderlichkeit wegen fehlender Kapazitäten, die nicht rein national konzipiert ist. Für eine solche mitgliedstaatliche Konzeption spricht aber die notwendige einheitliche Betrachtung von Ökostromförderung und Reserveenergievorhaltung. Jedenfalls wendet die Kommission das Beihilfenverbot unabhängig von der Energieform an, wie die mögliche Subventionierung von Kernkraftwerken in Ungarn belegt.

Das Ausschreibungsverfahren als wettbewerblicher Fördermechanismus im Erneuerbare-Energien-Gesetz 2017 und im Kraft-Wärme-Kopplungsgesetz 2017

Von Jochen Mohr, Leipzig

I. Einführung

1. Sektorkopplung von erneuerbaren Energien und Kraft-Wärme-Kopplung

Dieser Beitrag behandelt mit Stand 1. Oktober 2017 Ausschreibungen als wettbewerbliche und zugleich gemeinwohlbezogene Instrumente zur Förderung von Strom aus regenerativen Energiequellen durch das EEG 2017[1] sowie zur Förderung von Strom unter Verwertung der bei der Stromgewinnung produzierten Wärme durch das KWKG 2017.[2] Beiden Regelungswerken gemein ist die teleologische Ausrichtung auf den Klima- und Umweltschutz. Während das EEG 2017 dieses übergreifende Ziel durch eine Erzeugung von Strom aus bestimmten erneuerbaren Energiequellen erreichen will, fördert das KWKG den Klima- und Umweltschutz durch Einsparung von Primärenergieträgern.[3] Der Begriff der Kraft-Wärme-Kopplung (KWK) bezieht sich dabei auf die gleichzeitige Erzeugung von Elektrizität und thermischer Energie in Form von Wärme oder Kälte, wobei der Verbrennungsprozess jedenfalls definitionsgemäß nicht auf bestimmte Energieträger beschränkt ist.[4] Kraft-Wärme-Kopplung ist gegenüber einer ungekoppelten Strom- und Wärmeerzeugung im Hinblick auf die höhere Ausnutzung der eingesetzten Primärenergieträger effizienter, selbst wenn die Stromerzeugung gegenüber einer ungekoppelten Stromerzeugung

---

[1] Erneuerbare-Energien-Gesetz vom 21.7.2014, BGBl. I, 1066, zuletzt geändert durch Art. 1 des Gesetzes vom 17.7.2017, BGBl. I, 2532.

[2] Kraft-Wärme-Kopplungsgesetz vom 21.12.2015, BGBl. I, 2498, zuletzt geändert durch Art. 3 des Gesetzes vom 17.7.2017, BGBl. I, 2532.

[3] Der Klima- und Umweltschutz soll gem. § 1 Abs. 1 KWKG 2017 mit anderen Worten durch Energieeinsparung erfolgen. A.A. *Jacobshagen/Kachel*, in: Danner/Theobald (Hrsg.), Energierecht, 76. EL Dezember 2012, § 1 KWKG 2012 Rn. 5, wonach Klimaschutz, Umweltschutz und Energieeinsparung als gleichrangige Ziele nebeneinanderstünden.

[4] *Topp*, in: Berliner Kommentar zum Energierecht, 3. Aufl. 2014, § 3 KWKG Rn. 8 ff.

geringer ausfällt.[5] Ob aus den unterschiedlichen Herangehensweisen des EEG 2017 und des KWKG 2017 im Hinblick auf den Klima- und Umweltschutz auch ein unterschiedlicher Förderbedarf der anspruchsberechtigten Anlagenbetreiber resultiert, wird kontrovers diskutiert.[6] Man wird eine – primär rechtspolitische – Entscheidung auch von der Funktion abhängig machen müssen, die der Kraft-Wärme-Kopplung neben den erneuerbaren Energien (EE) künftig zukommen soll.

§ 3 Nr. 33 EnWG verdeutlicht, dass der Gesetzgeber das Ziel einer umweltverträglichen Energieversorgung vor allem durch erneuerbare Energien und durch Kraft-Wärme-Kopplung erreichen will. Als Definitionsnorm kann § 3 Nr. 33 EnWG – anders als dies zuweilen vertreten wird[7] – aber allenfalls erste Hinweise auf das Verhältnis der beiden Regelungsbereiche geben. Nicht nur in der öffentlichen Wahrnehmung wurde die Kraft-Wärme-Kopplung in den letzten Jahren weitgehend von den erneuerbaren Energien verdrängt.[8] Auch im Rahmen der zunehmenden Flexibilisierung des Elektrizitätsversorgungssystems wird der Kraft-Wärme-Kopplung zunehmend eine lediglich „dienende Funktion" zugesprochen.[9] Nach Ansicht des Bundesministeriums für Wirtschaft und Energie (BMWi) soll Elektrizität aus regenerativen Energiequellen im Jahr 2050 der wichtigste Energieträger im Gesamtsystem sein.[10] Da Wind und Sonne als sog. Volumenträger[11] immer dargebotsabhängig sein werden, soll der daraus erzeugte Überschussstrom für Wärme, Mobilität und Industrieprozesse genutzt werden.[12] Thematisiert wird damit eine aktuell in der Diskussion stehende Sektor(en)kopplung, wobei diese in einem engen Sinne als „power

---

[5] *Tamcke*, Die rechtlichen Regeln zur Förderung der Erneuerbaren Energien und der Kraft-Wärme-Kopplung im Vergleich, 2017, S. 27.

[6] Siehe etwa *Tamcke*, Die rechtlichen Regeln zur Förderung der Erneuerbaren Energien und der Kraft-Wärme-Kopplung im Vergleich, 2017, S. 251, wonach sich der Gesetzgeber entscheiden müsse, ob die KWK als technologieneutrale Effizienztechnologie weiterhin (nur) einen Nachteilsausgleich oder als Komplementärtechnologie zu den erneuerbaren Energien eine „echte Förderung" erhalten solle.

[7] Von einer normativen Gleichrangigkeit von EEG und KWKG geht de lege lata *Tamcke* aus (Die rechtlichen Regeln zur Förderung der Erneuerbaren Energien und der Kraft-Wärme-Kopplung im Vergleich, 2017, S. 19).

[8] So der plausible Befund von *Tamcke*, Die rechtlichen Regeln zur Förderung der Erneuerbaren Energien und der Kraft-Wärme-Kopplung im Vergleich, 2017, S. 19.

[9] So die Formulierung von *Tamcke*, Die rechtlichen Regeln zur Förderung der Erneuerbaren Energien und der Kraft-Wärme-Kopplung im Vergleich, 2017, S. 274 f. i.V.m. S. 269 f.; siehe auch *Maaß*, ZUR 2015, 577 (578): „Die KWK-Förderung muss [...] maximale Flexibilität fördern und den erneuerbaren Energien Vorrang gewähren."

[10] BMWi, Impulspapier Strom 2030, Stand: September 2016, S. 2, im Internet abrufbar unter https://www.bmwi.de/Redaktion/DE/Publikationen/Energie/impulspapier-strom-2030.pdf?__blob=publicationFile&v=23 (letzter Abruf 15.9.2017); siehe auch a.a.O., S. 9: „KWK-Anlagen [...] können durch Wärmespeicher und die Nutzung von Strom für Wärme (*Power-to-Heat*) ihre Flexibilität steigern."

[11] *Bruchmüller/Hennig*, ZNER 2016, 384 (389).

[12] BMWi, Impulspapier Strom 2030, Stand: September 2016, S. 3.

to x" verstanden wird.[13] Trotz dieser neuen Anwendungsfelder sieht das BMWi ab dem Jahr 2030 einen erheblich sinkenden Bedarf an einer Kraft-Wärme-Kopplung, verstanden als allgemeiner Effizienztechnologie:[14] Einerseits sinke der Wärmebedarf, da immer mehr Gebäude effizient errichtet oder energetisch gut saniert würden. Andererseits übernähmen erneuerbare Energiequellen nicht nur die Stromversorgung, sondern auch die Versorgung mit Raumwärme und Warmwasser, sei es direkt durch Solarthermie oder in Kombination mit Wärmepumpen. Langfristig könnten KWK-Anlagen deshalb nur dann noch eine Rolle spielen, wenn sie mit erneuerbaren und nicht mehr mit fossilen Brennstoffen betrieben würden, wie dies derzeit noch ganz überwiegend der Fall sei.[15] Insoweit folgerichtig rückte der Gesetzgeber in den letzten Jahren von der bis dato bestehenden Technologieneutralität der Kraft-Wärme-Kopplung ab, da neue, modernisierte und nachgerüstete KWK-Anlagen nach § 6 Abs. 1 KWKG nur noch dann förderfähig sind, wenn sie keine Kohle als Brennstoff einsetzen.[16] Im Schrifttum werden zunehmend auch Erdgas-KWK-Anlagen kritisch gesehen, insbesondere weil sich Deutschland dadurch vom Erdgas aus Krisenregionen abhängig mache.[17]

Die damit angedeutete Problematik einer technologiespezifischen Kraft-Wärme-Kopplung soll vorliegend nicht näher behandelt werden. Gegenstand dieses Beitrags sind vielmehr die technologiespezifischen Ausschreibungen. Bedeutsam ist insbesondere, ob aus einer etwaig unterschiedlichen Zielrichtung von EEG 2017 und KWKG 2017 eine unterschiedliche Ausgestaltung des Förderinstrumentariums im Allgemeinen und des Ausschreibungsdesigns im Besonderen resultiert. Letzteres wird man prima facie verneinen können, geben Förderausschreibungen doch ebenso wie Ausschreibungen nach dem GWB-Vergaberecht kein bestimmtes „Beschaffungsobjekt" vor,[18] sondern sorgen vornehmlich dafür, dass der Förder- bzw. Auftraggeber die „beste Leistung" zu den „preiswertesten Konditionen" erhält.[19] Die wettbewerbspolitische und gemeinwohlinduzierte Sinnhaftigkeit von Ausschreibungen ist somit unabhängig davon zu beurteilen, in welcher Höhe und mit welchem Fernziel eine Förderung erfolgen soll. Dies schließt es – wie sogleich zu thematisieren ist – nicht aus, dass sich das konkrete Ausschreibungsdesign zielkonform nicht nur an marktlichen, sondern auch an gemeinwohlbezogen-planerischen Aspekten orientiert.

---

[13] *Schäfer-Stradowsky/Doderer*, EnWZ 2017, 153 (159).

[14] BMWi, Impulspapier Strom 2030, Stand: September 2016, S. 22.

[15] Ebenso *Maaß*, ZUR 2015, 577 f.

[16] Dazu *Kachel*, EnWZ 2016, 51 (54).

[17] *Maaß*, ZUR 2015, 577 (578).

[18] Zum Grundsatz der Bestimmungsfreiheit – konkret mit Blick auf das Konzessionsvergaberecht – *Mohr*, in: Münchener Kommentar zum Vergaberecht, i.E. 2018, § 152 GWB Rn. 16.

[19] Zu den theoretischen Grundlagen von Ausschreibungen *Mohr*, Sicherung der Vertragsfreiheit durch Wettbewerbs- und Regulierungsrecht, 2015, S. 576 ff.

Nach dem Vorstehenden lässt sich ein gewisser Vorrang der erneuerbaren Energien gegenüber der Kraft-Wärme-Kopplung somit schon aus den konkreten Zubauvorgaben ableiten: Während das EEG 2017 nach § 1 Abs. 2 Nr. 3 darauf abzielt, bis zum Jahr 2050 mindestens 80 Prozent des Bruttostromverbrauchs aus erneuerbaren Energien zu decken, hat der Gesetzgeber die Nettostromerzeugung aus KWK-Anlagen mit § 1 Abs. 1 KWKG 2017, d. h. Stand heute auf 110 TWh bis zum Jahr 2020 und auf 120 TWh bis zum Jahr 2025 gedeckt, um den sich absehbar ändernden Aufgaben der Kraft-Wärme-Kopplung Rechnung tragen zu können und keine nicht belastbaren Investitionssignale zu setzen; denn KWK-Anlagen laufen heute mehr als 20 Jahre und Wärmenetze haben in der Regel sogar eine Lebensdauer von über 40 Jahren.[20]

Ein zentraler Ausdruck des auch von § 1a Abs. 3 EnWG hervorgehobenen Zieles einer Sektorenkopplung von erneuerbaren Energien und Kraft-Wärme-Kopplung ist § 13 Abs. 6a EnWG.[21] Unter den dort normierten Voraussetzungen können Übertragungsnetzbetreiber mit Betreibern von KWK-Anlagen in Netzausbaugebieten gem. § 36c EEG 2017 gegen eine angemessene Kostenerstattung vereinbaren, dass die KWK-Anlagenbetreiber die Stromeinspeisung in das öffentliche Netz reduzieren, um im Gegenzug Überschussstrom aus volatilen Energiequellen aus dem öffentlichen Netz „zuzuschalten" und damit eine Power-to-Heat-Anlage zu betreiben.[22] Die Beschränkung der Norm auf KWK-(Bestands-)Anlagen wird vom Gesetzgeber mit einer doppelten Stabilisierungswirkung begründet, da nicht nur die konventionelle Stromerzeugung reduziert, sondern auch überschüssige Elektrizität aus erneuerbaren Energien verbraucht werde.[23] KWK-Anlagen werden damit zu Instrumenten des Engpassmanagements, um die negativen Folgen einer übermäßigen Stromproduktion durch volatile erneuerbare Energiequellen abzumildern.[24] Folgerichtig muss sich auch der Betrieb der nach § 13 Abs. 6a EnWG kontrahierten KWK-Anlagen an diesem Zweck ausrichten.[25]

Mit Blick auf das Ausschreibungsverfahren bedeutsam ist vor allem § 27a EEG 2017. Nach seinem Satz 1 dürfen Betreiber von Erneuerbare-Energien-Anlagen, deren anzulegender Wert durch Ausschreibungen ermittelt worden ist, im gesamten Zeitraum, in dem sie Zahlungen nach diesem Gesetz in Anspruch nehmen, den in ihrer Anlage erzeugten Strom nicht zur Eigenversorgung nutzen. Bis dahin war es nach § 20 Abs. 2 EEG 2014 den Anlagenbetreibern überlassen, den von ihnen erzeugten Strom ohne besondere Einschränkungen in prozentualen Anteilen gefördert

---

[20] BMWi, Impulspapier Strom 2030, Stand: September 2016, S. 22.

[21] *Schäfer-Stradowsky/Doderer*, EnWZ 2017, 153 (159).

[22] *Buchmüller/Hennig*, ZNER 2016, 384 (385).

[23] BT-Drs. 18/8860 v. 21.6.2016, S. 333; siehe dazu auch *Vollprecht/Altrock*, EnWZ 2016, 387 (385).

[24] *Buchmüller/Hennig*, ZNER 2016, 384 (386).

[25] Dies ist in der Vereinbarung zwischen Übertragungsnetzbetreiber und KWK-Anlagenbetreiber zu regeln; näher *Buchmüller/Hennig*, ZNER 2016, 384 (387 f.).

direkt zu vermarkten, oder nach § 38 EEG 2014 vergüten zu lassen.[26] Die Vorschrift dient im Kern dazu, allen Akteuren vergleichbare Wettbewerbsbedingungen zu gewährleisten. Demgemäß führt ein Verstoß gegen § 27a EEG 2017 nach § 52 Abs. 1 S. 1 Nr. 4 i.V.m. S. 3 EEG 2017 zu einem rückwirkenden Anspruchsverlust für das gesamte Kalenderjahr. Durch § 27a S. 1 EEG 2017 werden die Möglichkeiten für den Betrieb einer *Power-to-Heat*-Anlage oder *Power-to-Gas*-Anlage durch den Betreiber etwa einer Windenergieanlage an Land erheblich eingeschränkt.[27] Ausgenommen ist nach § 27a Nr. 4 EEG 2017 Strom, der in Zeiten negativer Börsenstrompreise verbraucht wird. Ebenfalls ausgenommen ist nach § 27a Nr. 5 EEG 2017 Strom, der zum Zeitpunkt einer Einspeisemanagementmaßnahme verbraucht wird. Allein in beiden vorgenannten Varianten kann der Strom somit zur Sektorenkopplung genutzt werden und muss nicht zwingend in das Netz der allgemeinen Versorgung eingespeist werden.[28] Sind der Betreiber der EEG-Anlage und der Betreiber der *Power-to-Heat-* bzw. *Power-to-Gas*-Anlage personenverschieden, greift das Eigenversorgungsverbot des § 27a EEG 2017 zwar nicht ein.[29] Im Gegenzug fällt für die Stromlieferung durch die Windenergieanlage dann aber die volle EEG-Umlage an.[30]

2. EEG 2017 und KWKG 2017 –
von der Planwirtschaft zur geplanten Marktwirtschaft

Die intendierte Flexibilisierung des Energieversorgungssystems hängt eng mit der Markt- und Systemintegration der erneuerbaren Energien und der Kraft-Wärme-Kopplung zusammen, wie sie sich besonders prägnant in der normativen Grundentscheidung für ein bestimmtes Fördersystem im EEG 2017 und im KWKG 2017 zeigt.

Mit dem EEG 2017 hat der deutsche Gesetzgeber die Förderung der wichtigsten Technologien zur Erzeugung von Elektrizität aus erneuerbaren Ressourcen von einer administrativen Preisförderung auf minutiös determinierte Ausschreibungen um den Fördermarkt umgestellt.[31] Im Kern geht diese Neuausrichtung des Fördermechanismus auf europäische Vorschriften zur Schaffung eines einheitlichen Binnenmarkts für Energie zurück. Das Unionsrecht steht nicht nur privaten Wettbewerbsbeschränkungen, sondern auch staatlich veranlassten Handelsschranken entgegen, wie sie durch die selektive finanzielle Unterstützung einzelner Marktteilnehmer entstehen können, vorliegend von Unternehmen, die Elektrizität aus bestimmten erneuerbaren Energiequellen herstellen. Demgemäß handelt es sich bei den Förderausschreibun-

---

[26] *Schäfer-Stradowsky/Doderer*, EnWZ 2017, 153 (159).

[27] *Buchmüller/Hennig*, ZNER 2016, 384 (390).

[28] *Schäfer-Stradowsky/Doderer*, EnWZ 2017, 153 (159).

[29] *Buchmüller/Hennig*, ZNER 2016, 384 (390).

[30] *Buchmüller/Hennig*, ZNER 2016, 384 (390 mit Fn. 45).

[31] Dies geht zurück auf Überlegungen der Chicago School of Economics, die das Instrument des Ausschreibungswettbewerbs freilich eher als Ersatz und nicht als Ergänzung einer wettbewerblichen Marktstruktur- und Marktverhaltenskontrolle ansah; näher *Mohr*, Sicherung der Vertragsfreiheit durch Wettbewerbs- und Regulierungsrecht, 2015, S. 525 i.V.m. S. 329 ff.

gen nicht – wie dies gelegentlich zu lesen ist – um besondere „Marktzutrittsschranken",[32] sondern um chancengleiche Verfahren zum Erhalt von wirtschaftlichen Vorteilen gegenüber Mitbewerbern im Interesse bedeutsamer Gemeinwohlziele. Die Implementierung eines übergreifenden Ausschreibungssystems im EEG 2017 nimmt positive Erfahrungen auf, die in Deutschland mit Ausschreibungen für große Photovoltaik-Freiflächenanlagen nach dem EEG 2014 und der auf seiner Grundlage erlassenen Freiflächenausschreibungsverordnung (FFAV) gemacht wurden.[33] Insbesondere bewirkten die Freiflächenausschreibungen eine spürbare Senkung der Förderzahlungen, ohne den geplanten Ausbau der Erzeugungsanlagen ernsthaft zu gefährden.[34] Aus wettbewerbspolitischer Sicht hätte es deshalb auch ohne eine entsprechende Intervention der Kommission nahe gelegen, das Instrument der Ausschreibungen auf andere wichtige Technologien zu übertragen, neben der Biomasse insbesondere auf die Windenergie an Land und auf See, Letztere in Verbindung mit dem Windenergie-auf-See-Gesetz (WindSeeG).[35]

Ebenfalls ausgeschrieben wird seit Neuestem die Förderung von KWK-Anlagen, und zwar auf der Grundlage der am 1. Januar 2017 in Kraft getretenen Novellierung des KWKG 2016[36] i.V.m. der jüngst erlassenen KWK-Ausschreibungsverordnung.[37] Wie wir noch sehen werden, lehnt sich das KWK-Ausschreibungsdesign vordergründig eng an die Vorgaben des EEG 2017 an, insbesondere an das Konzept der frühen Ausschreibung der Förderung von Solaranlagen.[38] Soweit die Erzeugung von Elektrizität aus Kraft-Wärme-Kopplung mit erneuerbaren und nicht mit fossilen Energiequellen erfolgt, kann sie auch dem Fördermechanismus des EEG unterfallen. Nach dem in § 1 Abs. 3 KWKG 2017 normierten Doppelbegünstigungsverbot unterfällt KWK-Strom, der nach § 19 EEG 2017 finanziell gefördert wird, grundsätzlich nicht dem Anwendungsbereich des KWKG. Anlagenbetreiber sind freilich nicht ver-

---

[32] Die Einstufung als besondere Marktzutrittsschranke impliziert, dass in einem freien Markt jeder Teilnehmer Anspruch auf staatliche Förderung hätte, was den Grundgedanken einer Wettbewerbswirtschaft und dem wettbewerbsrechtlichen Selbstständigkeitspostulat widerspricht; a.A. *Tamcke*, Die rechtlichen Regeln zur Förderung der Erneuerbaren Energien und der Kraft-Wärme-Kopplung im Vergleich, 2017, S. 240.

[33] Zur Dogmatik *Mohr*, N&R 2015, 76 ff.

[34] Vgl. BNetzA, Hintergrundpapier: Ergebnisse der sechsten Ausschreibungsrunde für Photovoltaik(PV)-Freiflächenanlagen vom 1.12.2016, im Internet abrufbar unter https://www.bundesnetzagentur.de/SharedDocs/Downloads/DE/Sachgebiete/Energie/Unternehmen_Institu tionen/ErneuerbareEnergien/PV-Freiflaechenanlagen/Gebotstermin_01_04_2016/Hintergrund papier_01_12_2016.pdf?__blob=publicationFile&v=2 (letzter Abruf 15.9.2017).

[35] Ebenfalls ausgeschrieben wird künftig die Förderung von Biomasseanlagen, wenn auch mit reduzierten Zubaumengen, was ihre praktische Bedeutung marginalisiert; *Mohr*, VersorgW 2016, 165 ff.

[36] Gesetz zur Änderung der Bestimmungen zur Stromerzeugung aus Kraft-Wärme-Kopplung und zur Eigenversorgung v. 22.12.2016, BGBl. I, 3106.

[37] Verordnung zur Einführung von Ausschreibungen zur Ermittlung der Höhe der Zuschlagszahlungen für KWK-Anlagen und für innovative KWK-Systeme, (KWK-Ausschreibungsverordnung – KWKAusV) v. 10.8.2017, BGBl. I, 3167.

[38] Vgl. III.2.b).

pflichtet, eine Förderung nach dem EEG in Anspruch zu nehmen, sondern können sich unter den dort normierten Voraussetzungen auch auf das KWKG stützen. Da sich § 1 Abs. 3 KWKG 2016 und die Vorschriften des EEG nur auf die Stromerzeugung beziehen, ist zudem eine Förderung der Wärme- oder Kälteerzeugung nach dem KWKG möglich. Letzteres ist – wie nachfolgend erläutert wird – nicht Thema dieses Beitrages.

3. Gang der Darstellung und Eingrenzung der Thematik

Vor dem Hintergrund der vorstehend skizzierten Rahmenbedingungen nimmt dieser Beitrag das Ausschreibungsverfahren als wettbewerblichen Fördermechanismus nach den §§ 2 Abs. 3, 22, 28 ff. EEG 2017 (unter III.1.) und nach den §§ 8a ff. KWKG 2017 in Verbindung mit der KWK-Ausschreibungsverordnung in den Blick (unter III.2.), um auf dieser Grundlage einige vergleichende Betrachtungen anzustellen (IV.). Im EEG 2017 liegt der Schwerpunkt auf der Solarenergie und der Windenergie an Land, da es sich hierbei um die ganz zentralen Volumenträger handelt. Im Interesse der Vergleichbarkeit soll im KWKG 2017 vor allem die Stromerzeugung betrachtet werden, wohingegen die spezifischen Fragen der Wärme- und Kälteerzeugung außer Betracht bleiben.

Die Erneuerbare-Energien-Ausschreibungen sind ebenso wie die KWK-Ausschreibungen maßgeblich durch das Unionsrecht determiniert. Ohne die nachhaltigen Bemühungen der Kommission um eine zeitnahe und spürbare Markt- und Systemintegration wären die schnellen und überraschend großen Erfolge bei der Senkung der deutschen Fördersätze wohl nicht zu erreichen gewesen. Ein Schwerpunkt dieses Beitrages muss damit auf den Vorgaben des Unionsrechts liegen (unter II. 1.–3.). In diesem Zusammenhang werden überblickshaft auch bereits absehbare Entwicklungen wie die Modifizierung der Erneuerbare-Energien-Richtlinie 2009/28/EG geschildert, soweit sie für das Thema relevant erscheinen (unter II. 4.).

Außer Betracht bleiben nachfolgend die Regelungen des WindSeeG.[39] Auch im Rahmen dieses Beitrags bedeutsam ist allerdings die Erkenntnis, dass erste Offshore-Windparks mittlerweile ohne eine direkte staatliche Förderung errichtet werden können.[40] Strategisch-niedrige Gebote – ein zuweilen zu lesender Kritikpunkt gegen die Ergebnisse der ersten WindSeeG-Ausschreibung[41] – sollten eigentlich

---

[39] Ein Überblick findet sich bei *Mohr*, VersorgW 2016, 165 (170).

[40] Siehe BNetzA, Pressemitteilung v. 13.4.2017, Bundesnetzagentur erteilt Zuschläge in der ersten Ausschreibung für Offshore-Windparks, im Internet abrufbar unter https://www.bun desnetzagentur.de/SharedDocs/Pressemitteilungen/DE/2017/13042017_WindSeeG.html (letzter Abruf 15.9.2017).

[41] Von einem „ruinösen Wettbewerb" – ein historisch gern im protektionistischen Interesse missbrauchter Terminus – spricht etwa *Gabloffsky*, im Internet abrufbar unter https://recht stipp24.de/2017/04/13/schock-bei-ausschreibung-fuer-windenergie-nach-eeg-2017windseeg-000-centkwh-gebot-erhaelt-zuschlag-bei-einem-durschschitt-von-044-centkwh-bnetza-spricht-von-erheblicher-kostensenkung-in-wahrh/ (letzter Abruf 15.9.2017).

schon durch die relativ hohen Sicherheitszahlungen gem. § 32 WindSeeG ausgeschlossen sein.[42] Aus diesem Grunde kann und darf sich die Rechtsordnung darauf zurückziehen, die fristgerechte Errichtung der bezuschlagten Windenergieanlagen auf See abzuwarten, anstatt auf der Grundlage nicht validierter Vermutungen schon jetzt das Ausschreibungsdesign zu ändern. Die Ergebnisse der WindSeeG-Ausschreibungen streiten mit anderen Worten dafür, den Mechanismen des Wettbewerbs als nach historischer Erfahrung wirkungsmächtigstem Verbraucherschutzinstrument mehr Vertrauen entgegenzubringen,[43] auch wenn damit ein gefühlter politischer Steuerungsverlust einhergehen mag.

Ebenfalls außer Betracht bleiben nachfolgend die Details der grenzüberschreitenden Ausschreibungen nach der gerade novellierten Grenzüberschreitende-Erneuerbare-Energien-Verordnung (GEEV).[44] Auch für diesen Beitrag relevant sind freilich die generellen Anforderungen an eine Öffnung der mitgliedstaatlichen Ausschreibungen für Unternehmen aus anderen EU-Mitgliedstaaten, wie sie in § 2 Abs. 6 EEG 2014 geregelt waren und jetzt in § 5 Abs. 2 bis 6 EEG 2017 zu finden sind. Denn diese Regelungen zeigen mit besonderer Deutlichkeit, dass an der Gestaltung des Energiesektors anhand der Prinzipien eines wettbewerblich und damit chancengleich organisierten Binnenmarkts als „ergebnisoffenes", auch innovative Lösungen beförderndes „Erkenntnisverfahren"[45] mittelfristig kaum ein Weg vorbeiführen wird.

Nicht betrachtet werden schließlich die Regelungen des EEWärmeG,[46] welches das EEG und das KWKG im Hinblick auf die ausschließliche, also ungekoppelte Erzeugung von Wärme und Kälte aus erneuerbaren Energiequellen insbesondere zum Zwecke der energetischen Gebäudesanierung ergänzt (§ 3 Abs. 1 EEWärmeG).[47] So erfolgt die Förderung nach § 13 EEWärmeG bislang noch auf der Basis von „Verwaltungsvorschriften", also nicht durch wettbewerbliche Mechanismen. Dies mag an dem relativ geringen Fördervolumen pro Berechtigtem liegen, das komplizierte Ausschreibungsregelungen untunlich erscheinen lässt.

---

[42] Zu lesen ist von Sicherheitsleistungen in Höhe von 150 Millionen Euro, vgl. *Mihm*, Erneuerbare Energie lohnt sich endlich, FAZ v. 13.4.2017, im Internet abrufbar unter http://www.faz.net/aktuell/wirtschaft/energiepolitik/windparks-ohne-foerderung-erneuerbare-energie-lohnt-sich-endlich-14971139.html?printPagedArticle=true#pageIndex_0 (letzter Abruf 15.9.2017).

[43] Zum Wettbewerbsrecht als konstitutivem Verbraucherschutzrecht *Drexl*, Die wirtschaftliche Selbstbestimmung des Verbrauchers, 1998, S. 293 ff.; *Mohr*, Sicherung der Vertragsfreiheit durch Wettbewerbs- und Regulierungsrecht, 2015, S. 171, 454 und öfter.

[44] Grenzüberschreitende-Erneuerbare-Energien-Verordnung v. 10.8.2017, BGBl. I, 3102, welche die Verordnung v. 11.7.2016, BGB. I S. 1629, ersetzt; siehe zur ersten Fassung *Mohr/Lexow*, KSzW 2016, 188 ff.

[45] *Von Hayek*, Wettbewerb als Entdeckungsverfahren, Vortrag Kiel 1968, S. 3 ff., abgedruckt in Freiburger Studien, 1969, S. 249 ff.; dazu *Mohr*, Sicherung der Vertragsfreiheit durch Wettbewerbs- und Regulierungsrecht, 2015, S. 48 und öfter.

[46] Erneuerbare-Energien-Wärmegesetz vom 7.8.2008, BGBl. I, 1658, zuletzt geändert durch Art. 9 des Gesetzes vom 20.10.2015, BGBl. I, 1722.

[47] *Pritzsche/Vacha*, Energierecht, 2017, § 7 Rn. 12.

II. Vorgaben des Unionsrechts

Nachfolgend werden zentrale Vorgaben des europäischen Beihilfen- und Energierechts für die deutschen EEG- und KWK-Förderausschreibungen geschildert. Nicht näher eingegangen wird auf das europäische Primärvergaberecht, das ebenfalls Geltung beansprucht.[48]

1. Erneuerbare-Energien-Gesetz

a) Divergierende Ziele

Wohl auch mangels spürbarer Binnenmarktrelevanz war das EEG in seinen Anfangsjahren ein vornehmlich deutsches Regelwerk. Nicht zuletzt wegen des stark ansteigenden Zubaus von Erneuerbare-Energien-Anlagen und der dadurch bewirkten Marktabschottung des deutschen Energiesektors wird es mittlerweile in wesentlichen Teilen durch unionsrechtliche Vorgaben überlagert,[49] was Abstimmungsnotwendigkeiten hervorruft. Aus materieller Perspektive geht es um das Verhältnis von unionsrechtlich initiiertem Wettbewerb auf offenen Energiemärkten und mitgliedstaatlichen Interessen an spezifischen Gemeinwohlbelangen, namentlich an einer national bestimmten klima- und umweltschonenden Energieversorgung.[50] In formeller Hinsicht kommen Gesichtspunkte der Kompetenzverteilung zwischen der EU und den Mitgliedstaaten hinzu. Insbesondere das Handeln der Kommission wird zuweilen argwöhnisch beäugt, da diese dem Wettbewerb vermeintlich ein zu starkes Gewicht gegenüber sozialen mitgliedstaatlichen Interessen einräume,[51] eine für den auch im europäischen Arbeitsrecht mit seiner starken Betonung sozialer Aspekte tätigen Wissenschaftler nur bedingt überzeugende Argumentation. Zuweilen ist sogar von einer demokratiefernen Gestaltung des europäischen Beihilferechts zu lesen,[52] obwohl ein einheitlicher Binnenmarkt als Kern der europäischen Wirtschaftsunion ohne den Schutz vor staatlichen oder staatlich veranlassten Wettbewerbsverfälschungen durch Grundfreiheiten und Beihilferegeln zum Scheitern verdammt wäre. Grundfreiheiten und Vorschriften gegen Beschränkungen des unverfälschten Wettbewerbs im Binnenmarkt sind zwei Seiten derselben Medaille.[53]

---

[48] Hierzu sowie zu den Auswirkungen auf die Erneuerbare-Energien-Ausschreibungen *Mohr*, in: BerlKommEnR, 3. Aufl. 2015, § 1 EEG 2014 Rn. 90 ff.; zur Vergabe von Konzessionsverträgen gem. §§ 46 ff. EnWG auch *Mohr*, RdE 2016, 269 (272 ff.).

[49] *Britz*, in: Schulze-Fielitz/Müller (Hrsg.), Europäisches Klimaschutzrecht, 2009, S. 71 ff.

[50] *Mohr*, Sicherung der Vertragsfreiheit durch Wettbewerbs- und Regulierungsrecht, 2015, S. 43, 116 ff.

[51] *Grimm*, Europa ja – aber welches?, 2016, S. 44 ff., 86 f.

[52] *Ludwigs*, EuZW 2017, 41 f., mit dem hörenswerten Vorschlag, die Kommission de lege ferenda zu verpflichten, bei ihrer beihilferechtlichen Genehmigungsentscheidung etwaige sekundärrechtliche Direktiven zu berücksichtigen und Abweichungen zu begründen.

[53] Näher *Bachmann*, AcP 210 (2010), 465 ff.

Der Binnenmarkt ist seinerseits immer noch der Kern eines in Frieden und Wohlfahrt vereinten Europas.

Im Rahmen der vorstehend angedeuteten Spannungsfelder wurde die europäische Energiepolitik in den zurückliegenden Jahren mindestens von zwei divergierenden Trends geprägt:[54] Auf der einen Seite will die Union einen einheitlichen europäischen Binnenmarkt für Energie errichten und dauerhaft sichern. Mit Blick auf Elektrizität als handelbares Gut dienen diesem Ziel etwa die Binnenmarktrichtlinie 2009/72/EG[55] und die Verordnung für den grenzüberschreitenden Stromhandel Nr. 714/2009.[56] Die Kommission erhofft sich von einer engeren Zusammenführung der nationalen Strommärkte[57] vor allem eine Senkung der Kostenbelastung der Verbraucher durch wettbewerbsbestimmte Preise sowie eine Verbesserung der Versorgungssicherheit durch einen angemessenen Verbund der mitgliedstaatlichen Energiemärkte.[58] Dies entspricht auf theoretischer Ebene den immer noch grundlegenden Erkenntnissen *Adam Smiths*, wonach das Gemeinwohl – vorliegend in Form einer preisgünstigen, sicheren und umweltgerechten Versorgung der Bürger mit Energie – im Rahmen eines allgemeinen staatlichen Ordnungsrahmens besonders gut, wenn nicht sogar am besten durch den Schutz der individuellen Wirtschaftsfreiheiten und der daraus resultierenden freien Wettbewerbsprozesse befördert wird.[59] Zudem ist ein wettbewerblicher Binnenmarkt für elektrische Energie unabdingbar für eine effektive Anwendung wirtschaftspolitischer und damit ebenfalls gemeinwohlbezogener Instrumente, man denke nur an den bislang wenig erfolgreichen europäischen Emissionshandel.[60] Die europäischen Bemühungen um eine normative Marktintegration kumulierten bekanntlich in einem Beschluss des Europäischen Rats aus dem Jahr 2011, wonach schon bis zum Jahr 2014 ein Binnenmarkt für Elektrizität

---

[54] *Mohr*, RdE 2015, 433 (434 f.); *Brückmann/Steinbach*, EnWZ 2014, 346 (347).

[55] RL 2009/72/EG über gemeinsame Vorschriften für den Elektrizitätsbinnenmarkt und zur Aufhebung der RL 2003/54/EG v. 13.7.2009, ABl.EU Nr. L 211/55.

[56] Stromhandels-VO (EG) Nr. 714/2009 über die Netzzugangsbedingungen für den grenzüberschreitenden Stromhandel und zur Aufhebung der Verordnung (EG) Nr. 1228/2003 v. 13.7.2009, ABl.EU Nr. L 211/15.

[57] Derzeit ist der deutsche Strommarkt bereits an einige Nachbarstaaten gekoppelt; vgl. BMWi, Ein Strommarkt für die Energiewende, Grünbuch, S. 10.

[58] Vgl. nur die Mitteilung der Kommission, Energie 2020 – Eine Strategie für wettbewerbsfähige, nachhaltige und sichere Energie, KOM (2010) 639 endg. v. 10.11.2010, S. 10; Kommission, Bericht über die Fortschritte bei der Verwirklichung des Erdgas- und Elektrizitätsbinnenmarktes, KOM (2009) 115 endg. v. 11.3.2009, S. 4.

[59] Zur berühmten „invisible hand" des Wettbewerbs siehe *Adam Smith*, Der Wohlstand der Nationen, 5. Aufl. 1789, deutsche Übersetzung von *Recktenwald*, Viertes Buch, Zweites Kapitel, S. 370 f.; erläuternd *Adomeit/Mohr*, Rechts- und Wirtschaftsphilosophie, 4. Aufl. 2017, Teil 9 Rn. 21 ff.

[60] *Mohr*, RdE 2015, 433 (435); einer vergleichbaren Zielsetzung dient die Netzanbindung erneuerbarer Energien; vgl. Kommission, Eine Energiepolitik für Europa, KOM (2007) 1 endg. v. 10.1.2007, S. 7.

verwirklicht werden sollte.[61] Auch wenn dieses Ziel heute immer noch in Ferne liegt, waren in den letzten Jahren merkliche Fortschritte beim Abbau von Hemmnissen für den Elektrizitätshandel zwischen den Mitgliedstaaten zu beobachten.[62] So hat die Union mit der Verordnung Nr. 2015/1222 vom 25. Juli 2015[63] Leitlinien für die Kapazitätsvergabe und das Engpassmanagement erlassen, die die Marktkopplung in der Union verbindlich vorschreiben und so zu beträchtlichen Kosteneinsparungen für europäische Verbraucher führen sollen. Eine weitere Rechtsvereinheitlichung bringen die europäischen Netzkodizes, die zunehmend auch die nationalen Energiemärkte beeinflussen.[64]

Auf der anderen Seite – also entgegengesetzt dem Bestreben zur Schaffung eines einheitlichen Binnenmarktes – bewirkt der zunehmende Ausbau von Erneuerbare-Energien-Anlagen in den Mitgliedstaaten aufgrund der verschiedenen nationalen Fördersysteme, dass das Ziel eines gemeinsamen Binnenmarkts für Elektrizität deutlich hinter den ambitionierten Vorgaben zurückbleibt. Zugleich wird die Integration der steigenden Mengen an Elektrizität aus erneuerbaren Energien nicht nur auf nationaler Ebene zu einem Problem für die Funktionsfähigkeit des Energieversorgungssystems (vgl. § 2 Abs. 1 EEG 2017), sondern ist aufgrund der mangelnden Konvergenz der Fördersysteme auch unionsweit problematisch.[65] Zwar wird den Mitgliedstaaten auf der Grundlage des Art. 194 Abs. 2 AEUV eine Art von Letztentscheidungskompetenz über ihren Energiemix zugesprochen.[66] Nach überzeugender Ansicht müssen die Mitgliedstaaten diese Kompetenz jedoch im Einklang mit den unionsrechtlichen Vorschriften zum Schutz eines freien Wettbewerbs im Binnenmarkt ausüben, da das Unionsrecht keine Bereichsausnahme für den Energiesektor kennt.[67] Demgemäß müssen die nationalen Förderregelungen – wie der EuGH nochmals in der Entscheidung „Essent II" betonte – zur Erreichung der legitimen, d. h. auch unionsrechtlich anerkannten umweltpolitischen Zielsetzungen verhältnismäßig, jedenfalls geeignet und erforderlich sein.[68]

---

[61] Siehe die Mitteilung der Kommission, Vollendung des Elektrizitätsbinnenmarktes und optimale Nutzung staatlicher Interventionen v. 5. 11. 2013, C (2013) 7243 final, S. 2.

[62] EuGH, Urt. v. 1. 7. 2014, Rs. C-573/12 – Ålands Vindkraft = EuZW 2014, 620 Rn. 84 ff.

[63] ABl.EU Nr. L 197/24.

[64] *Brucker/Günther*, RdE 2016, 216 ff.

[65] *Brückmann/Steinbach*, EnWZ 2014, 346 (347).

[66] So *Gawel/Strunz/Lehmann*, ZfE 2014, 163 (175); a.A. im Ergebnis *Schmidt-Preuß*, in: Brinktrine/Ludwigs/Seidel (Hrsg.), Energieumweltrecht in Zeiten von Europäisierung und Energiewende, 2014, S. 9, 21 f.

[67] *Säcker*, in: Bitburger Gespräche Jahrbuch 2014, S. 5, 9.

[68] Unter Verweis auf die fehlende Eignung einer indirekten Förderung durch Befreiung von Verteilnetzkosten EuGH, Urt v. 29. 9. 2016, C-492/14 – Essent Belgium II = EnWZ 2016, 508 Rn. 111 ff., insb. Rn. 115.

b) Marktintegration durch Beihilferecht

Um die unterschiedlichen Interessen – europäischer Binnenmarkt und nationaler Klima- und Umweltschutz – möglichst weitgehend zu harmonisieren, eröffnet die Erneuerbare-Energien-Richtlinie 2009/28/EG den Mitgliedstaaten in ihren Art. 5 bis 11 weitreichende Kooperationsmöglichkeiten für das Erreichen der unionalen Ausbauziele.[69] Die fakultative Zusammenarbeit soll die nationalen Fördersysteme eigentlich nicht ersetzen, sondern lediglich dazu beitragen, die Ausbaukosten zu senken, wie Erwägungsgrund 36 der RL 2009/28/EG verdeutlicht. Sofern ein nationales Fördersystem insgesamt als rechtfertigungspflichtige Beihilfe einzustufen ist, also nicht nur die Befreiungen einzelner Unternehmen von den Umlagezahlungen,[70] drängt die Kommission den betreffenden Mitgliedstaat im Interesse des Binnenmarktes aber zunehmend auf eine Öffnung seiner – wettbewerblich ausgestalteten und damit harmonisierungsfähigen – Fördersysteme mittels der benannten Kooperationsmechanismen.[71] Dies lässt sich wohl auch darauf zurückführen, dass die Kooperationsmöglichkeiten von den Mitgliedstaaten bislang auf fakultativer Basis kaum genutzt wurden.[72] Insoweit folgerichtig hat die Kommission im Jahr 2013 „Leitlinien für die Ausgestaltung von Fördersystemen für erneuerbare Energien" erlassen,[73] die *Best-practice-Principles* für die künftige Ausgestaltung nationaler Förderregeln formulieren.[74] Zentrale Aussagen dieser Leitlinien finden sich auch in den praktisch wichtigen „Leitlinien für staatliche Umweltschutz- und Energiebeihilfen 2014 bis 2020" wieder (im Folgenden Leitlinien oder nach der englischen Abkürzung „EEAG",[75] im Deutschen zuweilen auch „UEBL"),[76] die im Schrifttum in zentralen Aussagen auf eine Einigung der deutschen Bundesregierung mit der Kommission hinsichtlich des EEG 2014 zurückgeführt werden.[77] Schon dies verdeutlicht den zentralen Stellenwert und damit die besondere Verantwortung, welche die Gestaltung

---

[69] Vgl. auch Art. 3 Abs. 3 S. 1 lit. b RL 2009/28/EG; dazu *Mohr*, EnWZ 2015, 99 (101).

[70] Zu den Folgen *Lippert/Kindler*, EnWZ 2017, 256.

[71] *Mohr/Lexow*, KSzW 2016, 188 (189 ff.); der Gesetzgeber begründete § 2 Abs. 6 EEG 2014 explizit auch mit der Umsetzung der Kooperationsmöglichkeiten der RL 2009/28/EG, vgl. BT-Drs. 18/1891 v. 16.6.2014, S. 199 f.

[72] *Mohr*, RdE 2015, 433 (436); Mitteilung der Kommission, Erneuerbare Energien: ein wichtiger Faktor auf dem europäischen Energiemarkt v. 6.6.2012, COM (2012) 271 final, S. 6; European Commission, Guidance on the use of renewable energy cooperation mechanism v. 5.11.2013, SWD (2013) 440 final, 1.

[73] European Commission, Guidance for the design of renewables support schemes v. 5.11. 2013, SWD (2013) 439 final.

[74] European Commission, Guidance for the design of renewables support schemes v. 5.11. 2013, SWD (2013) 439 final, 2; ausführlich *Mohr*, in: BerlKommEnR, EEG 2014, 3. Aufl. 2015, Sonderband, § 1 Rn. 52 ff.

[75] Guidelines on State aid for environmental protection and energy 2014–2020 (Environmental and Energy State Aid Guidelines, „EEAG").

[76] Kommission, Leitlinien für staatliche Umweltschutz- und Energiebeihilfen, ABl.EU Nr. C 200/1 v. 28.6.2014, Rn. 18, 23 ff.; dazu *Frenz*, ZNER 2014, 345.

[77] *Nebel*, jurisPR-UmwR 9/2016, Anm. 1.

des deutschen Energiesektors für das künftige gemeineuropäische Marktdesign einnimmt.

Die EEAG regeln die Voraussetzungen, unter denen die Kommission bestimmte notifizierungspflichtige Beihilfen i.S.d. Art. 107 Abs. 1 AEUV – worüber sich die Umweltschutz- und Energiebeihilfeleitlinien nicht selbst verhalten[78] – im Einzelfall nach Art. 107 Abs. 3 lit c. AEUV als genehmigungsfähig ansieht,[79] sofern keine vorrangig anzuwendende Gruppenfreistellungsverordnung eingreift.[80] Die Prüfung der Vereinbarkeit von Beihilfen für erneuerbare Energien erfolgt dabei ebenso wie diejenige für KWK-Energieeffizienzmaßnahmen zweistufig:[81] Zunächst sind die Beihilfen anhand der in Kapitel 3.2 der Leitlinien genannten Allgemeinen Vereinbarkeitskriterien zu prüfen. Ergänzend sind die Beihilfen sodann an themenspezifischen Vorgaben zu messen. Für erneuerbare Energien ergeben sich Letztere aus Kapitel 3.3. der Leitlinien,[82] Energieeffizienzmaßnahmen werden im Leitlinien-Kapitel 3.4. behandelt.

Im Interesse einer Markt- und Systemintegration sollen Förderberechtigungen und Förderhöhen für Anlagen zur Erzeugung von Elektrizität aus erneuerbaren Energien nach den EEAG – zusätzlich zur grundsätzlich verpflichtenden Direktvermarktung[83] – wettbewerblich ausgeschrieben werden, soweit keine Ausnahmeregelung insbesondere für kleinere Unternehmen greift, bei denen *tender-systems* als unverhältnismäßig angesehen werden.[84] Unter einer Ausschreibung verstehen die EEAG ein diskriminierungsfreies Bieterverfahren, das die Beteiligung einer ausreichend großen Zahl von Unternehmen gewährleistet und bei dem die Beihilfe entweder auf der Grundlage des ursprünglichen Angebots des Bieters (= *Pay-as-bid*) oder eines Clearingpreises (= *Uniform-Pricing*) gewährt wird.[85] Die Kommission stellt es den Mitgliedstaaten somit frei, ob sie den Zuschlagspreis auf der Grundlage des Angebots jedes erfolgreichen Bieters bilden oder für alle erfolgreichen Bieter einen ein-

---

[78] Vgl. dazu Kommission, Bekanntmachung zum Begriff der staatlichen Beihilfe im Sinne des Artikels 107 Absatz 1 des Vertrags über die Arbeitsweise der Europäischen Union, ABl.EU C 262/1 v. 19.7.2016.

[79] Siehe die Auflistung der unter die Leitlinien fallenden Beihilfemaßnahmen, Kommission, Leitlinien für staatliche Umweltschutz- und Energiebeihilfen, ABl.EU Nr. C 200/1 v. 28.6. 2014, Rn. 18.

[80] *Mohr*, RdE 2015, 433 (436); *ders.*, EnWZ 2015, 99 (101).

[81] *Von Wallenberg/Schütte*, in: Grabitz/Hilf/Nettesheim (Hrsg.), Das Recht der Europäischen Union, 61. EL April 2017, Art. 107 AEUV Rn. 295.

[82] Kommission, State Aid SA.45461 (2016/N) – Germany EEG 2017 – Reform of the Renewable Energy Law v. 20.12.2016 C(2016) 8789 final, Rn. 167: „According to paragraph 120 of the EEAG, for operating aid schemes the general provision of Section 3.2 will be applied as modified by the specific provisions as set in subsection 3.3.1. of the EEAG."

[83] Kommission, Leitlinien für staatliche Umweltschutz- und Energiebeihilfen, ABl.EU Nr. C 200/1 v. 28.6.2014, Rn. 128.

[84] Kommission, Leitlinien für staatliche Umweltschutz- und Energiebeihilfen, ABl.EU Nr. C 200/1 v. 28.6.2014, Rn. 126.

[85] Vgl. auch *Mohr*, RdE 2015, 433 (437).

heitlichen Zuschlagspreis vorgeben, da beide Preisbildungsregelungen spezifische Vor- und Nachteile haben, die anhand der konkreten Marktgegebenheiten beurteilt werden müssen.[86] Da es sich bei der im Gestaltungsspielraum der Mitgliedstaaten verbleibenden Preisbildungsregel um einen ganz zentralen, wenn nicht sogar den zentralsten Bestandteil des Ausschreibungsdesigns handelt, scheint der einleitend geschilderte Vorwurf einer übermäßigen Kompetenzausdehnung durch die Kommission nicht überzeugend.

In der Formulierung der EEAG müssen die Mittelausstattung oder das Volumen in Verbindung mit der Ausschreibung einen verbindlichen Höchstwert darstellen.[87] Das Ausschreibungsdesign darf mit anderen Worten in Abhängigkeit von der Marktlage nicht so gestaltet sein, dass alle Bieter regelmäßig einen Zuschlag in Höhe ihres Gebots erhalten, auch wenn dieses über einem Niveau wie bei wirksamem Wettbewerb liegt. Aus der vorstehenden Regelung lassen sich mittelbar die in den EEAG vorgesehenen Ausnahmen bei einem tatsächlich zu erwartenden unzureichenden Bieterwettbewerb ableiten.

Ein zentrales Element der EEAG ist eine wirkliche – nicht nur auf dem Papier stehende – Technologieneutralität.[88] Ausschreibungen dürfen (lies: nur dann) auf bestimmte Technologien beschränkt werden, wenn eine allen Erzeugern offenstehende Ausschreibung zu einem suboptimalen Ergebnis führte, das durch die Ausgestaltung des Verfahrens vor allem aus den folgenden Gründen nicht verhindert werden könnte: Aufgrund des längerfristigen Potentials einer bestimmten neuen, innovativen Technologie (lit. a), der Notwendigkeit einer Diversifizierung (lit. b), aufgrund von Netzeinschränkungen und der Erhaltung der Netzstabilität (lit. c), von System (integrations)kosten (lit. d), schließlich aufgrund der Notwendigkeit, durch die Förderung der Biomasse verursachte Wettbewerbsverfälschungen auf den Rohstoffmärkten zu vermeiden. Für neue Anlagen, die Strom aus Biomasse erzeugen, dürfen dabei keine anderen Betriebsbeihilfen gewährt werden, wenn sie von der Ausschreibung ausgenommen werden (lit. e).[89]

Die EEAG decken sich – wie dies den Anforderungen an eine teleologisch konsistente Rechtsetzung entspricht – mit den in Art. 42 f. der Gruppenfreistellungs-Verordnung Nr. 651/2014 normierten übergreifenden Zulässigkeitsvoraussetzungen, also mit einem unmittelbar in den Mitgliedstaaten anwendbaren Unionsrechtsakt.[90] Nach Art. 42 Nr. 1 VO Nr. 651/2014 sind Betriebsbeihilfen zur Förderung von Strom

---

[86] Näher *Mohr*, in: BerlKommEnR, EEG 2014, 3. Aufl. 2015, Sonderband, § 2 Rn. 133 ff.

[87] Kommission, Leitlinien für staatliche Umweltschutz- und Energiebeihilfen, ABl.EU Nr. C 200/1 v. 28. 6. 2014, Rn. 43.

[88] Kommission, Leitlinien für staatliche Umweltschutz- und Energiebeihilfen, ABl.EU Nr. C 200/1 v. 28. 6. 2014, Rn. 126.

[89] Kommission, Leitlinien für staatliche Umweltschutz- und Energiebeihilfen, ABl.EU Nr. C 200/1 v. 28. 6. 2014, Rn. 126 Fn. 67.

[90] ABl.EU Nr. L 187/1 v. 26. 6. 2014; allerdings nehmen die Gruppenfreistellungs-VO und die Leitlinien nicht aufeinander Bezug, obwohl sie in Teilen vergleichbare Regelungsgegenstände behandeln.

aus erneuerbaren Energien im Sinne des Art. 107 Abs. 3 AEUV mit dem Binnenmarkt vereinbar und damit von der Anmeldepflicht nach Art. 108 Abs. 3 AEUV freigestellt, sofern sie die in Art. 42 VO Nr. 651/2014 festgelegten Voraussetzungen erfüllen. Gem. Art. 42 Nr. 2 VO Nr. 651/2014 stellt es – in Anlehnung an die das Bei-
hilfemerkmal der Begünstigung betreffende *Altmark-Trans*-Rechtsprechung[91] – die
zentrale Zulässigkeitsvoraussetzung dar, dass Förderzahlungen anhand eindeutiger,
transparenter und diskriminierungsfreier Kriterien im Rahmen einer Ausschreibung
ermittelt werden.[92] Nur unter spezifischen Voraussetzungen sind gem. Art. 42 Nr. 3
VO Nr. 651/2014 technologiebezogene Ausschreibungen zulässig. Anders als zuweilen der Eindruck vermittelt wird, sieht das Unionsrecht technologieneutrale Ausschreibungen somit als Regelfall an, mögen die Ausnahmebestimmungen im Einzelnen auch weit formuliert sein. Art. 42 Nr. 4 VO Nr. 651/2014 behandelt schließlich
die mit dem EEG 2017 und dem KWKG 2017 in den Fokus geratenen „neuen und
innovativen Technologien", für die die EEAG keine detaillierten Regelungen vorsehen.[93]

In den EEAG billigte die Kommission den Mitgliedstaaten bezüglich der Jahre
2015 und 2016 eine Übergangsfrist zur Durchführung von Pilotausschreibungen
zu. Die Förderzahlungen sollten in dieser Übergangsphase lediglich für mindestens
5 Prozent der geplanten neuen Kapazitäten für die Erzeugung von Strom aus erneuerbaren Energiequellen im Rahmen einer Ausschreibung anhand eindeutiger, transparenter und diskriminierungsfreier Kriterien gewährt werden.[94] Seit dem 1. Januar
2017 sieht die Kommission wettbewerbliche Ausschreibungen als verpflichtend an,
um ein als Beihilfe zu bewertendes Fördersystem zu rechtfertigen.[95] Die Mitgliedstaaten können jedoch im Einzelfall nachweisen, „dass nur ein Vorhaben oder Standort oder nur eine sehr begrenzte Zahl von Vorhaben oder Standorten beihilfefähig
wäre oder dass eine Ausschreibung zu einem höheren Förderniveau führen würde
(Verzicht auf Ausschreibung z. B. zur Vermeidung strategischen Bietverhaltens)
oder dass eine Ausschreibung dazu führen würde, dass nur wenige Vorhaben verwirk-

---

[91] EuGH, Urt. v. 24.7.2003, Rs. C-280/00, Slg. 2003, I-7747 Rn. 83 ff. – Altmark Trans
GmbH.

[92] Zur Dogmatik *Wende*, Die einheitliche Auslegung von Beihilfen- und Vergaberecht als
Teilgebiete des europäischen Wettbewerbsrechts, 2011, S. 75 ff.

[93] Kommission, Leitlinien für staatliche Umweltschutz- und Energiebeihilfen, ABl.EU Nr.
C 200/1 v. 28.6.2014, Rn. 15; weiterführend *von Wallenberg/Schütte*, in: Grabitz/Hilf/
Nettesheim (Hrsg.) Das Recht der Europäischen Union, 61. EL April 2017, Art. 107 AEUV
Rn. 292.

[94] Der deutsche Regelungsgeber wollte diesem Erfordernis durch die Ausschreibungsvolumina gem. §§ 3 f. FFAV Rechnung tragen; Bundesregierung, Freiflächenausschreibungsverordnung, Begründung S. 57 f.

[95] Kommission, Leitlinien für staatliche Umweltschutz- und Energiebeihilfen, ABl.EU Nr.
C 200/1 v. 28.6.2014, Rn. 126; siehe auch Fn. 66 ebenda. Hiernach können Beihilfen für
Anlagen, die vor dem 1.1.2017 in Betrieb genommen wurden und für die die Beihilfe vor
diesem Zeitpunkt vom Mitgliedstaat bestätigt wurde, auf der Grundlage der zum Zeitpunkt der
Bestätigung geltenden Regelung gewährt werden; siehe auch *Mohr*, N&R 2015, 76.

licht werden (Verzicht auf Ausschreibung zur Vermeidung der Unterbietung)."Auch in einem solchen Ausnahmefall dürfen aber nur diejenigen Kosten gefördert werden, die einem effizient tätigen Unternehmen entstünden, inklusive einer marktüblichen und kompetitiven Eigenkapitalverzinsung.[96] Überförderungen, wie sie in Zeiten einer administrativen Preisförderung in Deutschland beobachtet wurden, sind damit unzulässig.[97] Demgemäß erscheint es nicht ausgeschlossen, dass die Kommission die gesetzlich determinierten Förderzahlungen gem. den §§ 40 ff. EEG 2017 – ebenso wie diejenigen gem. § 5 Abs. 1 Nr. 1 KWKG 2016 i.V.m. §§ 6 bis 8 KWKG 2016 – künftig einer eigenen beihilferechtlichen Prüfung unterzieht.[98]

Unter bestimmten Voraussetzungen durften die Mitgliedstaaten bislang ganz davon absehen, wettbewerbliche Ausschreibungen durchzuführen.[99] So konnten für „Anlagen mit einer installierten Stromerzeugungskapazität von weniger als 1 MW und Demonstrationsvorhaben, ausgenommen Windkraftanlagen, für die als Grenzwert eine installierte Stromerzeugungskapazität von 6 MW oder sechs Erzeugungseinheiten gilt, […] Beihilfen ohne Ausschreibung […] gewährt werden". Diese Freistellungen sind großzügiger als diejenigen gem. Art. 43 Nr. 2 VO Nr. 651/2014, wonach Betriebsbeihilfen zur Förderung der Erzeugung von Strom aus erneuerbaren Energien in Kleinanlagen generell mit dem Binnenmarkt vereinbar und damit freigestellt sind, wenn sie „nur für Anlagen zur Erzeugung erneuerbarer Energien mit einer installierten Kapazität von weniger als 500 kW gewährt [werden]; Windkraftanlagen können jedoch bis zu einer installierten Kapazität von weniger als 3 MW oder weniger als drei Erzeugungseinheiten und Anlagen für die Erzeugung von Biokraftstoff bis zu einer installierten Kapazität von weniger als 50 000 t/Jahr Beihilfen erhalten. Die vorstehenden Regelungen verstehen sich als normative Konkretisierungen des für das Unionsrecht zentralen Tatbestands der Binnenmarktrelevanz und des Grundsatzes der Verhältnismäßigkeit. Auch mit Blick auf diese Freistellungsregelungen scheint ein an die Kommission gerichteter Vorwurf der Kompetenzüberschreitung schwer haltbar.

c) Beihilferechtliche Beurteilung des EEG

Hinsichtlich der administrativen Preisförderung durch das EEG 2012 und der Begrenzung der EEG-Umlage für energieintensive Unternehmen und für Schienenbahnen leitete die Kommission im Dezember 2013 ein förmliches Prüfverfahren nach

---

[96] Vgl. EuGH, Urt. v. 24.7.2003, Rs. C-280/00, Slg. 2003, I-7747 Rn. 83 ff. – Altmark Trans GmbH; *Kahle*, RdE 2014, 372 (373).

[97] Vgl. schon *Mohr*, N&R 2015, 76.

[98] Hierzu mit Blick auf energiewirtschaftliche Konzessionsverträge *Mohr*, RdE 2016, 269 (273).

[99] Kommission, Leitlinien für staatliche Umweltschutz- und Energiebeihilfen, ABl.EU Nr. C 200/1 v. 28.6.2014, Rn. 127.

Art. 108 Abs. 2 AEUV ein,[100] da es sich bei diesen Regelungen nach ihrer Ansicht um eine nicht notifizierte Beihilfe i.S.d. Art. 107 Abs. 1 AEUV handelte.[101] Im Anschluss an ihre Stellungnahme vom Januar 2014 machte die Bundesregierung nach Art. 263 AEUV eine Nichtigkeitsklage beim EuG anhängig.[102] Um infolge des Eröffnungsbeschlusses eine Aussetzung der besonderen Ausgleichsregelung oder eine Rückforderung der ersparten Zahlungen zu vermeiden, legten auch mehrere deutsche Unternehmen eine Nichtigkeitsklage ein.[103] Die Kommission hat im November 2014 die besondere Ausgleichsregelung für stromintensive Unternehmen des EEG 2012 als weitgehend beihilferechtskonform bestätigt; diejenige des EEG 2014 für Schienenbahnen wurde später sogar vollständig anerkannt.[104] Im Jahr 2016 bewertete das EuG den EEG-2012-Fördermechanismus und die Befreiungstatbestände für stromintensive Unternehmen als rechtfertigungsbedürftige Beihilfen.[105] Zugleich wies das EuG die Nichtigkeitsklagen der Unternehmen zurück.[106] Das Gericht stützte sich maßgeblich auf die Erwägung, dass das EEG 2012 ein zwingendes Ausgleichs- und Abgabesystem statuiert[107] und der Staat die Kontrolle über den Mittelfluss ausgeübt habe, für deren Ausübung er sich lediglich der Übertragungsnetzbetreiber bedient habe.[108] Dem EuG-Urteil werden weitreichende Auswirkungen zugesprochen, da es die im EEG-Belastungsausgleich gewälzten Fördergelder insgesamt als staatliche Mittel i.S.d. Art. 107 Abs. 1 AEUV einstuft, also nicht nur die Förderung eines konkreten Marktteilnehmers oder seine Verschonung von der EEG-Umlage.[109] Insbesondere seien die in Umlagesystemen gewälzten Mittel auch dann als staatlich zu bewerten, wenn sie ohne Kontakt zu öffentlichen Haushalten durch Private gewälzt würden.[110] Eine bestätigende Entscheidung des EuGH steht aus.

---

[100] Kommission, Entsch. v. 18.12.2013, C(2013) 4424 final, Beihilfe SA.33995, ABl.EU 2014 Nr. C 37/07. Zu den Rechtsfolgen siehe *Palme*, NVwZ 2014, 559 (560).

[101] Siehe dazu auch Draft Commission Notice on the notion of State aid pursuant to Article 107(1) TFEU v. 17.1.2014, Rn. 63 ff., abrufbar unter http://ec.europa.eu (letzter Zugriff 1.10. 2014).

[102] EuG, Klage unter Rs. T-134/14 v. 28.2.2014, ABl.EU Nr. C 142/40 v. 12.5.2014 – Kommission/Deutschland.

[103] Einstweilige Anordnungen wurden nicht erlassen, vgl. EuG (Präsident), Beschl. v. 10.6. 2014, Rs. T-172 bis 174 R, 176/14 R, 178/14 R, 179/14 R, 183/14 R, juris; siehe auch *Burgi/ Wolff*, EuZW 2014, 647 mit Fn. 6; *Frenz*, ZNER 2014, 345.

[104] Siehe Kommission, Pressemitteilungen vom 25.11.2014, IP/14/2122 (EEG 2012) und IP/14/2123 (EEG 2014), abrufbar unter http://europa.eu (letzter Zugriff 3.12.2014).

[105] EuG, Urt. v. 10.5.2016, T-47/15, ECLI:EU:T:2016:281 = EnWZ 2016, 409.

[106] EuG, Urt. v. 22.9.2016, T-750/15, BeckRS 2016, 82513.

[107] EuG, Urt. v. 10.5.2016, T-47/15, ECLI:EU:T:2016:281 = EnWZ 2016, 409 Rn. 95.

[108] EuG, Urt. v. 10.5.2016, T-47/15, ECLI:EU:T:2016:281 = EnWZ 2016, 409 Rn. 93.

[109] *Lippert/Kindler*, EnWZ 2017, 256.

[110] *Lippert/Kindler*, EnWZ 2017, 256 (258).

Im Verlauf des Beihilfeverfahrens gegen das EEG 2012 erließ die Kommission die bereits erläuterten EEAG.[111] Jedenfalls im Interesse der Rechtssicherheit berücksichtigte die Bundesregierung die entsprechenden Vorgaben schon bei der Ausgestaltung des EEG 2014.[112] Zudem notifizierte die Bundesregierung das EEG 2014 vorsorglich gem. Art. 108 Abs. 3 S. 1 AEUV, wenn auch unter Wahrung ihrer Rechtsansicht als „Nicht-Beihilfe".[113] Die Kommission kam mit Beschluss vom Juli 2014 zum Ergebnis, dass das EEG 2014 grundsätzlich – bis auf die später genehmigten Regelungen für Schienenbahnen – mit dem europäischen Beihilferecht vereinbar sei.[114] De facto stand dahinter der Umstand, dass der deutsche Gesetzgeber die Vorgaben der EEAG im EEG 2014 überwiegend berücksichtigt hatte.[115] Die Kommission begründete ihre Schlussfolgerung vor allem mit den Bestrebungen zur Marktintegration des aus erneuerbaren Energien produzierten Stroms,[116] da hierdurch die Kosten für die Verbraucher jedenfalls dann an ein wettbewerblicheres Niveau herangeführt würden, wenn die Anlagenbetreiber auch die Risiken des Marktes tragen müssten.[117] Da es im Zeitpunkt ihrer Beihilfen-Entscheidung nur eine gesetzliche Grundlage für Pilotausschreibungen für Photovoltaik-Freiflächenanlagen gab (§ 55 EEG 2014 i.V.m. §§ 5 Nr. 16, 88 EEG 2014), befristete die Kommission ihre Genehmigung zunächst bis zum 31. Dezember 2016. Darüber hinaus erachtete die Kommission auch die Besondere Ausgleichsregelung gem. den §§ 63 ff. EEG 2014 zur Ermäßigung der EEG-Umlage für stromintensive Unternehmen als zulässig,[118] da sie zum Erhalt der internationalen Wettbewerbsfähigkeit in sehr energieintensiven Sektoren notwendig sei. Schließlich sah die Kommission die (reduzierten) Ermäßigungen für Eigenerzeuger als beihilferechtlich zulässig an.[119] Diese Regelungen werden uns nachfolgend aber nicht näher beschäftigen.

Mit dem Referentenentwurf für ein neues EEG, damals noch als „EEG 2016" tituliert, legte das BMWi im Sommer 2016 erstmals eine technologieübergreifende –

---

[111] Leitlinien für staatliche Umweltschutz- und Energiebeihilfen, ABl.EU Nr. C 200/1 v. 28.6.2014.

[112] *Wustlich*, NVwZ 2014, 1113 (1114).

[113] Siehe dazu *Wustlich*, NVwZ 2014, 1113 (1114).

[114] Kommission, Pressemitteilung IP/14/867 v. 23.7.2014, zusammengefasst in EuZW 2014, 603.

[115] *Wustlich*, NVwZ 2014, 1113 (1114): Möglichkeit der Kommission aufgrund der neuen Leitlinien, die Inhalte des EEG mit zu bestimmen; *Frenz*, ZNER 2014, 345 (355), wonach die Regelungen im EEG 2014 mit den Vorgaben der Umwelt- und Energiebeihilfeleitlinien korrespondieren.

[116] Siehe auch Kommission, Leitlinien für staatliche Umweltschutz- und Energiebeihilfen, ABl.EU Nr. C 200/1 v. 28.6.2014, Rn. 123.

[117] Dies mahnen an *Kühling/Haucap*, ET 2013, 41.

[118] Erachtet man schon die EEG-Förderung als Beihilfe, so kann man erst recht deren Reduktion gegenüber bestimmten Unternehmen als Beihilfe ansehen; siehe zu diesem Zusammenhang *Salje*, in: Müller (Hrsg.), 20 Jahre Recht der Erneuerbaren Energien, 2012, S. 539, 552.

[119] Kommission, Pressemitteilung IP/14/867 v. 23.7.2014.

wenn auch nicht: technologieneutrale – Regelung zur Ausschreibung von Förderberechtigungen und Förderhöhen für die wichtigsten erneuerbaren Energiequellen vor, neben den Solar-Freiflächenanlagen namentlich für die Solar-Aufdachanlagen, Biomasseanlagen und Windenergieanlagen an Land und auf See.[120] Wohl auch, weil die beihilferechtliche Genehmigung der Kommission erst am 20. Dezember 2016 erteilt wurde,[121] das neue EEG somit de facto frühestens zum 1. Januar 2017 in Kraft treten konnte, wurde die Kurzbezeichnung des Gesetzes später auf EEG 2017 geändert. Die Genehmigung der Kommission bezieht sich auf alle Förderzusagen ab dem Jahr 2017. Vorab erteilte Zusagen nach einem früheren – beihilferechtskonformen – Förderregime bleiben somit in Kraft.[122] Erteilt hat die Kommission ihre Genehmigung zunächst bis Ende des Jahres 2020, da Deutschland das neue Gesetz bis spätestens Mitte 2020 evaluieren will.[123]

Im Zentrum der beihilferechtlichen Genehmigung des EEG 2017 steht die Umstellung der Förderung für alle wichtigen Technologien auf Ausschreibungen im Einklang mit den EEAG.[124] Allerdings weicht Deutschland in dem ganz zentralen Punkt der Technologieneutralität von den Leitlinien ab. So sieht das WindSeeG separate Ausschreibungen für Windenergieanlagen auf See vor, wodurch der deutsche Gesetzgeber innerhalb der Windenergie nach dem Produktionsstandort Onshore oder Offshore differenziert. Die Kommission hat diese Abweichung gleichwohl vorläufig akzeptiert:[125] Die Offshore Windenergie habe erstens langfristig ein erhebliches Potential, es seien zweitens bis auf Weiteres noch Netzengpässe und die Netzstabilität zu managen, und Deutschland wolle drittens die Offshore-Ausschreibungen zunächst auf vorgeprüfte Gebiete beschränken, im Hinblick auf die erhöhten Anforderungen an eine Koordination zwischen der Errichtung von Offshore-Windenergieanlagen, dem Ausbau der mit den Windenergieanlagen zu verbindenden Onshore-Verteilernetze und der Implementierung von Mechanismen des Lastmanagements. Vorläufig nicht beanstandet hat die Kommission auch die getrennte Ausschreibung der Förderung von Elektrizität aus Photovoltaik und aus Windenergie an Land, da Deutschland mit Blick auf die bedeutenden Netzengpässe die Notwendigkeit

---

[120] *Mohr*, VersorgW 2016, 165 (166 ff.).

[121] BMWi, Pressemitteilung vom 20.12.2016, im Internet abrufbar unter https://www.bmwi.de/Redaktion/DE/Pressemitteilungen/2016/20161220-bruessel-genehmigt-eeg-2017-und-netzreserve.html (letzter Abruf 1.9.2017); siehe auch den Volltext, Kommission, State Aid SA.45461 (2016/N) – Germany EEG 2017 – Reform of the Renewable Energy Law v. 20.12. 2016 C(2016) 8789 final, ABl.EU Nr. C 68/10 v. 3.3.2017.

[122] Kommission, State Aid SA.45461 (2016/N) – Germany EEG 2017 – Reform of the Renewable Energy Law v. 20.12.2016 C(2016) 8789 final, Rn. 270.

[123] Hierzu und zu früheren Berichten – Kommission, State Aid SA.45461 (2016/N) – Germany EEG 2017 – Reform of the Renewable Energy Law v. 20.12.2016 C(2016) 8789 final, Rn. 154.

[124] Zu den Einzelheiten Kommission, State Aid SA.45461 (2016/N) – Germany EEG 2017 – Reform of the Renewable Energy Law v. 20.12.2016 C(2016) 8789 final, Rn. 167 ff.

[125] Kommission, State Aid SA.45461 (2016/N) – Germany EEG 2017 – Reform of the Renewable Energy Law v. 20.12.2016 C(2016) 8789 final, Rn. 225 ff.

eines ausgewogenen Technologiemixes verdeutlicht habe.[126] Dabei sei zu berücksichtigen, dass Windenergieanlagen nicht selten dann Elektrizität erzeugten, wenn
Solaranlagen nichts produzierten, und umgekehrt.[127] Zudem seien die Kosten von Solaranlagen im Süden Deutschlands geringer als diejenigen von Windenergieanlagen
im Süden.[128] Schließlich erfordere das Design einer gemeinsamen Ausschreibung die
Implementierung eines Systemintegrationskosten-Faktors bzw. eines Netzstaufak-
tors, der praktisch nur schwer ex ante zu ermitteln sei.[129] In diesem Zusammenhang
betont die Kommission die Wichtigkeit einer Öffnung der Ausschreibungen in Höhe
von 5 Prozent für Anlagen aus anderen EU-Mitgliedstaaten auf der Grundlage einer
entsprechenden Kooperationsvereinbarung.[130] Die entsprechenden Regelungen der
RL 2009/28/EG wurden bereits oben behandelt. Positiv bewertet wurden von der
Kommission schließlich die von Deutschland in Aussicht gestellten gemeinsamen
Pilotausschreibungen für Windenergie und Solaranlagen, ebenso wie die sog. Innovationsausschreibungen.[131]

d) Ausblick: Revision der Erneuerbare-Energien-Richtlinie

Aktuell strebt die Kommission eine Überarbeitung der Erneuerbare-Energien-
Richtlinie 2009/28/EG an,[132] wohl auch, um den unbegründeten Vorwurf zu entkräf-
ten, sie weiche über das Beihilferecht die in nationaler Hoheit verbliebene Entscheidung über Art und Ausgestaltung des Energiemixes auf. Der Richtlinienvorschlag
der Kommission ist Bestandteil des sog. Winterpakets aus dem Jahr 2016, bezeich-
nender Weise überschrieben mit „Saubere Energie für *alle* Europäer".[133] Das Winterpaket verfolgt drei übergreifende Ziele: Einen Vorrang der Energieeffizienz (dies ist
wie gesehen das Ziel der Kraft-Wärme-Kopplung), das Erreichen einer globalen
Führungsrolle bei den erneuerbaren Energiequellen sowie ein faires, d. h. vor

---

[126] Kommission, State Aid SA.45461 (2016/N) – Germany EEG 2017 – Reform of the
Renewable Energy Law v. 20. 12. 2016 C(2016) 8789 final, Rn. 258 ff.

[127] Kommission, State Aid SA.45461 (2016/N) – Germany EEG 2017 – Reform of the
Renewable Energy Law v. 20. 12. 2016 C(2016) 8789 final, Rn. 261.

[128] Kommission, State Aid SA.45461 (2016/N) – Germany EEG 2017 – Reform of the
Renewable Energy Law v. 20. 12. 2016 C(2016) 8789 final, Rn. 262.

[129] Kommission, State Aid SA.45461 (2016/N) – Germany EEG 2017 – Reform of the
Renewable Energy Law v. 20. 12. 2016 C(2016) 8789 final, Rn. 264.

[130] Kommission, State Aid SA.45461 (2016/N) – Germany EEG 2017 – Reform of the
Renewable Energy Law v. 20. 12. 2016 C(2016) 8789 final, Rn. 131.

[131] Kommission, State Aid SA.45461 (2016/N) – Germany EEG 2017 – Reform of the
Renewable Energy Law v. 20. 12. 2016 C(2016) 8789 final, Rn. 50 ff.

[132] Kommission, Vorschlag für eine Richtlinie zur Förderung der Nutzung von Energie aus
erneuerbaren Quellen (Neufassung) v. 23. 2. 2017, COM (2016) 767 final.

[133] Kommission, Mitteilung, Saubere Energie für alle Europäer, KOM (2016) 860 final
(Hervorhebung durch Verf.).

allem bezahlbares[134] Energieangebot für die Verbraucher.[135] Folgerichtig widmet sich das Winterpaket nicht allein dem Design eines europäischen Strommarkts, sondern zielt auch auf Synergieeffekte bei der Erreichung der europäischen CO_2-Minderungsziele sowie auf eine Verstärkung der einleitend thematisierten Sektorkopplung ab, u. a. durch Vorschläge in den Bereichen Energieeffizienz, Ökodesign, Bioenergie und Transport.[136]

Der hier im Fokus stehende Vorschlag für eine neue Erneuerbare-Energien-Richtlinie – der nach seinem Art. 34 schon zum 1. 1. 2021, dem Zeitpunkt des Außerkrafttretens der EEAG gelten soll – nimmt neben der Erzeugung von Elektrizität aus erneuerbaren Energiequellen auch die Wärme- und Kälteerzeugung mittels erneuerbarer Energien in den Blick, also Materien, die sich mit der nachfolgend zu behandelnden Kraft-Wärme-Kopplung überschneiden können. Die Kommission[137] begründet den Regelungsvorschlag mit der Erkenntnis, dass das vom Europäischen Rat im Jahr 2014 festgelegte Ziel von mindestens 27 Prozent für den Anteil der erneuerbaren Energien am Energieverbrauch in der EU im Jahr 2030 eine Änderung des politischen Rahmens erforderlich mache, innerhalb dessen Maßnahmen auf Ebene der EU, auf nationaler und auf regionaler Ebene getroffen würden. Dies gelte insbesondere vor dem Hintergrund, dass ein Erreichen dieses Zieles erhebliche Investitionen erfordere, allein 254 Mrd. EUR für erneuerbare Energien zur Stromerzeugung, was im Interesse stabiler Investitionsbedingungen frühzeitige, klare und stabile Signale aus der Politik erfordere. Auch wenn dies sicherlich nicht als direkte Schelte am Regelungseifer des deutschen Energierechtsgesetzgebers zu verstehen ist, fühlt sich der Leser dieser Formulierungen doch an die hiesige Situation erinnert, man denke nur an die vielen Neufassungen und Modifizierungen des EEG nebst auf diesem basierenden oder auf es verweisenden Rechtsverordnungen. In der Tat bedürfen gerade die vom deutschen Gesetzgeber im Zuge der Energiewende beschworenen Investitionen in innovative Techniken eines dauerhaft-stabilen Ordnungsrahmens.[138]

Ohne eine Aktualisierung des Regulierungsrahmens besteht nach Ansicht der Kommission zugleich das Risiko, dass die Unterschiede innerhalb der Union wachsen und nur die leistungsfähigsten Mitgliedstaaten wie Deutschland dem steiler werdenden Zielpfad für den Verbrauch erneuerbarer Energien folgen, während die sog.

---

[134] Kommission, Mitteilung, Saubere Energie für alle Europäer, KOM (2016) 860 S. 11: „Die Kommission schlägt vor, bei der Reform des Energiemarktes die Position der Verbraucher zu stärken und ihnen mehr Kontrolle bei ihren Wahlmöglichkeiten in Bezug auf Energie einzuräumen. Für Unternehmen führt dies zu größerer Wettbewerbsfähigkeit. Für die Bürger bedeutet das bessere Informationen, mehr Handlungsmöglichkeiten am Energiemarkt und mehr Kontrolle über ihre Energiekosten."

[135] Kommission, Mitteilung, Saubere Energie für alle Europäer, KOM (2016) 860 final, S. 4.

[136] So die zutreffende Bewertung von *Schulz/Losch*, EnWZ 2017, 107.

[137] Kommission, Vorschlag für eine Richtlinie zur Förderung der Nutzung von Energie aus erneuerbaren Quellen (Neufassung) v. 23. 2. 2017, COM (2016) 767 final, S. 3.

[138] Zur Anreizregulierung der Energienetze *Mohr*, RdE 2017, 273 ff.

Nachzügler die Motivation verlieren könnten, ihre Produktion und ihren Verbrauch erneuerbarer Energien zu steigern. Des Weiteren wird die Konzentration der Anstrengungen auf einige wenige Mitgliedstaaten nach Bewertung der Kommission größere Kosten mit sich bringen und den Wettbewerb auf dem Energiebinnenmarkt weiter verzerren als ein einheitliches, wenn auch ggf. etwas langsameres Vorgehen. Demgemäß sollen die Mitgliedstaaten Elektrizität aus erneuerbaren Quellen zwar weiterhin durch die Umsetzung kostenwirksamer nationaler Förderregelungen unterstützen können. Diese Förderregelungen seien allerdings den binnenmarktschützenden Beihilfevorschriften und den auf EU-Ebene festgelegten Rahmenbedingungen unterworfen, darunter auch den Bestimmungen für die grenzüberschreitende Öffnung der Fördersysteme. Im Wärme- und Kältesektor soll durch die größere Marktdurchdringung von Energie aus erneuerbaren Quellen zudem ein bisher noch ungenutztes Potenzial zur Sektorkopplung erschlossen werden.[139]

In Konkretisierung der allgemeinen Ziele des Saubere-Energie-für-alle-Europäer-Pakets will die Kommission mit der novellierten Erneuerbare-Energien-Richtlinie folgende Ziele erreichen:[140] Erstens die Beseitigung der Investitionsunsicherheit unter Berücksichtigung der mittel- und langfristigen Ziele in Bezug auf die Dekarbonisierung, zweitens die Gewährleistung einer kostenwirksamen Nutzung und Marktintegration von Elektrizität aus erneuerbaren Quellen, drittens die Gewährleistung der gemeinsamen Verwirklichung der EU-weiten Zielvorgabe für 2030 in Bezug auf Energie aus erneuerbaren Quellen und die Festlegung eines politischen Rahmens in Abstimmung mit der Governance der Energieunion, sodass mögliche Lücken vermieden werden, viertens die Entwicklung des Potenzials moderner Biokraftstoffe in Bezug auf die Dekarbonisierung und Klärung der Rolle von Biokraftstoffen auf Basis von Nahrungsmittelpflanzen in der Zeit nach 2020, schließlich fünftens die Entwicklung des Potenzials erneuerbarer Energien im Wärme- und Kältesektor, also im Rahmen der Sektorkopplung. Mit Blick auf die hier behandelten Förder-Ausschreibungen stehen Ziel 1 „Investitionssicherheit", vor allem aber Ziel 2 „Marktintegration" und damit zusammenhängend Ziel 3 „gemeinsame Verwirklichung der Unionsausbauziele" durch grenzüberschreitende Ausschreibungen im Zentrum.

Art. 2 lit. i des Richtlinienentwurfs enthält eine Legaldefinition des Kernbegriffs der Förderregelung. Hierunter versteht die Kommission

„ein Instrument, eine Regelung oder einen Mechanismus, das bzw. die bzw. der von einem Mitgliedstaat oder einer Gruppe von Mitgliedstaaten angewendet wird und die Nutzung von Energie aus erneuerbaren Quellen dadurch fördert, dass die Kosten dieser Energie gesenkt werden, ihr Verkaufspreis erhöht wird oder ihre Absatzmenge durch eine Verpflichtung zur Nutzung erneuerbarer Energie oder auf andere Weise gesteigert wird. Dazu zählen unter an-

---

[139] Kommission, Vorschlag für eine Richtlinie zur Förderung der Nutzung von Energie aus erneuerbaren Quellen (Neufassung) v. 23.2.2017, COM (2016) 767 final, S. 3.

[140] Kommission, Vorschlag für eine Richtlinie zur Förderung der Nutzung von Energie aus erneuerbaren Quellen (Neufassung) v. 23.2.2017, COM (2016) 767 final, S. 5.

derem Investitionsbeihilfen, Steuerbefreiungen oder -erleichterungen, Steuererstattungen, Förderregelungen, die zur Nutzung erneuerbarer Energiequellen verpflichten, einschließlich solcher, bei denen grüne Zertifikate verwendet werden, sowie direkte Preisstützungssysteme einschließlich Einspeisetarife und Prämienzahlungen."

Auf der Grundlage dieser Legaldefinition sind die zentralen Vorgaben für die Förderung von Elektrizität aus erneuerbaren Energien in Art. 4 des Richtlinienentwurfs normiert, überschrieben mit „Finanzielle Förderung für Elektrizität aus erneuerbaren Quellen". Nach Art. 4 Abs. 1 können die Mitgliedstaaten unter Einhaltung der Beihilfevorschriften Förderregelungen anwenden, um das in Art. 3 Abs. 1 festgelegte Unionsziel von 27 Prozent Energie aus erneuerbaren Quellen am Bruttoendenergieverbrauch der Union im Jahr 2030 zu erreichen. Die Förderregelungen für Elektrizität aus erneuerbaren Energiequellen müssen unnötige Wettbewerbsverzerrungen auf den Elektrizitätsmärkten vermeiden und sicherstellen, dass die Produzenten Elektrizitätsangebot und -nachfrage sowie Beschränkungen der Netze Rechnung tragen. Es ist somit einerseits das wettbewerbsfreundlichste Förderinstrument zu wählen. Andererseits kann der Wettbewerb um den Markt im Interesse der Stabilität des Energieversorgungssystems eingeschränkt werden, indem etwa Netzengpässe beim Zubau berücksichtigt werden. In Konkretisierung dieser allgemeinen Vorgabe ist die Förderung von Elektrizität aus erneuerbaren Energiequellen nach Art. 4 Abs. 2 des Richtlinienentwurfs so zu konzipieren, dass die Elektrizität in den Markt integriert und sichergestellt wird, dass die Produzenten auf die Preissignale des Marktes reagieren und ihre Einnahmen maximieren. Angesprochen sind hierdurch u. a. die Direktvermarktung von Erneuerbare-Energien-Strom sowie die Aussetzung der Förderung bei negativen Strompreisen. Die Mitgliedstaaten müssen nach Art. 4 Abs. 3 des Entwurfs zudem dafür sorgen, dass Elektrizität aus erneuerbaren Quellen auf offene, transparente, wettbewerbsfördernde, nichtdiskriminierende und kosteneffiziente Weise gefördert wird, was de facto auf wettbewerbliche Ausschreibungen um den Fördermarkt hinaufläuft.

Bei zusammenfassender Bewertung enthalten die Fördervoraussetzungen gem. Art. 4 des Richtlinienentwurfs somit keine konkreteren Vorgaben, als sie derzeit in den Umwelt- und Energiebeihilfeleitlinien 2014 – 2020 vorgesehen sind. Andererseits nimmt Art. 4 des Entwurfs die in den EEAG normierten Vorgaben auch nicht zurück, wie der explizite Verweis auf die Beihilfevorschriften verdeutlicht. Diese Regelungstechnik wird im Schrifttum darauf zurückgeführt, dass der Unionsausschuss für Regulierungskontrolle konkrete Vorgaben im Richtlinienentwurf bezüglich der Ausschreibungen unter Verweis auf die bereits bestehenden Beihilfeleitlinien abgelehnt habe.[141] Ein derartiges Vorgehen ist freilich nur wenig überzeugend, laufen die Beihilfeleitlinien nach derzeitigem Erkenntnisstand doch just zu dem Zeitpunkt aus, in dem die neue Richtlinie in Kraft treten soll, also am 1. Januar 2021. Folgerichtig spräche Einiges dafür, die Vorgaben bezüglich der Ausschreibungen in die neue Erneuerbare-Energien-Richtlinie aufzunehmen.

---

[141] So die Bewertung von *Schulz/Losch*, EnWZ 2017, 107 (110).

Konkrete Änderungen enthält der Richtlinienentwurf mit Blick auf die für das Funktionieren eines europäischen Binnenmarkts für Energie grundlegende grenzüberschreitende Öffnung der Förderregelungen, wie sie derzeit in § 5 Abs. 2 bis 6 EEG 2017 zu finden ist. Art. 5 Abs. 1 des Richtlinienentwurfs stellt zunächst klar, dass die Mitgliedstaaten die Förderregelungen für aus erneuerbaren Quellen gewonnene Elektrizität für Produzenten mit Sitz in anderen Mitgliedstaaten öffnen müssen.[142] Nach Art. 5 Abs. 2 des Richtlinienentwurfs müssen die Mitgliedstaaten dafür Sorge tragen, dass nicht wie derzeit nur 5 Prozent, sondern mindestens 10 Prozent der in jedem Jahr zwischen 2021 und 2025 und sogar mindestens 15 Prozent der in jedem Jahr zwischen 2026 und 2030 neu geförderten Kapazität für Anlagen in anderen Mitgliedstaaten offenstehen. Derartige Förderregelungen können nach Art. 5 Abs. 3 des Richtlinienentwurfs u. a. durch offene Ausschreibungen, gemeinsame Ausschreibungen wie nach § 5 Abs. 2 bis 6 EEG 2017, offene Bescheinigungsregelungen oder gemeinsame Förderreglungen für die grenzüberschreitende Beteiligung geöffnet werden. Die Anrechnung von Elektrizität aus erneuerbaren Quellen, die im Rahmen derartiger Förderregelungen gefördert wird, auf die Beiträge der einzelnen Mitgliedstaaten soll künftig nach Maßgabe von Kooperationsvereinbarungen ermittelt werden, in denen die Vorschriften für die grenzüberschreitende Auszahlung der Mittel festgelegt sind, gemäß dem Grundsatz, dass die Energie dem Mitgliedstaat anzurechnen ist, der die Anlage finanziert. Nach Art. 5 Abs. 4 des Entwurfs will die Kommission schließlich bis 2025 die Vorteile der in diesem Artikel festgelegten Bestimmungen für den kostenwirksamen Einsatz von Elektrizität aus erneuerbaren Energiequellen in der Union bewerten. Auf der Grundlage dieser Bewertung kann die Kommission sodann vorschlagen, die in Absatz 2 genannten Prozentsätze weiter zu erhöhen. Letzteres kann man aus heutiger Sicht fast schon als Absichtserklärung verstehen, mit anderen Worten: Den grenzüberschreitenden Ausschreibungen gehört die Zukunft. Anders als nach § 5 Abs. 3 EEG 2017 lassen sich aus Art. 5 des Richtlinienentwurfs keine Anforderungen an die gegenseitige Öffnung der Förderregelungen entnehmen, geschweige denn an die physikalisch problematische tatsächliche Lieferung der geförderten Elektrizität in das fördernde Land.[143] Vor diesem Hintergrund bleibt abzuwarten, ob Deutschland seine Verpflichtungen nach der neuen Richtlinie auf der Grundlage seiner bisherigen restriktiven Vereinbarungspraxis mit anderen Mitgliedstaaten fortführen können wird, da sich potentielle Vertragspartner nicht auf diese einlassen müssen.

Im Interesse der Ausbaueffektivität – wie gesehen erwartet die Kommission in Europa Investitionen in erneuerbare Energien in dreistelliger Milliardenhöhe – soll den Unternehmen ein hinlängliches Maß an Investitionssicherheit gewährt werden. Demgemäß sieht der Richtlinienentwurf zwar keine detaillierten Vorgaben für die Förderregelungen, namentlich für die von der Kommission favorisierten Ausschreibungen vor, aber in Art. 6 immerhin eine Verpflichtung auf die „Stabilität

---

[142] Die konkreten Modalitäten für die Öffnung der nationalen Förderregime sind in Art. 8 bis 14 des Richtlinienentwurfs enthalten.

[143] Ebenso *Schulz/Losch*, EnWZ 2017, 107 (111).

der finanziellen Förderung". Hiernach stellen die Mitgliedstaaten – unbeschadet der zur Einhaltung der Beihilfevorschriften erforderlichen Anpassungen – sicher, dass die Höhe der Förderung für Projekte im Bereich der Energie aus erneuerbaren Quellen sowie die damit verknüpften Bedingungen nicht in einer Weise überarbeitet werden, die sich negativ auf die daraus erwachsenden Rechte und die Wirtschaftlichkeit der geförderten Projekte auswirkt. Aus diesen Vorgaben wird man einen gewissen Bestandsschutz für Investoren ableiten können, der aber sicherlich kein Recht auf ein Behaltendürfen von Überförderungen beinhaltet, wie dies zuweilen unter Geltung des EEG vor dem Jahr 2014 vertreten wurde.[144] Ergänzend normiert Art. 15 Abs. 3 des Richtlinienentwurfs, dass Investoren ausreichend Sicherheit in Bezug auf die geplante Förderung von Energie aus erneuerbaren Quellen haben müssen, weshalb die Mitgliedstaaten langfristige Zeitpläne für die erwartete Zuteilung von Fördermitteln erstellen und veröffentlichen, die sich zumindest auf die folgenden drei Jahre erstrecken und einen vorläufigen Zeitplan für jede Regelung, die Kapazität, die voraussichtlich zuzuteilenden Mittel sowie eine Konsultation der Interessenträger zum Förderkonzept umfassen. Eine Änderung des Förderregimes wäre damit künftig wohl – vorbehaltlich ihrer beihilferechtlichen Zulässigkeit – erst mit dreijährigem Vorlauf möglich.

Bedeutsam im Hinblick auf die Förderung durch wettbewerbliche Ausschreibungen – in Deutschland von Betreibern von Windenergieanlagen an Land[145] – sind schließlich die geplanten Regelungen bezüglich sog. Erneuerbare-Energien-Gemeinschaften. Nach Erwägungsgrund 54 des Entwurfs habe die lokale Bürgerbeteiligung an Projekten für erneuerbare Energien durch Erneuerbare-Energien-Gemeinschaften in Bezug auf die Akzeptanz von erneuerbaren Energien und den Zugang zu zusätzlichem Privatkapital erheblichen Mehrwert gebracht. Dieses Engagement vor Ort werde vor dem Hintergrund der zunehmenden Kapazität zur Erzeugung erneuerbarer Energien in Zukunft umso wichtiger. Woher die Kommission diese Erkenntnis hat, bleibt im Unklaren. Ein entsprechender Einfluss deutscher Stellen ist sicherlich nicht ganz fernliegend.[146] Nach Erwägungsgrund 55 des Entwurfs könnten die Besonderheiten der lokalen Erneuerbare-Energien-Gemeinschaften hinsichtlich der Größe, der Eigentümerstruktur und der Zahl der Projekte ihre Wettbewerbsfähigkeit auf Augenhöhe mit größeren Akteuren einschränken. Diese Nachteile seien aus gesellschaftspolitischen Gründen – d. h. nicht aus wettbewerbspolitischen Gründen – auszugleichen, damit die Energiegemeinschaften im Energiesystem tätig sein könnten und in den Markt integriert würden. Wie die nicht allein positiven Erfahrungen mit der Beteiligung von Bürgerenergiegesellschaften gem. § 36 g EEG 2017 an den ersten Ausschreibungsrunden gezeigt haben,[147] ist eine Erleichterung der Marktintegration von Energiegemeinschaften allerdings nur insoweit begründet, als diese In-

---

[144] Siehe zu den primärrechtlichen Grenzen des Vertrauensschutzes – konkret mit Blick auf das Kartellverbot gem. Art. 101 AEUV – *Mohr*, ZWeR 2011, 383 ff.

[145] Siehe zu den Bürgerenergiegesellschaften noch III. 1. c).

[146] Ähnlichkeiten zum EEG 2017 machen aus *Schulz/Losch*, EnWZ 2017, 107 (112).

[147] Siehe noch III. 1. c).

tegration gegenüber anderen Marktakteuren nachweislich erschwert ist. Demgemäß normiert Art. 22 Abs. 1 des Entwurfs, dass Erneuerbare-Energien-Gemeinschaften lediglich berechtigt sind, Energie aus erneuerbaren Quellen zu erzeugen, verbrauchen, speichern und mittels Strombezugsverträgen zu verkaufen, ohne unverhältnismäßigen Verfahren und Gebühren unterworfen zu sein, die nicht kostenorientiert sind. Für die Zwecke dieser Richtlinie bezeichnet der Begriff einer Gemeinschaft im Bereich der Energie aus erneuerbaren Quellen dabei ein kleines oder mittleres Unternehmen (KMU) oder eine gemeinnützige Organisation, dessen/deren Anteilseigner oder Mitglieder im Rahmen der Erzeugung, Verteilung und Speicherung von sowie der Versorgung mit Energie aus erneuerbaren Quellen zusammenarbeiten und mindestens vier näher aufgeführte Kriterien erfüllen. Diese Kriterien sind nicht deckungsgleich mit denjenigen in § 3 Nr. 15 EEG 2017, weshalb insoweit Anpassungsbedarf bestünde.[148] Unbeschadet der Vorschriften für staatliche Beihilfen berücksichtigen die Mitgliedstaaten bei der Konzipierung von Förderregelungen nach Art. 22 Abs. 2 des Entwurfs die Besonderheiten der Erneuerbare-Energien-Gemeinschaften. Unzulässige Beihilfen durch nicht gerechtfertigte Fördererleichterungen an Bürgerenergiegesellschaften liegen damit weiterhin im Blickfeld des von der Kommission exekutierten europäischen Beihilferechts.

2. Kraft-Wärme-Kopplungs-Gesetz

a) Die KWK-Richtlinie 2004/8/EG und die Energieeffizienzrichtlinie 2012/27/EU

Der unionsrechtliche Rahmen für die KWK-Förderung wurde zunächst maßgeblich durch die sog. KWK-Richtlinie 2004/8/EG geprägt,[149] später in Teilen durch die VO (EG) Nr. 219/2009 modifiziert.[150] Gem. Art. 1 bezweckte die RL 2004/8/EG, die Energieeffizienz zu erhöhen und die Versorgungssicherheit zu verbessern, indem ein Rahmen für die Förderung und Entwicklung einer hocheffizienten, am Nutzwärmebedarf orientierten und auf Primärenergieeinsparungen ausgerichteten Kraft-Wärme-Kopplung im Energiebinnenmarkt unter Berücksichtigung der spezifischen einzelstaatlichen Gegebenheiten geschaffen wird, insbesondere klimatischer und wirtschaftlicher Art. Die Richtlinie formulierte allerdings weder verbindliche Ziele noch verpflichtete sie die Mitgliedstaaten zur Förderung von Kraft-Wärme-Kopplung durch konkret vorgegebene Maßnahmen. Vielmehr stellte sie nur Grundprinzipien auf, die zum Teil nach dem Vorbild des deutschen KWKG formuliert, je-

---

[148] *Schulz/Losch*, EnWZ 2017, 107 (112).

[149] Richtlinie vom 11.2.2004 über die Förderung einer am Nutzwärmebedarf orientierten Kraft-Wärme-Kopplung im Energiebinnenmarkt und zur Änderung der Richtlinie 92/42/EWG, ABl.EU Nr. L 52/50 v. 21.2.2004.

[150] Verordnung v. 11.3.2009 zur Anpassung einiger Rechtsakte, für die das Verfahren des Artikels 251 des Vertrags gilt, an den Beschluss 1999/468/EG des Rates in Bezug auf das Regelungsverfahren mit Kontrolle, Anpassung an das Regelungsverfahren mit Kontrolle – Zweiter Teil, ABl.EU Nr. L 87/109 v. 31.3.2009.

denfalls wohl auch durch dieses inspiriert waren.[151] Es drängen sich gewisse Parallelen zur oben geschilderten Genese der EEAG auf.[152] Nach Art. 7 RL 2004/8/EG mussten die Mitgliedstaaten immerhin sicherstellen, dass sich eine Förderung der Kraft-Wärme-Kopplung am Nutzwärmebedarf und an den Primärenergieeinsparungen orientiert, wobei auch die Senkung der Energienachfrage durch andere wirtschaftlich tragbare oder dem Umweltschutz förderliche Maßnahmen und andere Maßnahmen im Bereich der Energieeffizienz zu erwägen war. Im vorliegenden (Ausschreibungs-)Kontext war insbesondere Art. 7 Abs. 2 RL 2004/8/EG bedeutsam, wonach die Kommission die Anwendung von Fördermechanismen in den Mitgliedstaaten bewertete, durch die ein KWK-Erzeuger aufgrund von Regelungen, die von öffentlichen Stellen erlassen worden sind, direkt oder indirekt gefördert wird, und die eine Beschränkung des Handels zur Folge haben konnten. Die Vorschrift stellte ergänzend – mit Blick auf die Normhierarchie deklaratorisch – klar, dass die Überwachung der mitgliedstaatlichen Förderregelungen anhand der Richtlinie die Anwendung der primärrechtlich fundierten Beihilferegelungen gem. Art. 87 und 88 EG aF. (heute: Art. 107 und 108 AEUV) nicht beeinträchtigte. Auch dies entspricht der Rechtslage hinsichtlich der erneuerbaren Energien.

Nach dem bereits geschilderten – durch § 6 Abs. 1 KWKG 2017 bezüglich Kohle eingeschränkten – Grundsatz der Technologieneutralität können KWK-Anlagen nicht nur mit fossilen, sondern auch mit erneuerbaren Energiequellen betrieben werden, was unionsrechtlich eine Abgrenzung zum Recht der erneuerbaren Energien erforderlich macht.[153] Die Erneuerbare-Energien-Richtlinie 2009/28/EG regelt das Verhältnis zur Kraft-Wärme-Kopplung, zur Fernwärme und zur Fernkälte ansatzweise in ihren Art. 13 Abs. 3, 4 sowie in Art. 14 Abs. 5. Den Mitgliedstaaten wird insoweit aufgegeben, ihre KWK-Vorschriften insoweit zu ändern, als ein Mindestmaß an erneuerbaren Energien genutzt wird, wobei dieses Mindestmaß nicht konkret spezifiziert wird. Zudem soll bei der Planung, dem Entwurf, dem Bau und der Renovierung von Industrie- oder Wohngebieten eine optimale Kombination von erneuerbaren Energiequellen, hocheffizienten Technologien sowie Fernwärme und Fernkälte sichergestellt werden.[154]

Im Jahr 2012 wurde die KWK-Richtlinie 2004/8/EG novelliert und mit der früheren Energieeffizienzrichtlinie zur neuen Energieeffizienzrichtlinie 2012/27/EU zusammengefasst.[155] In dieser bleiben die Regelungen der KWK-Richtlinie jeden-

---

[151] *Topp*, in: Danner/Theobald, Energierecht, 82. EL 2014, Nr. 76 Fernwärmerecht Rn. 14.

[152] Siehe II. 1. c).

[153] Zum deutschen Recht siehe die Einleitung I. 1.

[154] Näher *Topp*, in: Danner/Theobald, Energierecht, 82. EL 2014, Nr. 76 Fernwärmerecht Rn. 19.

[155] Richtlinie v. 25. 10. 2012 zur Energieeffizienz, zur Änderung der Richtlinien 2009/125/EG und 2010/30/EU und zur Aufhebung der Richtlinien 2004/8/EG und 2006/32/EG, ABl.EU Nr. L 315/1 v. 14. 11. 2012.

falls im Ausgangspunkt unverändert.[156] Relevant sind vorliegend insbesondere die
Art. 14 ff. RL 2012/27/EU über die „Effizienz bei der Energieversorgung". Gem.
Art. 14 Abs. 11 der RL 2012/27/EU stellen die Mitgliedstaaten sicher, dass jede verfügbare Förderung der Kraft-Wärme-Kopplung davon abhängig gemacht wird, dass
der erzeugte Strom aus hocheffizienter Kraft-Wärme-Kopplung stammt und die Ab-
wärme wirksam zur Erreichung von Primärenergieeinsparungen genutzt wird. Die
staatliche Förderung der Kraft-Wärme-Kopplung sowie der Fernwärmeerzeugung
und Fernwärmenetze unterliegt zudem primärrechtskonform den Vorschriften über
staatliche Beihilfen, da und sofern diese – wie noch zu zeigen ist – anwendbar sind.

b) Marktintegration durch Beihilferecht

Im Hinblick auf die unspezifischen Vorgaben der RL 2012/27/EU überrascht es
bei der Kraft-Wärme-Kopplung nicht, dass der unionsrechtliche Förderrahmen hier
genauso wie bei den erneuerbaren Energien in wesentlichen Gesichtspunkten durch
das Beihilferecht bestimmt wird.[157] In der Tat erfassen die EEAG nicht nur Beihilfen
für erneuerbare Energien, sondern auch solche für Energieeffizienzmaßnahmen einschließlich Kraft-Wärme-Kopplung, Fernwärme und Fernkälte.[158] Die EEAG defi-
nieren die Kraft-Wärme-Kopplung als die in ein und demselben Prozess gleichzeitig
erfolgende Erzeugung thermischer Energie und elektrischer und/oder mechanischer
Energie.[159] Als „hocheffiziente Kraft-Wärme-Kopplung" wird eine solche angesehen, die der Begriffsbestimmung in Art. 2 Nr. 34 RL 2012/27/EU entspricht.[160]
Um sicherzustellen, dass Beihilfen zu einer Verbesserung des Umweltschutzes beitragen, werden diese für Fernwärme und Fernkälte sowie für Kraft-Wärme-Kopplung nur dann als binnenmarktkonform angesehen, wenn sie für Investitionen in
hocheffiziente Kraft-Wärme-Kopplung und in energieeffiziente Fernwärme und
Fernkälte gewährt werden, einschließlich Modernisierungen.[161] Im Einzelnen gelten
nach den EEAG folgende Fördervoraussetzungen:[162] Eine Beihilfe ist auf den Ausgleich der mit der Investition verbundenen Produktionsmehrkosten (netto) unter Be-

---

[156] So *Topp*, in: Danner/Theobald, Energierecht, 82. EL 2014, Nr. 76 Fernwärmerecht
Rn. 18.

[157] *Lührig*, in: BerlKommEnR, 3. Aufl. 2014, Einleitung KWKG Rn. 38 ff., insb. Rn. 51 ff.,
der jedoch bezüglich des Umlagemechanismus zu Unrecht die Staatlichkeit der Mittel ver-
neint (Rn. 55).

[158] Kommission, Leitlinien für staatliche Umweltschutz- und Energiebeihilfen, ABl.EU Nr.
C 200/1 v. 28. 6. 2014, Rn. 18.

[159] Kommission, Leitlinien für staatliche Umweltschutz- und Energiebeihilfen, ABl.EU Nr.
C 200/1 v. 28. 6. 2014, Rn. 19 lit. 12.

[160] Kommission, Leitlinien für staatliche Umweltschutz- und Energiebeihilfen, ABl.EU Nr.
C 200/1 v. 28. 6. 2014, Rn. 19 lit. 13.

[161] Kommission, Leitlinien für staatliche Umweltschutz- und Energiebeihilfen, ABl.EU Nr.
C 200/1 v. 28. 6. 2014, Rn. 139.

[162] Kommission, Leitlinien für staatliche Umweltschutz- und Energiebeihilfen, ABl.EU Nr.
C 200/1 v. 28. 6. 2014, Rn. 139.

rücksichtigung der Vorteile aus der Energieeinsparung beschränkt. Bei der Ermittlung des Betrags der Betriebsbeihilfe müssen Investitionsbeihilfen von den Produktionskosten abgezogen werden, die dem betreffenden Unternehmen für die neue Anlage gewährt wurden (lit. a). Zudem darf die Laufzeit der Betriebsbeihilfe lediglich auf fünf Jahre beschränkt sein (lit. b). Allerdings können Betriebsbeihilfen für KWK-Anlagen mit hoher Energieeffizienz unter den Voraussetzungen gewährt werden, die nach Abschnitt 3.3.2.1 EEAG für Betriebsbeihilfen zur Förderung von Strom aus erneuerbaren Energiequellen gelten, sofern es sich bei den Fördernehmern entweder um solche handelt, die Strom und Wärme für die Allgemeinheit erzeugen, wenn die Kosten für die Erzeugung dieses Stroms oder dieser Wärme über den Marktpreisen liegen (lit. a), oder um Kraft-Wärme-Kopplung einsetzende Industrieunternehmen, wenn die Kosten für die Erzeugung einer Energieeinheit mit dieser Technik nachweisbar über dem Marktpreis für eine Einheit konventionell erzeugter Energie liegen (lit. b).

Die in Bezug genommenen Regelungen der EEAG über Betriebsbeihilfen für erneuerbare Energien in Abschnitt 3.3.2.1 betonen ihrerseits, dass die KWK-Beihilfeempfänger ihren Strom direkt auf dem Markt verkaufen und Marktverpflichtungen unterliegen müssen.[163] Ab dem 1. Januar 2017 gilt zudem – wie oben gesehen[164] – eine Pflicht zur Ermittlung der Förderberechtigungen und Förderhöhen durch Ausschreibungen anhand eindeutiger, transparenter und diskriminierungsfreier Kriterien, es sei denn, einer der geschilderten Ausnahmetatbestände greift ein. Auch insoweit bleiben nach den EEAG allerdings die Pflichten zur Marktintegration, insbesondere zur Direktvermarktung unberührt.[165] Zudem dürfen die Beihilfen auch bei Eingreifen eines Ausnahmetatbestands nicht über der Differenz zwischen den Gesamtgestehungskosten der mit der jeweiligen Technologie erzeugten Energie (*levelized costs of producing energy* – LCOE) und dem Marktpreis der jeweiligen Energieform liegen, wobei die LCOE eine normale Kapitalrendite umfassen können. Bei der Berechnung der LCOE werden aber Investitionsbeihilfen vom Gesamtbetrag der Investition abgezogen. Die Erzeugungskosten müssen zudem regelmäßig, mindestens jedoch jährlich aktualisiert werden. Schließlich werden die Beihilfen nur bis zur vollständigen Abschreibung der Anlage nach den üblichen Rechnungslegungsstandards gewährt, um zu verhindern, dass die auf den LCOE beruhende Betriebsbeihilfe die Abschreibung der Investition übersteigt.[166] Die von den KWK-Ausschreibungen ausgenommenen Anlagen – nach § 5 Abs. 1 Nr. 1 KWKG 2017 sind dies neue KWK-Anlagen mit einer elektrischen Leistung bis einschließlich 1 oder mehr als 50 MW (lit. a), modernisierte KWK-Anlagen mit einer elektrischen Leis-

---

[163] Kommission, Leitlinien für staatliche Umweltschutz- und Energiebeihilfen, ABl.EU Nr. C 200/1 v. 28.6.2014, Rn. 124.

[164] Siehe II. 1. b).

[165] Kommission, Leitlinien für staatliche Umweltschutz- und Energiebeihilfen, ABl.EU Nr. C 200/1 v. 28.6.2014, Rn. 128 i.V.m. Rn. 124.

[166] Kommission, Leitlinien für staatliche Umweltschutz- und Energiebeihilfen, ABl.EU Nr. C 200/1 v. 28.6.2014, Rn. 128 i.V.m. Rn. 131.

tung bis einschließlich 1 oder mehr als 50 MW (lit. b) oder nachgerüstete KWK-An-lagen (lit. c) – unterliegen künftig somit einer Kontrolle der Gestehungskosten an-hand des Maßstabs einer effizienten Leistungserbringung.

c) Beihilferechtliche Beurteilung des KWKG

Nach Einschätzung der Bundesregierung stellt eine effiziente Kraft-Wärme-Kopplung bis auf weiteres einen zentralen Baustein für eine nachhaltige Energiever-sorgung in Deutschland und damit für die Umsetzung der Energiewende dar.[167] Mit dem KWKG 2016 strebte der deutsche Gesetzgeber deshalb eine Anpassung des Rechts der Kraft-Wärme-Kopplung an veränderte tatsächliche Rahmenbedingungen an. Wesentlicher Bestandteil der Neufassung des KWKG im Jahr 2016 war eine grundlegende Neugestaltung der Förderung von KWK-Anlagen. Nach dem auch heute noch geltenden § 3 Abs. 1 KWKG 2016 sind Verteilernetzbetreiber verpflich-tet, KWK-Anlagen unverzüglich und vorrangig an ihr Netz anzuschließen und den erzeugten Strom physikalisch abzunehmen.[168] Anders als zuvor sind die Betreiber von KWK-Anlagen mit einer elektrischen KWK-Leistung von mehr als 100 kW auf der Grundlage des § 4 Abs. 1 KWK 2016 aber verpflichtet, den erzeugten Strom direkt zu vermarkten. Eine kaufmännische Abnahme des Stroms ist damit aus-geschlossen.[169] Weitere – vorliegend nicht zu vertiefende – Eckpfeiler der KWK-Re-form 2016 waren der Ausstieg aus der Kohle-KWK, die Einschränkung der Eigen-stromversorgung mit einer Privilegierung stromintensiver Unternehmen, die Einfüh-rung einer Bestandsförderung[170] sowie nicht zuletzt die Erhöhung von Vergütungs-sätzen für Strom, der in ein Netz der allgemeinen Versorgung eingespeist wird.[171]

Anders als das EEG 2014 enthielt das KWKG 2016 noch keine Ausschreibungs-regelungen. Mit § 35 Abs. 12 KWKG 2016 stellte der Gesetzgeber die administra-tiven Förderregelungen aber unter den Vorbehalt der beihilferechtlichen Genehmi-gung durch die Kommission.[172] Infolge dieser Übergangsregelung konnte das zustän-dige Bundesamt für Wirtschaft und Ausfuhrkontrolle (BAFA) zunächst keine Zulas-sungen und auch keine Vorbescheide erstellen, was zahlreiche KWK-Projekte stoppte. Obwohl die geplanten Änderungen der Kommission bereits im August 2015 notifiziert worden waren,[173] dauerte es bis zum August 2016, bis die Bundes-regierung mit der Kommission im Zuge der Verhandlungen über das EEG 2017 auch

---

[167] BT-Drs. 18/12375 v. 17.5.2017, S. 50.

[168] Vgl. *Kachel*, EnWZ 2016, 51 (52).

[169] Vgl. *Kachel*, EnWZ 2016, 51 (52).

[170] Vgl. § 13 KWKG 2016. Durch diese Norm soll eine Stilllegung von KWK-Anlagen und ein damit verbundener dauerhafter Verlust von Wärmesenken durch Umstellung auf eine entkoppelte Bereitstellung von Strom und Wärme verhindert werden; vgl. BT-Drucks. 18/6419 v. 19.10.2015, S. 46; *Schäfer-Stradowsky/Doderer*, EnWZ 2017, 153 (157).

[171] *Nebel*, jurisPR-UmwR 9/2016, Anm. 1.

[172] Vgl. BR-Drs. 594/15 v. 4.12.2015, S. 23.

[173] Vgl. die Antwort der Bundeswirtschaftsministerin *Zypries*, BT-Drs. 18/8281, S. 1.

eine informelle Einigung über die beihilferechtliche Zulässigkeit eines neuen KWKG erzielen konnte.[174] Im Kern liefen die gebotenen Änderungen darauf hinaus, die Kraft-Wärme-Kopplung an die EEAG anzupassen.[175] Erstens einigte man sich darauf, die Förderberechtigungen und Förderhöhen für alle KWK-Anlagen mit einer elektrischen Leistung zwischen 1 MW und 50 MW auszuschreiben, wobei die Eigenversorgung analog zum EEG ausgeschlossen sein sollte.[176] Demgemäß gründet die Einführung von Ausschreibungen zur Ermittlung der Höhe der Zuschlagszahlung für Elektrizität aus bestimmten KWK-Anlagen nach der Regierungsbegründung zwar auch darauf, dass es sich bei den Ausschreibungen um ein effizientes, wettbewerbliches Verfahren handle, und man mit der FFAV bereits positive Erfahrungen gesammelt habe. Man wolle jedoch vor allem die Vorgaben der EEAG erfüllen.[177] Vor diesem legislativen Hintergrund sind die Regelungen der KWK-Ausschreibungen ebenso wie diejenigen der EEG-Ausschreibungen unionsrechtskonform, genauer: beihilferechtskonform auszulegen. Anlagen mit einer Leistung unter 1 MW oder über 50 MW kommen gem. § 5 Abs. 1 Nr. 1 KWKG 2017 unter den Voraussetzungen der §§ 6 bis 8 KWKG 2017 weiterhin in den Genuss administrativ vorgegebener Fördersätze. Während Anlagen unter 1 MW von den EEAG ausgenommen sind, gründet die Herausnahme von Anlagen über 50 MW auf Verhandlungen zwischen der Bundesregierung und der Kommission.[178] Zweitens einigten sich die Bundesregierung und die Kommission darauf, dass die KWK-Förderung künftig für ausländische Anlagen geöffnet wird, wie dies der Rechtslage gem. § 5 Abs. 2–6 EEG 2017 entspricht. Drittens sollen – ebenso wie nach §§ 39j, 88d EEG 2017 – im Rahmen von Pilotausschreibungen innovative KWK-Anlagen gefördert werden, selbst wenn diese über die Vorgaben des KWKG hinausgehen und deshalb dort aufgrund höherer Kosten nicht förderfähig wären. Viertens und Letztens ist die Privilegierung der stromkostenintensiven Unternehmen beihilferechtskonform auszugestalten, indem sich § 27 KWKG 2017 über die begrenzte KWKG-Umlage bei solchen Unternehmen an die Besondere Ausgleichsregelung des EEG 2017 anlehnt. Letzteres ist hier nicht zu vertiefen.

Auf der Grundlage der endgültigen Genehmigung der Kommission vom Oktober 2016[179] und des „Gesetzes zur Änderung der Bestimmungen zur Stromerzeugung aus

---

[174] BMWi, Überblick über die erzielte Verständigung mit der EU-Kommission zum Energiepaket v. 30.8.2016, abrufbar unter https://www.bmwi.de/Redaktion/DE/Downloads/E/energiepaket-ueberblick-verstaendigung-eu-kommission.html (letzter Abruf 15.9.2017).

[175] Siehe auch *Nebel*, jurisPR-UmwR 9/2016, Anm. 1.

[176] Vgl. jetzt § 8 Abs. 2 S. 2 EEG 2017.

[177] BT-Drs. 18/10209 v. 7.11.2016, S. 75.

[178] Ebenfalls auf der Grundlage administrativ festgelegter Fördersätze kann künftig die Förderung von Wärmenetzen (§ 19 KWKG 2017), von Wärmespeichern (§ 23 KWKG 2017), von Kältenetzen (§ 21 i.V.m. § 19 KWKG 2017) und von Kältespeichern erfolgen (§ 25 i.V.m. § 23 KWKG 2017); näher *Riggert/Faßbender*, EnWZ 2017, 295 (298).

[179] Kommission, Genehmigung der Förderung nach dem KWKG v. 24.10.2016, SA 42393 (2016/C).

Kraft-Wärme-Kopplung und zur Eigenversorgung" vom 22. Dezember 2016 trat das geänderte KWKG 2017 zum 1. Januar 2017 in Kraft.[180] Hiernach bleiben die allgemeinen Fördervoraussetzungen für neue, modernisierte und nachgerüstete Anlagen im Vergleich zum KWKG 2016 unverändert, auch soweit Förderberechtigungen und Förderhöhen nunmehr durch Ausschreibungen zu ermitteln sind.[181] Die Zulassung durch das BAFA setzt nach § 6 Abs. 1 Nr. 1 KWKG 2017 voraus, dass eine KWK-Anlage bis zum 31. Dezember 2022 erstmals oder erneut in Dauerbetrieb genommen wird. Eine Förderung nach diesem Zeitpunkt ist derzeit nicht vorgesehen, mit Blick auf den Prüfauftrag in § 8c S. 2 KWKG 2017 aber jedenfalls nicht kategorisch auszuschließen.[182]

III. Rechtslage in Deutschland

Kommen wir nun zur Rechtslage in Deutschland, beginnend mit dem EEG 2017.

1. Erneuerbare-Energien-Gesetz 2017

a) Technologieübergreifende, aber nicht technologieneutrale Ausschreibungen

Die Anspruchsgrundlage für eine Förderung von Anlagen zur Erzeugung von Elektrizität aus regenerativen Energiequellen findet sich in § 19 EEG 2017.[183] Nach § 19 Abs. 1 Nr. 1 EEG 2017 haben Betreiber von Anlagen, in denen ausschließlich erneuerbare Energien oder Grubengas eingesetzt werden, für den dort erzeugten Strom gegen den Netzbetreiber einen Anspruch auf die Marktprämie nach § 20 EEG 2017 (Nr. 1) oder auf eine Einspeisevergütung nach § 21 EEG 2017 (Nr. 2). Das Rangverhältnis zwischen diesen beiden Alternativen bestimmt sich nach § 22 Abs. 1 EEG 2017, wonach die Bundesnetzagentur (BNetzA) die Anspruchsberechtigten und den anzulegenden Wert für Strom aus Windenergieanlagen an Land, Solaranlagen, Biomassenanlagen und Windenergieanlagen auf See grundsätzlich durch Ausschreibungen nach den §§ 28 bis 39j EEG 2017 ermittelt, auch in Verbindung mit den Rechtsverordnungen nach den §§ 88 bis 88d EEG 2017. Mit Blick auf die Pflicht zur Direktvermarktung gem. §§ 2 Abs. 2, 19 Abs. 1 Nr. 1 EEG 2017 beziehen sich die Gebote dabei nicht auf einen absoluten Förderbetrag, sondern auf den „anzulegenden Wert" für den erzeugten Strom i.S.d. § 3 Nr. 3 EEG 2017 sowie auf eine in Kilowatt anzugebende Anlagenleistung, die Gebotsmenge i.S.d. § 3 Nr. 24 EEG

---

[180] Art. 19 des Gesetzes zur Änderung der Bestimmungen zur Stromerzeugung aus Kraft-Wärme-Kopplung und zur Eigenversorgung v. 22.12.2016, BGBl. I v. 28.12.2016, S. 3106.

[181] *Riggert/Faßbender*, EnWZ 2017, 295 (297).

[182] *Riggert/Faßbender*, EnWZ 2017, 295 (297).

[183] Zum Entwurf des EEG 2016 bereits *Mohr*, VersorgW 2016, 165 (168).

2017. Wie wir noch sehen werden, liegt hierin ein zentraler Unterschied zur Kraft-Wärme-Kopplung.

Die übergreifenden Anforderungen an die Gebote finden sich in § 30 EEG 2017. Die Gebote beziehen sich hiernach ebenso wie entsprechende Zuschläge allein auf Anlagen, die an einem bestimmten, gesetzlich zulässigen Standort errichtet werden.[184] Zuschläge für Windenergieanlagen an Land gem. § 36 f Abs. 1 EEG 2017 sind nicht übertragbar. Demgegenüber können Zuschläge für Solaranlagen unter bestimmten Umständen – nach den §§ 23 Abs. 3 Nr. 8 lit. b, 54 Abs. 2 EEG 2017 verbunden mit einem Abschlag auf die Förderzahlung – solange auf Dritte übertragen werden, bis nach § 38a Abs. 4 EEG 2017 eine Zahlungsberechtigung ausgestellt wird. Gem. § 30 Abs. 2 S. 1 EEG 2017 beträgt die Mindestgebotsmenge für ein Gebot für Windenergieanlagen an Land und für Solaranlagen 750 kW. Für Anlagen, die diesen Wert unterschreiten, wird die Förderhöhe weiterhin gesetzlich festgelegt, ohne dass die Anlagenbetreiber freiwillig an Ausschreibungen teilnehmen können.[185] Die vorstehenden Mindestwerte gründen sicherlich auch auf den besonderen Marktstrukturen der einzelnen Technologiemärkte, vor allem aber auf dem politischen Ziel, die durch kleine und mittlere Unternehmen geprägte Vielfalt an Anlagenbetreibern, die sog. Akteursvielfalt aufrechtzuerhalten.[186] Wie noch zu zeigen ist, stellt eine möglichst kleinteilige Marktstruktur aus kompetitiver Sicht aber keinen Wert an sich dar. Auch politisch erscheint es zweifelhaft, ob die Beteiligung von tendenziell wohlhabenden Privatbürgern an Windenergieanlagen tatsächlich zu einer höheren Akzeptanz der Anlagen und der entsprechenden Leitungstrassen führen wird.

Erneuerbare-Energien-Ausschreibungen werden künftig mehrfach pro Jahr durchgeführt, wobei sich die technologiespezifischen Ausschreibungstermine und Ausschreibungsvolumina aus § 28 EEG 2017 ergeben. Die BNetzA macht die Ausschreibungen gem. § 29 Abs. 1 S. 1 EEG 2017 frühestens acht Wochen und spätestens fünf Wochen vor dem jeweiligen Gebotstermin für den jeweiligen Energieträger auf ihrer Internetseite bekannt, wobei es sich um eine Ordungsvorschrift handelt. Die Bekanntmachung bezieht sich u. a. auf den Gebotstermin, das Ausschreibungsvolumen und den technologiespezifisch unterschiedlichen Höchstwert (vgl. die §§ 36b und 37b EEG 2017), der somit nicht verdeckt, sondern offen vorgegeben wird.

Im Anschluss an die Bekanntmachung geben die Bieter gem. § 30 EEG 2017 einmalig verdeckte Gebote für eine bestimmte Anlage, eine bestimmte Gebotsmenge in kW und einen bestimmten Gebotswert ab, wobei der Gebotswert gem. § 3 Nr. 26 EEG 2017 der anzulegende Wert i.S.v. § 3 Nr. 3 EEG 2017 ist. Eine Besonderheit ergibt sich für Windenergieanlagen an Land, bei denen sich der Gebotswert gem. § 30 Abs. 1 Nr. 5 EEG 2017 auf einen Referenzstandort i.S. der Anlage 3 Nr. 4 zum EEG 2017 beziehen muss. Gem. § 32 Abs. 1 EEG 2017 sortiert die BNetzA die fristgerecht eingegangenen und nach §§ 33, 34 EEG 2017 nicht ausgeschlossenen

---

[184] § 30 Abs. 1 Nr. 6 EEG 2017; siehe BT-Drs. 18/8860 v. 21. 6. 2016, S. 204.

[185] BT-Drs. 18/8860 v. 21. 6. 2016, S. 204.

[186] BT-Drs. 18/8860 v. 21. 6. 2016, S. 147; siehe schon *Mohr*, VersorgW 2016, 165 (168).

Gebote. Die Behörde erteilt sodann den niedrigsten Geboten einen Zuschlag, bis das Ausschreibungsvolumen erschöpft ist. Die Preisfindung erfolgt gem. § 3 Nr. 51 EEG 2017 somit grundsätzlich nach dem sog. *Pay-as-bid*-Verfahren, weshalb jeder erfolgreiche Anlagenbetreiber grundsätzlich die individuelle von ihm gebotene Fördersumme erhält.[187] Eine wichtige Ausnahme für Windenergieanlagen an Land enthält das nachstehend noch zu erörternde Referenzertragsmodell,[188] das den Zuschlagswert in Abhängigkeit von der Windhöffigkeit modelliert.

Wie bereits auf der Grundlage der §§ 21 ff. FFAV besteht der Anspruch auf Förderung in Form der Marktprämie erst nach der Inbetriebnahme der Anlage. Wird das bezuschlagte Projekt nicht innerhalb der gesetzlich bestimmten Fristen realisiert, entwertet die BNetzA den betreffenden Zuschlag gem. § 35a Abs. 1 Nr. 1 EEG 2017. Mit der Entwertung verliert der Zuschlag seine Wirksamkeit im Sinne des § 43 VwVfG.[189] Die Realisierungsfristen ergeben sich für Windenergieanlagen an Land aus § 36e Abs. 1 EEG 2017 – 30 Monate mit der Möglichkeit zur Verlängerung – und für Anlagen bezüglich solarer Strahlungsenergie aus § 37d Abs. 2 Nr. 2 EEG 2017 – hier sind es 24 Monate.

Im Interesse der tatsächlichen Realisierung der bezuschlagten Gebote und damit auch im Interesse realistischer Gebotsinhalte müssen Bieter der BNetzA gem. § 31 EEG 2017 bis zum Gebotstermin eine Sicherheit leisten. § 31 EEG 2017 behandelt die formellen und materiellen Voraussetzungen an derartige Sicherheiten, während ihre Höhe technologiespezifisch variiert, je nachdem, ob der Gesetzgeber dem Konzept der frühen Ausschreibungen folgt (dann hohe Sicherheiten) oder der späten Ausschreibungen (dann eher niedrige Sicherheiten).[190] Die Einzelheiten ergeben sich für Solaranlagen und Windenergieanlagen an Land aus den §§ 36a, 37a EEG 2017. Nach der normativen Konstruktion dienen die Sicherheiten gem. § 31 Abs. 1 S. 2 EEG 2017 der Absicherung etwaiger Strafzahlungsansprüche der regelverantwortlichen Übertragungsnetzbetreiber gegenüber den Bietern gem. § 55 EEG 2017. Die Pönalen dienen insbesondere zur Sicherstellung der Ernsthaftigkeit der Gebote bzw. der Verbindlichkeit der Bieter.[191]

Der Rechtsschutz bei Ausschreibungen ist in § 83a EEG 2017 geregelt, angelehnt an § 39 FFAV.[192] Gem. § 83a Abs. 1 S. 1 EEG 2017 sind gerichtliche Rechtsbehelfe nur mit dem Ziel zulässig, die BNetzA zur Erteilung eines Zuschlags zu verpflichten. Derartige Rechtsbehelfe sind nach § 83a Abs. 1 S. 2 EEG 2017 begründet, soweit der Beschwerdeführer im Zuschlagsverfahren nach § 32 EEG 2017 ohne den Rechtsverstoß einen Zuschlag erhalten hätte. Folgerichtig sind Rechtsmittel unbegründet, die

---

[187] Näher *Mohr*, in: BerlKommEnR, 3. Aufl. 2015, § 2 EEG 2014 Rn. 130 ff.

[188] BT-Drs. 18/8860 v. 21.6.2016, S. 149 f., 228. Dazu noch unter III. 1. c) und d).

[189] BT-Drs. 18/8860 v. 21.6.2016, S. 208.

[190] Siehe hierzu noch sogleich III. 1. b) und c).

[191] BT-Drs. 18/8860 v. 21.6.2016, S. 235. Im Einzelnen – konkret zur FFAV – *Mohr*, N&R 2015, 76 (79).

[192] BT-Drs. 18/8860 v. 21.6.2016, S. 248; näher *Huerkamp*, EnWZ 2015, 195 ff.

sich gegen Verfahrensfehler richten, die keine Auswirkungen auf die Nichterteilung des Zuschlags hatten.[193]

b) Solarenergie

Die spezifischen Vorgaben für Solar-Ausschreibungen orientieren sich inhaltlich weitgehend an der mit Inkrafttreten des EEG 2017 aufgehobenen FFAV, wobei nunmehr nach § 37 Abs. 1 EEG 2017 auch Solaranlagen auf Gebäuden oder Lärmschutzwänden und auf baulichen Anlagen erfasst sind.[194] Gem. § 28 Abs. 2 EEG 2017 finden jährlich drei Ausschreibungsrunden statt. Die vom Bieter zu zahlende Sicherheit in Höhe von 50 Euro pro kW installierter Leistung ist nach § 37a Abs. 1 S. 2 EEG 2017 in eine Erstsicherheit bei Gebotsabgabe in Höhe von fünf Euro und eine Zweitsicherheit nach Zuschlagserteilung in Höhe von 45 Euro pro kW installierter Leistung aufgeteilt. Es ist somit insgesamt eine höhere Sicherheitsleistung als bei den Windenergieanlagen an Land zu zahlen (30 Euro, vgl. § 36a EEG 2017). Dies erklärt sich aus dem Umstand, dass der Gesetzgeber bei den Solarausschreibungen im Interesse auch kleinerer oder mittelständischer Investoren dem Konzept der frühen Ausschreibung folgt, wonach keine fortgeschrittene Projektentwicklung nachzuweisen ist. Im Gegenzug sind bei Zuschlagserteilung höhere Sicherheiten zu leisten, um eine tatsächliche Projektrealisierung zu gewährleisten. Auch mit dem Konzept der frühen Ausschreibung erklärt es sich, dass bei Solaranlagen ergänzend zum Zuschlag gem. § 22 Abs. 3 S. 1 EEG 2017 die Bekanntgabe und Ausstellung einer Zahlungsberechtigung im Sinne der §§ 38, 38a EEG 2017 erforderlich ist (früher: Förderberechtigung[195]). Die Zahlungsberechtigung wird nur ausgestellt, wenn die Solaranlagen nach der Erteilung des Zuschlags, aber vor der Antragstellung in Betrieb genommen worden sind, vgl. § 38a Abs. 1 Nr. 1 EEG 2017. Der Wettbewerbsintensität eher abträglich ist die Sonderregelung in § 37c EEG 2017, wonach die BNetzA Gebote auf Freiflächenanlagen in sog. benachteiligten Gebieten i.S.v. § 37 Abs. 1 Nr. 3 lit. h, i EEG 2017 nur dann beim Zuschlagsverfahren berücksichtigen darf, wenn dies durch Rechtsverordnung der zuständigen Landesregierung bestimmt ist.

c) Windenergie an Land

Bei der Windenergie an Land finden gem. § 36 Abs. 1 Nr. 1 EEG 2017 sog. späte Ausschreibungen statt. Gebote können hiernach nur für solche Anlagen abgegeben werden, die bereits über eine Genehmigung nach dem BImSchG verfügen.[196] Die Sicherheiten fallen aufgrund der späten Ausschreibung und der damit verbundenen höheren Realisierungswahrscheinlichkeit mit 30 Euro je kW geringer aus als bei Solar-

---

[193] *Mohr*, VersorgW 2016, 165 (169).

[194] Siehe zum Entwurf des EEG 2016 auch *Mohr*, VersorgW 2016, 165 (170).

[195] *Mohr*, RdE 2015, 433 (440).

[196] BT-Drs. 18/8860 v. 21.6.2016, S. 149.

anlagen. Die Anlagen müssen innerhalb von 30 Monaten nach der öffentlichen Bekanntgabe des Zuschlags errichtet worden sein, da ansonsten gem. § 36e Abs. 1 EEG
2017 der Zuschlag erlischt. Eine Übertragung des Zuschlags ist bei Onshore-Wind-
energieanlagen gem. § 36f Abs. 1 EEG 2017 generell unzulässig.

Ein besonderes Problem beim deutschlandweiten Ausbau von Onshore-Winden-
ergieanlagen stellt die unterschiedliche Windhöffigkeit an den verschiedenen Standorten dar. Dies hat dazu geführt, dass sich in der Vergangenheit die Windenergieanlagen in den windhöffigeren Regionen Norddeutschlands konzentriert haben. Um
dieses Ergebnis im Interesse eines bedarfsgerechten Anlagenzubaus zu vermeiden,
entwickelte der Gesetzgeber das im EEG 2014 eingeführte zweistufige zu einem ein-
stufigen Referenzertragsmodell fort.[197] Hiernach wird für jede Windenergieanlage
ein konkreter Vergütungssatz berechnet, der über den gesamten 20jährigen Vergü-
tungszeitraum gem. § 25 Abs. 1 EEG 2017 anzuwenden ist.[198] Im Interesse ver-
gleichbarer Wettbewerbsbedingungen müssen sich alle Gebote gem. § 30 Abs. 1
Nr. 5 EEG 2017 aber auf einen Referenzstandort beziehen, wobei für jedes Gebot
ein Standort mit einem Gütefaktor von 100 Prozent fingiert wird.[199] Um anschließend
die tatsächliche Förderhöhe berechnen zu können, wird der Zuschlagswert – der sich
auf den 100prozentigen Gütefaktor bezieht – mit einem Korrekturfaktor multipli-
ziert. Letzterer ist abhängig vom tatsächlichen Gütefaktor des Standortes des bezuschlagten Projekts, den jeder erfolgreiche Bieter nach dem Zuschlag berechnen und
gem. § 36h Abs. 4 S. 1 EGG 2017 gutachterlich bestätigen lassen muss.[200]

Eine bereits angedeutete Besonderheit der Ausschreibungen für Onshore-Wind-
energieanlagen stellen die Bürgerenergiegesellschaften i.S.d. § 3 Nr. 15 EEG 2017
dar, die mit einem besonderen politischen – nicht: wettbewerblich-empirischen –
Stellenwert der Akteursvielfalt begründet werden.[201] Derartige Bürgerenergiegesellschaften dürfen Gebote für bis zu sechs Windenergieanlagen an Land mit einer zu
installierenden Leistung von insgesamt nicht mehr als 18 MW nach § 36g Abs. 1
S. 1 HS. 1 EEG 2017 grundsätzlich schon vor der Erteilung der Genehmigung
nach dem BImSchG abgeben, was ausschreibungstheoretisch dem Konzept früher
Ausschreibungen entspricht.[202] Um sicherzustellen, dass ein Gebot ernsthaft und be-
lastbar ist, muss ein Bieter gem. § 36g Abs. 1 S. 1 Nr. 1 EEG 2017 lediglich ein den
allgemein anerkannten Regeln der Technik entsprechendes Gutachten über den zu
erwartenden Stromertrag für die geplante Anlage vorlegen.[203] Ergänzend verlängert
der Gesetzgeber mit § 36g Abs. 3 S. 1 EEG 2017 die Realisierungsfristen von 30 Mo-

---

[197] BT-Drs 18/8860 v. 21.6.2016, S. 214.

[198] BT-Drs 18/8860 v. 21.6.2016, S. 214.

[199] Der Gütefaktor richtet sich insbesondere nach der Windhöffigkeit, vgl. BT-Drs 18/8860
v. 21.6.2016, S. 214.

[200] BT-Drs 18/8860 v. 21.6.2016, S. 214f., mit einer Beispielsrechnung.

[201] BT-Drs. 18/8860 v. 21.6.2016, S. 212.

[202] Vgl. bereits *Mohr*, VersorgW 2016, 165 (169f.).

[203] BT-Drs. 18/8860 v. 21.6.2016, S. 213.

naten auf insgesamt 54 Monate, ebenso wie die entsprechenden Fristen für die Fälligkeit von Pönalen, und reduziert deren Höhe in § 55 Abs. 2 EEG 2017. Außerdem unterteilt er in § 36a Abs. 2 EEG 2017 die Sicherheitsleistung i.S.d. §§ 31, 36a EEG 2017 – konzeptionell ebenso wie bei Solaranlagen – in eine Erstsicherheit bei Gebotsabgabe und eine Zweitsicherheit nach Erteilung des Zuschlags, weshalb bei Gebotsabgabe lediglich 15 Euro pro kW installierter Leistung als Sicherheit geleistet werden müssen, wohingegen die restlichen 15 Euro nach dem Zuschlag fällig werden. Schließlich bestimmt sich der Zuschlagswert für alle bezuschlagten Gebote von Bürgerenergiegesellschaften nicht wie sonst gem. den §§ 3 Nr. 51, 32 Abs. 1 S. 3 EEG 2017 nach dem eigenen Gebot des Bieters (*Pay-as-bid*), gem. § 36h EEG 2017 bezogen auf einen 100-Prozent-Standort,[204] sondern gem. § 36g Abs. 5 S. 1 nach dem höchsten noch bezuschlagten Gebots desselben Gebotstermins (*Uniform-Pricing*). Der Gesetzgeber begründet die Wahl einer abweichenden Einheits-Preisregel nicht explizit. Im Schrifttum wird zugunsten des Einheitspreisverfahrens angeführt,[205] dass Bieter bei einem *Uniform-Pricing* auch in einer „überhitzten Versteigerungssituation" keinen Anreiz hätten, ein über dem Wert des Gutes liegendes Gebot abzugeben, sondern sich regelmäßig an der eigenen Zahlungsbereitschaft orientierten.[206] Einheitspreisauktionen senkten somit bei rationalem Verhalten und wirksamem Wettbewerb die Bieterrisiken, indem sich die Gebote der anderen Bieter automatisch auf den Erlös des eigenen Gebots auswirkten, ohne dass den Bietern zusätzliche Informationen gewährt werden müssten, da dies die Gefahr strategischen Verhaltens erhöhe.[207]

Die vorstehend geschilderten Erleichterungen für Bürgerenergiegesellschaften bewirkten in den ersten Ausschreibungsrunden derart erhebliche Verfälschungen des Wettbewerbs um den Fördermarkt: es erhielten fast nur Bürgerenergiegesellschaften einen Zuschlag, dass sich der Gesetzgeber bereits im Frühsommer 2017 zu Korrekturen des EEG 2017 veranlasst sah. Nach dem neuen § 104 Abs. 8 EEG 2017 sind in den Ausschreibungen für Windenergieanlagen an Land zu den Gebotsterminen 1. Februar 2018 und 1. Mai 2018 die Erleichterungen in § 36g Abs. 1, 3 und 4 EEG 2017 nicht anzuwenden. Dies bedeutet insbesondere, dass auch Bürgerenergiegesellschaften eine Genehmigung nach dem BImSchG benötigen, um einen Zuschlag in einer Ausschreibung erhalten zu können, dass also für alle Bieterunterneh-

---

[204] Dies ist das sog. Referenzertragsmodell, BT-Drs. 18/8860 v. 21.6.2016, S. 188.

[205] Ausführlich *Mohr*, in: BerlKommEnR, 3. Aufl. 2015, § 2 EEG 2014 Rn. 135 f.

[206] *Martini*, Der Markt als Instrument hoheitlicher Verteilungslenkung, 2008, S. 570, zur Vickrey-Auktion.

[207] R2b energy consulting GmbH/Brandenburgische Technische Universität Cottbus, Auktionsdesign für Photovoltaikanlagen auf Freiflächen, Gutachten im Auftrag des BDEW, Köln und Cottbus 17. September 2014, S. 1, im Internet abrufbar unter https://www.bdew.de/internet.nsf/id/2 A92AD1E977DD9F5C1257D550038E-245/$file/160_Bericht%20Auktionsdesign_final.pdf (letzter Abruf 15.9.2017). Bei Einheitspreisauktionen besteht allerdings die Gefahr wettbewerbsbeschränkender Verhaltensweisen; siehe dazu *Ockenfels*, ZfE 2009, 105 (107).

men in den Windenergie-an-Land-Ausschreibungen das Konzept der späten Ausschreibung gilt, im Sinne eines *level playing field.*[208]

d) Gemeinsame und innovative Ausschreibungen

Mit den gemeinsamen Ausschreibungen für Windenergie an Land und für Photovoltaik gem. §§ 39i, 88c EEG 2017 sollen in einem Pilotvorhaben technologieneutrale Ausschreibungen getestet werden, und zwar in der Größenordnung von jeweils 400 MW jeweils für die Jahre 2018 bis 2020. Aus Sicht des BMWi liegt hierin zwar keine grundsätzliche Weichenstellung in Richtung technologieneutraler Ausschreibungen.[209] Mittelfristig scheint an gemeinsamen Ausschreibungen aber kein Weg vorbeizuführen, da diese nach den EEAG[210] in Übereinstimmung mit aktuellen Erkenntnissen der Wirtschaftswissenschaften[211] den Regelfall bilden.

Die näheren Vorgaben für die Pilotausschreibungen finden sich in der Verordnung zu den gemeinsamen Ausschreibungen für Windenergieanlagen an Land und Solaranlagen (GemAV).[212] Anders als es die Bezeichnung „gemeinsame Ausschreibungen" vermuten ließe, gelten für Wind- und Solarenergieanlagen nach der GemAV aber nicht generell gemeinsame Ausschreibungsbedingungen, obwohl dies ihrem Pilotcharakter sicherlich am besten entsprochen hätte. Vielmehr kommen nach § 3 GemAV für die Anlagen beider Ressourcen neben den allgemeinen Ausschreibungsbedingungen gem. den §§ 29 – 31 EEG 2017 und den §§ 33 – 35a EEG 2017 die jeweiligen energieträgerspezifischen Ausschreibungsbedingungen zur Anwendung, für Windenergieanlagen nach den §§ 36, 36a, 36c-36f und 36i EEG 2017 und für Solaranlagen nach den §§ 37 – 38b EEG 2017, soweit die GemAV keine Abweichungen normiert. Entscheidend ist freilich – auch nach den EEAG – nicht die formelle Bezeichnung als „gemeinsam", sondern der materielle Gleichklang der Ausschreibungsbedingungen. Nicht anwendbar sind bei Windenergieanlagen an Land die Höchstwerte gem. § 36b EEG 2017, die Vorschriften bezüglich Bürgerenergiegesellschaften gem. § 36g EEG 2017 sowie das Referenzertragsmodell gem. § 36h EEG 2017.[213] Letzteres gründet auf dem Umstand, dass § 9 GemAV die Regelung des § 38b EEG 2017 zum anzulegenden Wert für Solaranlagen auf alle in den gemein-

---

[208] Dazu Beschlussempfehlung und Bericht des Ausschusses für Wirtschaft und Energie (9. Ausschuss), BT-Drs. 18/12988 v. 28.6.2017, S. 38. Siehe auch die Prüfbitte des Bundesrats an die Bundesregierung in BT-Drs. 18/12728 v. 14.6.2017, S. 28.

[209] BMWi, Überblick über die erzielte Verständigung mit der EU-Kommission zum Energiepaket v. 30.8.2016, abrufbar unter https://www.bmwi.de/Redaktion/DE/Downloads/E/energiepaket-ueberblick-verstaendigung-eu-kommission.html (letzter Abruf 15.9.2017).

[210] Siehe oben II. 1. b).

[211] *Perner/Riechmann*, ET 5/2013, 8 (10 f.).

[212] Verordnung zu den gemeinsamen Ausschreibungen für Windenergieanlagen an Land und Solaranlagen (Verordnung zu den gemeinsamen Ausschreibungen – GemAV) v. 10.08. 2017, BGBl. I, 3167 (3180).

[213] BT-Drs. 18/12375 v. 17.5.2017, S. 101; vgl. auch *Nebel*, jurisPR-UmwR 5/2017, Nr. 1.

samen Ausschreibungen bezuschlagten Anlagen überträgt.[214] Stattdessen führt der Verordnungsgeber anstelle des Referenzertragsmodells – gleichsam im Sinne einer Folgeänderung – in den §§ 2 Abs. 1 Nr. 6, 10 und 11 GemAV eine sog. Verteilernetzkomponente ein, also einen finanziellen Aufschlag für Gebote in Gebieten, bei denen zusätzliche Anlagen einen Ausbau des Verteilernetzes erforderlich machen (vgl. § 7 Abs. 1 S. 3 GemAV).[215] Dieses aus Effizienzgesichtspunkten interessante Instrument soll ebenso wie die Regelungen über Netzausbaugebiete dazu beitragen, dass in den gemeinsamen Ausschreibungen die Netz- und Systemintegrationskosten angemessen berücksichtigt werden.[216] Angesichts der erheblichen Herausforderungen mit einem hinreichend-fristgerechten Netzausbau fragt es sich allerdings, weshalb eine derartige Komponente nicht auch in die allgemeinen Ausschreibungsbedingungen der §§ 28 ff. EEG 2017 aufgenommen worden ist. Gleichsam als Folgeänderung zur Nichtgeltung des Referenzertragsmodells gem. § 36g EEG 2017 versteht sich auch die Einführung regional differenzierter Höchstwerte in den §§ 14 – 18 GemAV. Durch Letztere soll vermieden werden, dass die Netzbetreiber bei Ausschreibungen ohne das Referenzertragsmodell in windstarken Gebieten überhöhte Renditen generieren.[217] Der Zuschlagswert bestimmt sich nach § 7 Abs. 1 GemAV grundsätzlich nach dem Gebot des Bieters (*Pay-as-bid*). Für nach der GemAV wirksam bezuschlagte Anlagen gelten ansonsten die allgemeinen, nicht ausschreibungsbezogenen Vorgaben des EEG 2017.[218]

Innovative Lösungen werden in den §§ 28 Abs. 6, 39j, 88d EEG 2017 und der wohl bis Mai 2018 zu erlassenden Innovationsausschreibungsverordnung detailliert vorgezeichnet. Dies ist innovationstheoretisch nicht unproblematisch, fehlt es dem Staat doch auch in den regulierten Sektoren am notwendigen Lenkungs- und Regulierungswissen, um Innovationen direkt anzureizen.[219] Als möglicher Gegenstand von Innovationsausschreibungen wird im Schrifttum die Sektorkopplung von erneuerbaren Energien und KWK diskutiert.[220]

2. Kraft-Wärme-Kopplungsgesetz 2017

Kommen wir nun zu den Ausschreibungen nach dem KWKG 2017 i.V.m. der KWKAusV.

---

[214] BT-Drs. 18/12375 v. 17.5.2017, S. 105.

[215] BT-Drs. 18/12375 v. 17.5.2017, S. 100.

[216] *Nebel*, jurisPR-UmwR 5/2017, Nr. 1.

[217] BT-Drs. 18/12375 v. 17.5.2017, S. 107.

[218] BT-Drs. 18/12375 v. 17.5.2017, S. 101.

[219] Ausführlich – konkret zur Innovationsförderung in der Anreizregulierung der Energienetze – *Mohr*, RdE 2017, 273 ff.

[220] *Buchmüller/Hennig*, ZNER 2016, 384 (389).

a) Die Novelle des KWKG in 2017

Unter Geltung des KWKG 2017 ist § 5 die zentrale Vorschrift für den Anspruch auf Zuschlagszahlung. Nach § 5 Abs. 1 Nr. 1 KWKG 2017 bestimmt sich der Anspruch auf Zuschlagszahlung nach den §§ 6 bis 8 KWKG 2017 auf der Grundlage administrativ festgelegter Fördersätze: Erstens für KWK-Strom aus neuen KWK-Anlagen mit einer elektrischen Leistung bis einschließlich 1 oder mehr als 50 MW (lit. a), zweitens für KWK-Strom aus modernisierten KWK-Anlagen mit einer elektrischen Leistung bis einschließlich 1 oder mehr als 50 MW (lit. b), schließlich drittens für KWK-Strom aus nachgerüsteten KWK-Anlagen (lit. c). Demgegenüber ermittelt sich der Anspruch auf Förderzahlung gem. § 5 Abs. 1 Nr. 2 KWKG 2017 im Wege wettbewerblicher Ausschreibungen nach § 8a KWKG 2017 i.V.m. einer Rechtsverordnung nach § 33a KWKG 2017: Erstens für KWK-Strom aus neuen KWK-Anlagen mit einer elektrischen Leistung von mehr als 1 bis einschließlich 50 MW (lit. a), oder zweitens für KWK-Strom aus modernisierten KWK-Anlagen mit einer elektrischen Leistung von mehr als einem bis einschließlich 50 MW, wenn die Kosten der Modernisierung mindestens 50 Prozent der Kosten betragen, welche die Neuerrichtung einer KWK-Anlage mit gleicher installierter KWK-Leistung nach aktuellem Stand der Technik gekostet hätte (lit. b).

Gem. § 5 Abs. 2 KWKG 2017 haben auch Betreiber von innovativen KWK-Systemen einen Anspruch auf eine finanzielle Förderung nach § 8b KWKG 2017 i.V.m. einer Rechtsverordnung nach § 33b KWKG 2017. Nach der Legaldefinition des § 2 Nr. 9a KWKG 2017 sind innovative KWK-Systeme besonders energieeffiziente und treibhausgasarme Systeme, in denen KWK-Anlagen in Verbindung mit hohen Anteilen von Wärme aus erneuerbaren Energien KWK-Strom und Wärme bedarfsgerecht erzeugen oder umwandeln. Die Vorschrift stellt damit einen spezifischen Ausdruck der Sektorkopplung von Elektrizität aus regenerativen Quellen und der Erzeugung von Wärme dar.[221] Der Verordnungsgeber hat die innovativen KWK-Systeme in § 24 KWKAusV näher spezifiziert. Hiernach müssen innovative KWK-Anlagen aus den Komponenten erneuerter oder modernisierter KWK-Anlage, fabrikneuer erneuerbarer Wärmeerzeuger und elektrischer Wärmeerzeuger bestehen, wobei die Komponenten wärmeseitig verbunden sind und gemeinsam gesteuert werden können.[222] Nach der schlussendlich verabschiedeten Fassung des § 24 Abs. 1 S. 3 Nr. 5 KWKAusV muss das innovative KWK-System aber (nur noch) in der Lage sein, die Wärmeleistung, die aus dem KWK-Prozess maximal ausgekoppelt werden kann, zu mindestens 30 Prozent mit einem mit der Anlage verbundenen elektrischen Wärmeerzeuger zu generieren. Ansonsten kann der Anlagenbetreiber bestehende oder alternative Wärmeerzeugungsanlagen oder Speicher verwenden.[223]

---

[221] Siehe *Klewar/Meyer*, VersorgW 2017, 257 (258).

[222] Siehe *Klewar/Meyer*, VersorgW 2017, 257 (258).

[223] Zur Historie *Klewar/Meyer*, VersorgW 2017, 257 (258).

Nach § 8a Abs. 1 KWKG 2017 ermittelt die BNetzA die Höhe der Zuschlagszahlung für Strom aus KWK-Anlagen i.S.d. § 5 Abs. 1 Nr. 2 KWKG 2017 nach Maßgabe einer Rechtsverordnung gem. § 33a KWKG 2017 durch Ausschreibungen. Nach § 2 Nr. 4a KWKG 2017 ist eine Ausschreibung – in Anlehnung an die Definition in § 3 Nr. 4 EEG 2017[224] – ein transparentes, diskriminierungsfreies und wettbewerbliches Verfahren zur Bestimmung des Anspruchsberechtigten und der Zuschlagszahlung oder der Höhe der finanziellen Förderung. Gem. § 8a Abs. 3 KWGK 2017 wird die Zuschlagszahlung im Falle von Ausschreibungen als solche pro kWh des in ein Netz der allgemeinen Versorgung eingespeisten KWK-Stroms gewährt, wobei § 7 Abs. 6 und 7 KWKG 2017 entsprechend anzuwenden sind.

Zusätzlich zu den allgemeinen Fördervoraussetzungen gelten bei den Ausschreibungen zur Vermeidung von Wettbewerbsverzerrungen besondere Vorgaben:[225] Erstens besteht der Anspruch auf die Zuschlagszahlung gem. § 8a Abs. 2 Nr. 2 KWKG 2017 nur dann, wenn der gesamte ab der Aufnahme oder der Wiederaufnahme des Dauerbetriebs in der KWK-Anlage erzeugte Strom in ein Netz der allgemeinen Versorgung eingespeist und nicht selbst verbraucht wird, wobei solcher Strom ausgenommen ist, der durch die KWK-Anlage oder in den Neben- und Hilfsanlagen der KWK-Anlage oder den mit der KWK-Anlage verbundenen elektrischen Wärmeerzeugern verbraucht wird.[226] Zweitens dürfen Betreiber von Anlagen, die infolge einer Ausschreibung gefördert werden, gem. § 8a Abs. 4 KWKG 2017 keine vermiedenen Netzentgelte i.S.d. § 18 StromNEV in Anspruch nehmen,[227] anders als Betreiber von KWK-Anlagen, die keiner Ausschreibungspflicht unterliegen.[228] Systematisch lässt sich dieses Kumulierungsverbot mit der gebotenen vollständigen Einspeisung des Stroms in ein Netz der allgemeinen Versorgung und dem Ausschluss der Eigenstromerzeugung gem. § 8a Abs. 2 Nr. 2 KWKG 2017 erklären.[229] Drittens verringert sich der Anspruch auf eine Zuschlagszahlung für Strom, der durch das Netz der allgemeinen Versorgung durchgeleitet wird und der von der Stromsteuer nach dem Stromsteuergesetz befreit ist,[230] gem. § 8a Abs. 5 KWKG 2017 um die Höhe der pro kWh gewährten Stromsteuerbefreiung. Viertens müssen die Kosten der Modernisierung einer KWK-Anlage mit einer elektrischen Leistung von mehr als ein bis

---

[224] BT-Drs. 18/10209 v. 7.11.2016, S. 72.

[225] *Riggert/Faßbender*, EnWZ 2017, 295 (299).

[226] Siehe zu § 27a EEG 2017, der die entsprechenden Ausnahmen hinsichtlich Anlagen zur Erzeugung von EE-Strom normiert, bereits oben I. 1.

[227] Hiernach können Betreiber von KWK-Anlagen oder Betreiber dezentraler Erzeugungsanlagen, sofern sie etwa in ein vorgelagertes Netz einspeisen, Netzentgelte für die weiter vorgelagerten Netzebenen vermeiden. Vgl. ebenso § 19 Abs. 2 EEG 2017.

[228] Dazu *Riggert/Faßbender*, EnWZ 2017, 295 (301).

[229] *Tamcke*, Die rechtlichen Regeln zur Förderung der Erneuerbaren Energien und der Kraft-Wärme-Kopplung im Vergleich, 2017, S. 273.

[230] Stromsteuergesetz v. 24.3.1999 (BGBl. I, 378; 2000 I, 147), das zuletzt durch Art. 3 u. 4 des Gesetzes v. 27.8.2017 (BGBl. I, 3299) geändert worden ist. Nach § 1 S. 3 StromStG ist die Stromsteuer eine Verbrauchsteuer i.S.d. Abgabenordnung.

einschließlich 50 MW – wie gesehen – gem. § 5 Abs. 1 Nr. 2 lit. b KWKG 2017 mindestens 50 Prozent der Kosten betragen, welche die Neuerrichtung einer KWK-Anlage mit gleicher installierter KWK-Leistung nach aktuellem Stand der Technik gekostet hätte. Nach Ansicht des Gesetzgebers erreicht die Modernisierungsinvestition
erst ab diesem Prozentsatz eine Relevanz für den Betrieb der KWK-Anlage, die einen
Förderbedarf ähnlich einer Neuanlage begründet.[231] Demgegenüber würde die Einbeziehung von KWK-Anlagen mit geringeren Kosten der Modernisierung dazu führen, dass diese einen erheblichen Vorteil bei den Ausschreibungen hätten.[232]

Zu beachten ist die Übergangsregelung des § 35 Abs. 4 KWKG 2017, wonach in
bestimmten Fallgestaltungen aus Gründen des Vertrauensschutzes die Rechtslage
nach dem KWKG 2016 fortgilt, weshalb auch für Anlagen zwischen 1 MW und
50 MW keine Ausschreibungen durchzuführen sind. Erfasst sind insbesondere Anlagenbetreiber, die im Jahr 2016 eine Genehmigung nach dem BImSchG erhalten
oder die KWK-Anlage verbindlich bestellt haben.[233]

Die Grundlagen für grenzüberschreitende Ausschreibungen für Anlagen zwischen 1 und 50 MW finden sich – inhaltlich angelehnt an § 5 Abs. 3 EEG 2017 –
in § 1 Abs. 5 und 6 KWKG 2017 i.V.m. der Verordnungsermächtigung in § 33a
Abs. 2 und 3 KWKG 2017. Insbesondere umfasst die Öffnung ebenso wie im
EEG 2017 derzeit nur 5 Prozent der jährlich auszuschreibenden Leistung.[234]

b) Die KWK-Ausschreibungsverordnung

Die Details der KWK-Ausschreibungen sind in der auf der Grundlage von §§ 33a
bis c KWKG 2017[235] erlassenen KWK-Ausschreibungsverordnung (KWKAusV) geregelt, die am Tag nach ihrer Veröffentlichung im Bundesgesetzblatt am 17. August
2017 in Kraft getreten ist.[236] Die Verordnungsbegründung[237] stellt nochmals klar,
dass mit den KWK-Ausschreibungen der stetige Zubau von KWK-Anlagen und innovativen KWK-Systemen i.S.d. § 1 KWKG 2017 möglichst kosteneffizient realisiert werden soll. Die Ausschreibungen innovativer KWK-Systeme sollen der Bran-
che zudem die Möglichkeit bieten, Zukunftsperspektiven der KWK zu entwickeln

---

[231] BT-Drs. 18/10209 v. 7.11.2016, S. 75.

[232] BT-Drs. 18/10209 v. 7.11.2016, S. 75.

[233] BT-Drs. 18/10209 v. 7.11.2016, S. 103 f.

[234] Dazu BT-Drs. 18/10209 v. 7.11.2016, S. 70.

[235] BT-Drs. 18/12375 v. 17.5.2017, S. 9.

[236] Art. 5 der Verordnung zu Ausschreibungen für KWK-Anlagen und innovative KWK-
Systeme, zu den gemeinsamen Ausschreibungen für Windenergieanlagen an Land und Solaranlagen sowie zur Änderung weiterer Verordnungen v. 10.8.2017, deren Art. 1 die Verordnung zur Einführung von Ausschreibungen zur Ermittlung der Höhe der Zuschlagszahlungen für KWK-Anlagen und für innovative KWK-Systeme (KWK-Ausschreibungsverordnung – KWKAusV) darstellt, BGBl. I, 3167 v. 17.8.2017.

[237] BT-Drs. 18/12375, S. 54.

und zu erproben, etwa im Bereich „*power to heat*".[238] Dabei könne die Ermittlung der Förderhöhe über Ausschreibungen bei ausreichendem Wettbewerb und fairen Wettbewerbsbedingungen zu niedrigeren Förderkosten für die Verbraucher führen, da jeweils die kosteneffizientesten Projekte bezuschlagt würden. Einem nicht hinreichenden Bieterwettbewerb, der die Verbraucherkosten ansteigen lassen könne, will der Verordnungsgeber vor allem durch die Vorgabe eines Höchstpreises begegnen, wie dies auch bei den Erneuerbare-Energien-Ausschreibungen der Fall ist. Entscheidend ist freilich nicht ein Höchstpreis an sich, sondern dessen Ausrichtung an einem hypothetischen Wettbewerbsniveau.

Das konkrete Ausschreibungsdesign lehnt sich in seiner Grundstruktur an das EEG 2017 an.[239] Der Anwendungsbereich der Verordnung bezieht sich gem. § 1 Abs. 1 Nr. 1 KWKAusV auf die Bestimmung der Förderberechtigten und der Höhe der Zuschlagszahlungen für KWK-Anlagen nach § 5 Abs. 1 Nr. 2 KWKG 2017. Gem. § 1 Abs. 1 Nr. 2 erfasst die Verordnung zudem die Ausschreibung von Förderberechtigungen und Förderhöhen für innovative KWK-Systeme nach § 5 Abs. 2 KWKG 2017. Gem. § 8b Abs. 2 KWKG 2017 ist eine parallele Teilnahme an beiden Ausschreibungsvarianten nicht zulässig (vgl. auch § 8 Abs. 1 Nr. 2 KWKAusV).[240]

§ 1 Abs. 2 KWKAusV bestimmt in Konkretisierung von § 1 Abs. 4 bis 7 KWKG 2017 den räumlichen Geltungsbereich. Hiernach ist die Verordnung für KWK-Anlagen und auf innovative KWK-Systeme anzuwenden, die im Bundesgebiet errichtet oder modernisiert werden sollen, ebenso wie für KWK-Anlagen, die im Staatsgebiet eines Kooperationsstaates errichtet oder modernisiert werden sollen und die an einer Ausschreibung auf KWK-Anlagen teilnehmen. Die Einzelheiten „grenzüberschreitender Ausschreibungen" sind in den §§ 24 bis 27 KWKAusV normiert.

Nach § 3 Abs. 1 KWKAusV beträgt das jährliche Ausschreibungsvolumen lediglich 200 MW an zwei Geboterminen. Die erste Ausschreibung erfolgt für „reguläre" KWK-Anlagen gem. § 3 Abs. 2 Nr. 1 KWKAusV zum 1. Dezember 2017 in Höhe von 100 MW. In den Jahren 2018 bis 2021 werden jährlich insgesamt 200 MW elektrischer KWK-Leistung ausgeschrieben, die auf zwei Gebotstermine für KWK-Anlagen im Segment 1 bis 50 MW und spiegelbildlich auf zwei Gebotstermine für innovative KWK-Systeme entfallen. Im Jahr 2018 entfallen aus den 200 MW ausgeschriebener KWK-Leistung jeweils 150 MW auf KWK-Ausschreibungen und 50 MW auf Innovationsausschreibungen, also pro Gebotstermin 75 MW auf Ausschreibungen für KWK-Anlagen und 25 MW auf Ausschreibungen für innovative KWK-Systeme. In den Folgejahren soll eine jährliche Verschiebung des Ausschreibungsvolumens von den Ausschreibungen für KWK-Anlagen hin zu den Ausschrei-

---

[238] Dazu *Tamcke*, Die rechtlichen Regeln zur Förderung der Erneuerbaren Energien und der Kraft-Wärme-Kopplung im Vergleich, 2017, S. 273.

[239] Ebenso *Klewar/Meyer*, VersorgW 2017, 257; *Nebel*, jurisPR-UmwR 5/2017 Anm. 1.

[240] *Nebel*, jurisPR-UmwR 5/2017 Anm. 1.

bungen für innovative KWK-Systeme um 5 MW des jährlichen Ausschreibungsvolumens erfolgen.[241]

Die ausschreibende Stelle, bei innerdeutschen Ausschreibungen gem. § 6 Abs. 1 Nr. 1 KWKAusV die BNetzA, schreibt zu jedem Gebotstermin die Höhe der Förderung allein der Stromerzeugung der KWK-Anlagen aus.[242] Das konkrete Ausschreibungsverfahren besteht aus der Bekanntmachung der Ausschreibung gem. § 7 KWKAusV, dem Gebotsverfahren gem. den §§ 8 bis 10 KWKAusV, dem Zuschlagsverfahren gem. den §§ 11 bis 14 KWKAusV und der Bekanntgabe der Zuschläge gem. § 15 KWKAusV. Das Ausschreibungsverfahren ersetzt nicht die für die Aufnahme des Dauerbetriebs notwendige Zulassung durch das BAFA, wie sie allgemein in § 10 KWK 2017 i.V.m. den §§ 6 Abs. 1 und 2, 7 KWKG 2017 und für innovative KWK-Systeme in § 24 KWKAusV normiert ist.[243]

Im Rahmen einer konkreten Ausschreibung benennen die Bieter gem. § 8 Abs. 1 KWKAusV u. a. die Gebotsmenge der installierten KWK-Leistung in kW i.S.d. § 2 Nr. 6 KWKAusV, für die sie einen Zuschlag erhalten wollen. Zudem müssen die Bieter den Gebotswert i.S.d. § 8 Abs. 1 Nr. 7 KWKAusV angeben, wobei sich dieser nach der Verordnungsbegründung auf eine fixe Prämie für den eingespeisten KWK-Strom in Cent pro kWh beziehen soll.[244] Trotz der Pflicht zur Direktvermarktung für Betreiber von KWK-Anlagen mit einer elektrischen Leistung von mehr als 100 kW gem. § 4 Abs. 1 KWKG stellt der Gebotswert somit – anders als nach § 3 Nr. 26 EEG 2017 – nicht den anzulegenden Wert dar, sondern bezieht sich gem. § 2 Nr. 8 KWKAusV auf die Höhe der Zuschlagszahlung. Insoweit folgerichtig liegt nach § 4 Abs. 1 S. 2 KWKG 2017 eine hinreichende Direktvermarktung bereits dann vor, wenn Elektrizität an einen Dritten geliefert wird.[245] Ob es hierzu ausreicht, dass die Elektrizität nicht an den Netzbetreiber verkauft, sondern in den Bilanzkreis eines anderen eingestellt wurde,[246] erscheint unter teleologischen Gesichtspunkten zweifelhaft.[247] Die unionsrechtlich geforderte Direktvermarktung soll Anlagenbetreiber an die üblichen Marktrisiken heranführen. Sie sollen Elektrizität möglichst in Zeiten höherer Marktpreise vermarkten und die Anlagenauslegung auf dieses Ziel hin optimieren.[248] Auch müssen sie die Vertragsbedingungen mit den Kunden bzw. den Vermarktern selbst aushandeln.[249] Dem steht entgegen, wenn die Anlagen-

---

[241] Zum Vorstehenden BT-Drs. 18/12375, S. 51 unter c.

[242] *Nebel*, jurisPR-UmwR 5/2017 Anm. 1.

[243] *Riggert/Faßbender*, EnWZ 2017, 295 (300).

[244] BT-Drs. 18/12375, S. 51.

[245] *Schäfer-Stradowsky/Doderer*, EnWZ 2017, 153 (156).

[246] *Kachel*, EnWZ 2016, 51 (52).

[247] Vgl. auch *Mohr*, in: BerlKommEnR, 3. Aufl. 2015, § 2 EEG 2014 Rn. 48.

[248] BT-Drs. 18/1891 v. 26.6.2014, S. 204; Bundesregierung, Ein Strommarkt für die Energiewende, Grünbuch, 2014, S. 19.

[249] *Müller/Kahl/Sailer*, ER 4/14, 139 (140).

betreiber eine fixe Prämie erhalten, die Direktvermarktung sich somit auf das Einstellen in einen fremden Bilanzkreis erschöpft.

Mit Blick auf die zulässige Gebotshöhe legt § 5 KWKAusV sowohl für die Ausschreibungen von KWK-Förderzuschlägen als auch für Zuschläge bezüglich innovativer KWK-Systeme einen ambitionierten Höchstwert in Höhe von 7 ct/kWh bzw. 12 ct/kWh fest, um die Förderkosten idealerweise auf ein wettbewerbsanaloges Niveau zu deckeln.[250] Dieses Ziel wird freilich weit verfehlt, schon wenn man die festen Fördersätze gem. § 7 Abs. 1 KWKG 2017 als Vergleichsmaßstäbe heranzieht.[251] Mit Blick auf den üppigen Höchstbetrag von 12 ct/kWh für Innovationsausschreibungen wird von Branchenvertretern eine Erhöhung der Summenbegrenzung von Zuschlagszahlungen gem. § 29 Abs. 1 KWKG 2017 von 1,5 Milliarden Euro pro Jahr auf mindestens 2 Milliarden Euro gefordert, da die Begrenzung ansonsten zu Lasten der KWK-Anlagen über 2 MW gehe.[252] Diese Sichtweise unterstellt, dass sich die Bieter an der Höchstgrenze orientieren werden, weshalb es sinnvoller gewesen wäre, die Höchstpreise verdeckt und nicht offen vorzugeben.[253]

Nach § 8 Abs. 3 KWKAusV muss ein Gebot mindestens eine installierte Leistung von 1 MW umfassen. Es darf für KWK-Anlagen 50 MW und für innovative KWK-Systeme 10 MW nicht überschreiten.[254] Die Bieter benennen zudem die Nummer, unter der das Projekt oder die KWK-Anlage im Marktstammdatenregister registriert ist, und den Standort, an dem die Anlage errichtet werden soll. Dies sind – gemeinsam mit der zu installierenden KWK-Leistung der Anlage – die wesentlichen Parameter zur Teilnahme an einer Ausschreibung.[255] Bieter müssen somit – anders als bei Windenergieanlagen an Land – im Zeitpunkt der Gebotsabgabe noch keine Genehmigung vorweisen (siehe aber § 18 Abs. 2 KWKAusV).[256] Ausschreibungstheoretisch handelt es sich damit um frühe Ausschreibungen, die den Bietern zu einem frühen Projektplanungszeitpunkt ein Höchstmaß an Planungssicherheit bezüglich der Förderung geben sollen,[257] insoweit vielleicht vergleichbar mit dem Instrument des Vorbescheids in § 12 KWKG 2016.[258]

---

[250] BT-Drs. 18/12375, S. 51.

[251] *Riggert/Faßbender*, EnWZ 2017, 295 (300).

[252] Siehe die Pressemitteilung des BDEW v. 6.10.2017, im Internet abrufbar unter https://www.bdew.de/internet.nsf/id/54D3FB4043 A54B89C12581B100505209?open&WT.mc_id= Pressemeldung-20171006 (letzter Abruf 6.10.2017).

[253] Für die Vorgabe verdeckter Höchstpreise bei den Erneuerbare-Energien-Ausschreibungen bereits *Mohr*, in: BerlKommEnR, 3. Aufl. 2015, § 2 EEG 2014 Rn. 144.

[254] BT-Drs. 18/12375, S. 51.

[255] BT-Drs. 18/12375, S. 51.

[256] *Nebel*, jurisPR-UmwR 5/2017 Anm. 1.

[257] BT-Drs. 18/12375, S. 51.

[258] Durch den Vorbescheid soll ein potenzieller Investor im Zeitraum zwischen der Investitionsentscheidung und der für die Förderung maßgeblichen Inbetriebnahme der Anlage eine gewisse Rechtssicherheit im Hinblick auf die wesentlichen Förderkonditionen erhalten; so BT-Drucks. 18/6419 v. 19.10.2015, S. 46; siehe auch *Kachel*, EnWZ 2016, 51 (54).

Unter den Voraussetzungen des § 21 KWKAusV müssen Bieter an die zuständigen Übertragungsnetzbetreiber Pönalen leisten, sofern und soweit Zuschläge entwertet oder Mitteilungspflichten nach § 20 Abs. 1 KWKAusV über den Projektfortschritt während der Realisierungsfrist verletzt werden. Um diese Pönalen zu sichern, müssen Bieter Sicherheiten leisten, deren Einzelheiten in § 10 KWKAusV normiert sind. Aufgrund der konzeptuell geringen Teilnahmevoraussetzungen sind Pönalen bei frühen Ausschreibungen wie gesehen besonders wichtig. Je höher die Pönale bei ansonsten wenig strengen Teilnahmevoraussetzungen ist, desto höher ist nach überzeugender Ansicht des Verordnungsgebers in der Regel die Wahrscheinlichkeit, dass die Gebote in konkrete Projekte umgesetzt werden. Insoweit folgerichtig setzt er die zu hinterlegenden Sicherheiten mit 70 Euro pro kW „relativ hoch" an.[259] Anders als im Rahmen der Solarausschreibungen differenziert die Verordnung aber nicht zwischen Erst- und Zweitsicherheit.

Gem. § 18 Abs. 1 KWKAusV erlöschen Zuschläge erst 54 Monate nach ihrer Bekanntgabe i.S.d. § 15 Abs. 1 KWKAusV, soweit nicht die KWK-Anlage oder das innovative KWK-System an dem Standort, der dem Zuschlag zugeordnet worden ist, bis zu diesem Zeitpunkt den Dauerbetrieb aufgenommen oder im Fall einer Modernisierung wiederaufgenommen hat. Gem. § 18 Abs. 2 KWKAusV erlischt ein Zuschlag außerdem, wenn eine KWK-Anlage oder ein innovatives KWK-System den Dauerbetrieb zwar innerhalb der benannten Frist aufgenommen oder im Fall einer Modernisierung wiederaufgenommen hat, die KWK-Anlage oder das innovative KWK-System aber nicht innerhalb von zwölf Monaten nach Aufnahme oder Wiederaufnahme des Dauerbetriebs durch das BAFA zugelassen wurde oder hätte zugelassen werden müssen.

Der Zuschlagswert bestimmt sich gem. §§ 2 Nr. 19, 11 Abs. 2 KWKAusV nach dem eigenen Gebot des Bieters, da hiernach Gebotswert und Zuschlagswert übereinstimmen, was leicht nachzuvollziehen und einfach in der Projektplanung zu berücksichtigen ist.[260] Zwar führten in der Auktionstheorie sowohl die *Pay-as-bid*- als auch die *Uniform*-Preisregel unter optimalen Voraussetzungen zu gleichen Ergebnissen.[261] Für die Gebotspreisregel sprächen jedoch – nicht nur im Rahmen der Kraft-Wärme-Kopplung[262] – ihre Robustheit gegenüber irrationalem Verhalten, gegenüber kurzfristigen Änderungen des Designs und strategischem Verhalten.[263]

Die zentrale Vorschrift für Höhe, Dauer und Voraussetzungen des Anspruchs auf Zuschlagszahlung findet sich in § 19 KWKAusV.[264] Anders als im Rahmen der Solar-Ausschreibungen differenziert der Verordnungsgeber nicht zwischen Zuschlag und

---

[259] BT-Drs. 18/12375, S. 79.

[260] BT-Drs. 18/12375, S. 70.

[261] Ausführlich zu den auktionstheoretischen Grundlagen *Mohr*, in: BerlKommEnR, EEG 2014, 3. Aufl. 2015, Sonderband, § 2 EEG Rn. 130 ff.

[262] Zum EEG 2014 bereits *Mohr*, EnWZ 2015, 99 (102 f.).

[263] BT-Drs. 18/12375, S. 70.

[264] Näher *Klewar/Meyer*, VersorgW 2017, 257 (260).

Zahlungsberechtigung. Allerdings erfordert ein Anspruch auf Zuschlagszahlung auch bei KWK-Anlagen die vorherige Zulassung und Inbetriebnahme der Anlage, hier durch das BAFA. Nach § 19 Abs. 1 KWKAusV wird die Zuschlagszahlung für KWK-Strom in Höhe des Zuschlagswertes gezahlt. Gem. § 19 Abs. 2 S. 1 KWKAusV erfolgt die Zuschlagszahlung ab Aufnahme des Dauerbetriebs bei KWK-Anlagen nach § 5 Abs. 1 Nr. 2 i.V.m. § 8a KWKG 2017 für 30 000 Vollbenutzungsstunden der Gebotsmenge (Nr. 1) oder bei innovativen KWK-Systemen nach § 5 Abs. 2 i.V.m. § 8b KWKG 2017 für 45000 Vollbenutzungsstunden der Gebotsmenge (Nr. 2). Pro Kalenderjahr wird der Zuschlag gem. § 19 Abs. 2 S. 2 KWKAusV für höchstens 3500 Vollbenutzungsstunden der Gebotsmenge gezahlt. Demzufolge erstreckt sich die Auszahlung der Förderung auf mehr als acht Jahre.[265] Nach § 19 Abs. 2 S. 3 KWKAusV ist die Zuschlagszahlung auf maximal 30 Jahre begrenzt, wenn die Anzahl der nach § 19 Abs. 2 S. 2 KWKAusV förderfähigen Vollbenutzungsstundenzahl in einem (oder mehreren) Kalenderjahr(en) nicht ausgeschöpft wird, jedoch wiederum höchstens für 3500 Vollbenutzungsstunden pro Kalenderjahr.[266] Ist die im Zulassungsbescheid des BAFA festgestellte installierte KWK-Leistung der KWK-Anlage kleiner als die Gebotsmenge, wird der Zuschlag gem. § 19 Abs. 2 S. 4 KWKAusV für die nach Satz 1 förderfähigen Vollbenutzungsstunden der im Zulassungsbescheid festgestellten installierten Leistung der KWK-Anlage gezahlt. § 19 Abs. 3 bis 8 KWKAusV enthalten ergänzende Vorgaben für die Förderzahlung, die vorliegend außer Betracht bleiben können.[267]

IV. Zusammenfassende Bewertung

1. Sowohl die Förderung von Elektrizität aus regenerativen Energiequellen als auch die Förderung der Kraft-Wärme-Kopplung dienen dem Umwelt- und dem Klimaschutz, wenn auch auf unterschiedlichen Wegen. Der Schwerpunkt des EEG liegt auf der Erzeugung von Elektrizität aus erneuerbaren Energiequellen, wohingegen das KWKG eine möglichst effiziente Erzeugung von Elektrizität und Wärme/Kälte intendiert. In der Rechtswirklichkeit steht bislang eine CO_2-arme gasbasierte Stromerzeugung im Vordergrund. Im Zuge der aktuell diskutierten Sektorkopplung sollen fossile Brennstoffe auch in der Kraft-Wärme-Kopplung durch regenerative Energiequellen ersetzt werden.

2. Unionsrechtlich lassen sich die Erneuerbare-Energien-Ausschreibungen ebenso wie die Kraft-Wärme-Kopplungs-Ausschreibungen auf das primäre Beihilferecht in seiner Ausformung durch die Umwelt- und Energiebeihilfeleitlinien 2014–2020 der Kommission (EEAG) zurückführen. Folgerichtig finden sich sowohl im EEG

---

[265] *Riggert/Faßbender*, EnWZ 2017, 295 (300).

[266] *Riggert/Faßbender*, EnWZ 2017, 295 (300).

[267] Siehe auch *Klewar/Meyer*, VersorgW 2017, 257 (260).

2017 als auch im KWKG 2017 vergleichbare Instrumente und Begrifflichkeiten.[268] Anders als es der Grundentscheidung der EEAG entspricht, hat der deutsche Gesetzgeber im EEG 2017 für die wichtigsten Technologien keine übergreifenden technologieneutralen Ausschreibungen vorgesehen, namentlich für die Solarenergie, die Windenergie und auch für die Biomasse. Vielmehr entwickelte er für jeden Volumenträger ein eigenes Ausschreibungsdesign, das hinsichtlich des Stands der Anlagen-Vorentwicklung vergröbernd in frühe und späte Ausschreibungen unterschieden werden kann. Auch die gemeinsamen Pilotausschreibungen für Solarenergie und Windenergie an Land verweisen in Teilen auf die technologiespezifischen Ausschreibungsvorgaben, was jedenfalls eine sachgerechte Evaluation erschwert.

3. Im Einzelnen folgen die Ausschreibungen der Förderberechtigungen und Förderhöhen für Windenergieanlagen an Land dem Konzept der späten Ausschreibung, wohingegen diejenigen für Solaranlagen als frühe Ausschreibungen konzipiert sind. Da auch die Kraft-Wärme-Kopplungs-Ausschreibungen am Konzept der frühen Ausschreibungen ausgerichtet sind, liegt eigentlich ein Vergleich mit den Solar-Ausschreibungen nahe. Allerdings weichen die konkreten Vorgaben der Solar- und der Kraft-Wärme-Kopplungs-Ausschreibungen an zentralen Stellen voneinander ab. Dies gilt auch insoweit, als Regelungen gerade auf das gemeinsame Konzept der frühen Ausschreibung zurückgeführt werden, etwa die Unterteilung der Sicherheiten bei den Solarausschreibungen in Erst- und Zweitsicherheiten. Dies lässt sich allenfalls mit technologiespezifischen Besonderheiten begründen, die aus Sicht eines ökonomisch rationalen Stromkunden allerdings kaum eine Rolle spielen.

4. Im Einklang mit den EEAG hat der deutsche Gesetzgeber kleine Anlagen sowohl im EEG 2017 als auch im KWKG 2017 von der Pflicht zur Ausschreibung ausgenommen. Nicht an den Ausschreibungen teilnehmen müssen nach dem KWKG 2017 allerdings auch sehr große Anlagen mit mehr als 50 MW elektrischer Leistung, da der deutsche Gesetzgeber bei diesen mit Billigung der Kommission keinen hinreichenden Ausschreibungswettbewerb erwartet.[269] Etwaig antikompetitiven Effekten hätte man freilich auch durch das Setzen eines Höchstpreises begegnen können, der sich an einem hypothetischen „*market clearing price*" ausrichtet.[270] Demgegenüber liegt bereits der Höchstpreis für „reguläre" KWK-Anlagen zwischen 1 MW und 50 MW über den fixen Einspeisetarifen, derjenige für Ausschreibungen bezüglich innovativer Systeme sogar noch weit darüber. Damit besteht bis auf Weiteres die Gefahr, dass sich die Bieter an diesen Höchstpreisen orientieren, anstatt ihre Anlagenplanung an einer effizienten Leistungsbereitstellung auszurichten.

---

[268] Ebenso *Tamcke*, Die rechtlichen Regeln zur Förderung der Erneuerbaren Energien und der Kraft-Wärme-Kopplung im Vergleich, 2017, S. 273.

[269] Zur Begründung der Bundesregierung siehe Kommission, Bekanntmachung v. 24.10. 2016, ABl.EU v. 4.11.2016, C 406/03, Schreiben, Rn. 94 und 172.

[270] Mit Blick auf den Zuschlagswert *Tamcke*, Die rechtlichen Regeln zur Förderung der Erneuerbaren Energien und der Kraft-Wärme-Kopplung im Vergleich, 2017, S. 240.

5. Sowohl im Rahmen der Erneuerbare-Energien-Ausschreibungen als auch der Kraft-Wärme-Kopplungs-Ausschreibungen werden die Förderhöhen grundsätzlich nach dem eigenen Angebot des Bieters bestimmt, also nach einer *Pay-as-bid*-Preisregel. Dies stellt auch für öffentliche Ausschreibungen mit der Ausrichtung des Zuschlagsverfahrens auf das „beste Preis-Leistungs-Verhältnis" den Regelfall dar.[271] Zugleich muss ein Bieter jedoch im Interesse der Ausbaueffektivität ambitionierte und damit finanzintensive inhaltliche Anforderungen erfüllen, was den Kreis potentieller Bieter verkleinern und der Wettbewerbsintensität abträglich sein kann, man denke nur an die – aus Gründen der Systemstabilität wohl begründeten – Zubaurestriktionen für Windenergieanlagen an Land gem. § 36c EEG 2017.

6. Vor allem aber wird ein wirksamer Ausschreibungswettbewerb durch normativ und rechtstatsächlich nur schwer zu fassende (gesellschafts-)politische Ziele wie die nebulöse Bürgerenergie beeinträchtigt, obwohl es für den von § 1 Abs. 1 EEG 2017 intendierten Klimaschutz nicht erheblich ist, ob regenerativ erzeugte Energie von kleinen, mittleren oder großen Unternehmen kommt. Ganz im Gegenteil entspricht es dem aktuellen Stand der Ökonomie, dass ein effizientes und innovatives Produzieren von Gütern ein gewisses Maß an kompetitiver Wirtschaftskraft erfordert, dass Größe mit anderen Worten nicht notwendig schlecht, sondern ein ambivalentes Phänomen ist, dessen negative Auswirkungen auf den Wettbewerbsprozess zu verhindern und die positiven Auswirkungen auf Investitionen und Innovationen zu fördern sind.[272]

7. Im Ergebnis vermitteln die hochkomplexen, zwischen einzelnen Technologien und spezifischen (Innovations-)Zwecken differenzierenden Ausschreibungsregelungen den Eindruck, als ob dem Gesetzgeber zuweilen die Interessen der Stromverbraucher aus dem Blick geraten wären. Der Mehrheit der ideologisch unbefangenen, ökonomisch rational agierenden Verbraucher wird es letztlich gleichgültig sein, ob sie Elektrizität von kleinen oder großen Unternehmen, von Windenergieanlagen an Land oder auf See oder von deutschen oder französischen Kraftwerken beziehen. Ihr Interesse zielt vielmehr auf eine möglichst preisgünstige Versorgung mit möglichst „guter", sprich sicher und umweltgerecht erzeugter sowie transportierter Elektrizität ab. Zur Beförderung dieses Interesses hat sich der Wettbewerb nach wirtschaftshistorisch bestätigter Erfahrung als das wirkungsmächtigste Instrument herausgestellt. Für die Initiierung eines Wettbewerbs um den Markt stellen faire und chancengleiche, also vor allem technologieneutrale Ausschreibungen wiederum das zentrale Mittel der Wahl dar.

---

[271] § 127 Abs. 1 S. 3 GWB. Die wichtigste Ausnahme ist vorliegend: Bei Windenergieanlagen an Land bezieht sich das Gebot auf einen 100-Prozent-Standort. Der konkrete anzulegende Wert berechnet sich nach § 36h EEG 2017 unter Anwendung von Korrekturfaktoren; vgl. BT-Drs. 18/8860 v. 21.6.2016, S. 188.

[272] Näher am Beispiel der Anreizregulierung *Mohr*, RdE 2017, 273 (277).

Grenzüberschreitende Öffnung von Ausschreibungsverfahren als neuer Mechanismus in EEG und KWKG

Von Markus Kahles, Würzburg

Mit dem Erneuerbare-Energien-Gesetz 2017 (EEG 2017)[1] und dem Kraft-Wärme-Kopplungsgesetz (KWKG)[2] wurden Ausschreibungen als neues Hauptinstrument zur Ermittlung der Förderhöhe für Erneuerbare-Energien-Anlagen und KWK-Anlagen etabliert.[3] In diesem Zuge sollen auch Ausschreibungsrunden stattfinden, an denen Bieter mit einem Anlagenstandort in einem anderen EU-Mitgliedstaat teilnehmen können (grenzüberschreitende Ausschreibungen). Ziel dieses Beitrags ist es, die Entwicklung und rechtlichen Grundlagen dieser grenzüberschreitenden Ausschreibungen darzustellen sowie deren europarechtlichen Hintergrund zu beleuchten. Zudem werden die Konzeption und die Ergebnisse der deutsch-dänischen Kooperation als erstem Anwendungsfall von Ausschreibungen nach der Grenzüberschreitende-Erneuerbare-Energien-Verordnung (GEEV)[4] dargestellt und ein Blick auf die mögliche zukünftige Entwicklung dieser grenzüberschreitenden Ausschreibungen geworfen.

I. Entwicklung und Grundlagen grenzüberschreitender Ausschreibungen in EEG und KWKG

Grenzüberschreitende Ausschreibungen nach dem EEG 2017 und dem KWKG stellen neue Instrumente dar, mit denen bislang wenig Erfahrung besteht. Im Rah-

---

[1] Erneuerbare-Energien-Gesetz v. 21.7.2014, BGBl. I, 1066, zuletzt geändert durch Art. 24 Abs. 29 des Gesetzes v. 23.6.2017, BGBl. I, 1693.

[2] Kraft-Wärme-Kopplungsgesetz v. 21.12.2015, BGBl. I, 2498, zuletzt geändert durch Art. 1 des Gesetzes v. 22.12.2016, BGBl. I, 3106.

[3] Vgl. allgemein zum Systemwechsel im EEG 2017: *Kahl/Kahles/Müller*, ER 2016, 187 ff.; *Altrock/Vollprecht*, ZNER 2016, 306 ff.; *Dinter*, Die Novellierung des Erneuerbare-Energien-Gesetzes (EEG 2017) – Übersicht über das beschlossene Gesetz und die Auswirkungen auf die Projektentwicklung, Versorgungswirtschaft 2016, 229 ff.; *Mohr*, Versorgungswirtschaft 2016, 165 ff.; *Lülsdorf*, NuR 2016, 756 ff.; *Müller*, in: Degenhart/Schomerus (Hrsg.), EEG 2014 – Konsequenzen für die Finanzwirtschaft, Baden-Baden, 2016, S. 45 ff. Zum KWKG: *Günther*, ER 2017, 3 ff; *Geipel*, Versorgungswirtschaft 2017, 37 ff.

[4] Grenzüberschreitende-Erneuerbare-Energien-Verordnung v. 11.7.2016, BGBl. I, 1629, zuletzt geändert durch Art. 13 des Gesetzes v. 22.12.2016, BGBl. I, 3106.

men des EEG wurden grenzüberschreitende Ausschreibungen testweise bereits mit dem EEG 2014[5] eingeführt.[6] § 2 Abs. 6 EEG 2014 legte fest, dass die mit dem EEG 2014 neu eingeführten Pilot-Ausschreibungen für PV-Freiflächenanlagen in einem Umfang von mindestens 5 % der jährlich neu installierten Leistung europaweit geöffnet werden sollen und stellte ebenfalls bereits in Aussicht, dass mit den Ausschreibungen für die übrigen Technologien ab 2017 ebenso verfahren werden würde. Das dazugehörige Ausschreibungsverfahren wurde auf Grundlage der hierfür vorgesehenen Ermächtigung nach § 88 Abs. 2 EEG 2014 durch die GEEV festgelegt, welche am 15. Juli 2016 in Kraft trat. Der Anwendungsbereich der GEEV wurde mittlerweile im Zuge des Erlasses des EEG 2017 von PV-Freiflächenanlagen auf alle Solaranlagen erweitert.[7] Eine abermalige Erweiterung des Anwendungsbereichs auf Windenergieanlagen an Land erfolgte durch die am 14. Juni 2017 durch das Bundeskabinett verabschiedete Novelle der GEEV auf Grundlage des § 88a i.V.m § 5 Abs. 2 bis Abs. 4 EEG 2017.[8] Was die grenzüberschreitenden Ausschreibungen im Rahmen des KWKG betrifft, so finden sich die grundlegenden Voraussetzungen in § 1 Abs. 5 bis Abs. 7 KWKG. Die Einzelheiten des Ausschreibungsverfahrens werden für die rein nationalen wie die grenzüberschreitenden KWK-Ausschreibungen in der KWK-Ausschreibungsverordnung (KWKAusV)[9] geregelt, die am 17. Mai 2017 vom Bundeskabinett im Rahmen einer Mantelverordnung beschlossen wurde.

Die grundsätzlichen rechtlichen Voraussetzungen für grenzüberschreitende Ausschreibungen in § 5 Abs. 2 bis Abs. 4 EEG 2017 und § 1 Abs. 5 bis Abs. 7 KWKG ähneln sich teilweise deutlich, weisen im Detail aber auch Unterschiede auf. Die Voraussetzungen des KWKG wurden hier nach dem Vorbild des EEG gestaltet. Einen Vergleich der Rechtsgrundlagen ermöglicht folgende Tabelle:

---

[5] Gesetz für den Ausbau erneuerbarer Energien v. 21.7.2014, BGBl. I, 1066, zuletzt geändert durch Art. 15 des Gesetzes zur Digitalisierung der Energiewende v. 29.8.2016, BGBl. I, 2034.

[6] Vgl. hierzu: *Kahles/Pause*, EuZW 2015, 776 ff.

[7] Art. 24 des Gesetzes zur Einführung von Ausschreibungen für Strom aus erneuerbaren Energien und zu weiteren Änderungen des Rechts der erneuerbaren Energien v. 13.10.2016, BGBl. I, 2258.

[8] http://www.bmwi.de/Redaktion/DE/Pressemitteilungen/2017/20170614-kabinett-verab schiedet-novelle-der-grenzueberschreitenden-erneuerbare-energien-verordnung.html (zuletzt abgerufen am 29.6.2017).

[9] Verordnung zur Einführung von Ausschreibungen zur Ermittlung der Höhe der Zuschlagszahlungen für KWK-Anlagen und für innovative KWK-Systeme (KWK-Ausschreibungsverordnung – KWKAusV), vgl. Art. 1 der Mantelverordnung der Bundesregierung zu Ausschreibungen für KWK-Anlagen und innovative KWK-Systeme, zu den gemeinsamen Ausschreibungen für Windenergieanlagen an Land und Solaranlagen sowie zur Änderung weiterer Verordnungen.

	§ 5 Abs. 2–4 EEG 2017	§ 1 Abs. 5–7 KWKG
Grundsatz	Soweit der Zahlungsanspruch durch Ausschreibungen ermittelt wird, können auch Anlagen in anderen EU-Mitgliedstaaten bezuschlagt werden (Abs. 2).	Soweit der Zahlungsanspruch durch Ausschreibungen ermittelt wird, können auch Anlagen in anderen EU-Mitgliedstaaten bezuschlagt werden (Abs. 5)
Volumen	5 % der jährlich zu installierenden Leistung (Abs. 2).	5 % der jährlich ausgeschriebenen installierten KWK-Leistung (Abs. 5).
Formen	Gemeinsame Ausschreibung (Abs. 2 Nr. 1), Geöffnete Ausschreibung (Abs. 2 Nr. 2).	Gemeinsame Ausschreibung (Abs. 5 S. 2), Geöffnete Ausschreibung (Abs. 5 S. 1).
Voraussetzungen	Völkerrechtliche Vereinbarung (Abs. 3 Nr. 1), Prinzip der Gegenseitigkeit (Abs. 3 Nr. 2), Physikalischer Import des Stroms oder vergleichbarer Effekt (Abs. 3 Nr. 3).	Kooperationsvereinbarung mit bestimmten Mindestinhalten (Abs. 6 Nr. 1), Vergleichbare Auswirkungen wie bei der Einspeisung im Bundesgebiet (Abs. 6 Nr. 2).
Verordnung	Grenzüberschreitende-Erneuerbare-Energien-Verordnung (GEEV).	KWK-Ausschreibungsverordnung (KWKAusV).

1. Volumen der Öffnung

Das vorgesehene Volumen der Öffnung beträgt zwar sowohl im EEG 2017 als auch im KWKG jeweils 5 %, unterscheidet sich allerdings im Detail.[10] Während sich im Rahmen des EEG 2017 der Wert auf die jährlich zu installierende Leistung bezieht, also den gesamten Ausbaupfad nach § 4 EEG 2017, bezieht sich der Wert des KWKG nur auf die jährlich ausgeschriebene Leistung und nicht auf die gesamte zu installierende Leistung. Somit ist im Rahmen des KWKG, anders als im Rahmen des EEG 2017, die installierte Leistung von Anlagen, deren Zahlungsanspruch nicht durch Ausschreibungen bestimmt wird, von der Berechnung der Öffnungsmenge ausgenommen.

---

[10] Die der Berechnung zugrunde liegende Formel findet sich in der Beihilfentscheidung zum EEG 2014: C(2014) 5081 final v. 23.7.2014, SA.38632 (2014/N) – EEG 2014, Rn. 335: „(…), this percentage has been established as a function of the total capacity of interconnectors connecting Germany to other Member States and EEA countries divided by the total electricity consumption in Germany and multiplied by the yearly new installed capacity (expressed in production volumes)." In den folgenden Entscheidungen zum EEG 2017 sowie zum KWKG hat man sich hieran orientiert: C(2016) 8789 final v. 20.12.2016, SA.45461 (2016/N) – EEG 2017, Rn. 292; C(2016) 6714 final v. 24.10.2016, SA.42393 (2016/C) (ex 2015/N) – Germany – Reform of support for cogeneration in Germany, Rn. 218.

2. Formen grenzüberschreitender Ausschreibungen

Die Gegenüberstellung der Normen zeigt, dass grenzüberschreitende Ausschreibungen sowohl im EEG 2017 als auch im KWKG und auf der Grundlage der zugehörigen Verordnungen in den Formen der gemeinsamen Ausschreibungen oder der geöffneten Ausschreibungen möglich sind. Diese unterscheiden sich anhand des Grades der erforderlichen Kooperation zwischen den beteiligten Mitgliedstaaten. Im Rahmen der gemeinsamen Ausschreibungen einigen sich die beteiligten Mitgliedstaaten auf ein gemeinsames Ausschreibungsverfahren und führen eine oder mehrere Ausschreibungsrunden gemeinsam durch. Im Gegensatz hierzu werden im Rahmen einer geöffneten Ausschreibung lediglich eine oder mehrere Ausschreibungsrunden nach dem nationalen Ausschreibungsverfahren für Bieter mit Anlagenstandorten im Kooperationsstaat teilweise oder vollständig geöffnet.

3. Voraussetzungen

a) Völkerrechtliche Vereinbarung

Die grundlegende Voraussetzung einer Kooperation mit einem oder mehreren anderen Mitgliedstaaten im Rahmen des EEG 2017[11] und des KWKG ist der Abschluss einer völkerrechtlichen Vereinbarung, vgl. § 5 Abs. 3 Nr. 1 EEG 2017. Das KWKG spricht in diesem Zusammenhang nach § 1 Abs. 6 Nr. 1 von einer Kooperationsvereinbarung. Hinter dem unterschiedlichen Wortlaut scheint sich allerdings kein inhaltlicher Unterschied zu verbergen. Denn auch eine Vereinbarung über eine Kooperation zwischen zwei oder mehreren Mitgliedstaaten ist unabhängig von Form und Regelungsgegenstand *„eine Übereinkunft zwischen zwei oder mehr Völkerrechtssubjekten"*[12] und somit ein völkerrechtlicher Vertrag. Art. 59 Abs. 2 GG unterscheidet zwischen Verträgen, welche die politischen Beziehungen des Bundes regeln oder sich auf Gegenstände der Bundesgesetzgebung beziehen (Art. 59 Abs. 2 S. 1 GG) und Verwaltungsabkommen (Art. 59 Abs. 2 S. 2 GG). Verträge nach Art. 59 Abs. 2 S. 1 GG bedürfen eines Zustimmungsgesetzes, während Verwaltungsabkommen keiner Zustimmung des Parlaments bedürfen.[13] Die am 20. Juli 2016 unterzeichnete völkerrechtliche Vereinbarung über die grenzüberschreitenden Ausschreibungsrunden für Strom aus erneuerbaren Energien zwischen Deutschland und Dänemark (im Folgenden: *Kooperationsabkommen*) wurde als Verwaltungsabkommen nach Art. 59 Abs. 2 S. 2 GG in der Form eines Regierungsabkommens geschlossen.[14] Die völker-

---

[11] Vgl. hierzu auch *Mohr/Lexow*, KSzW 2016, 188 (191 f.).

[12] BVerfGE 90, 286, 359; *Jarass*, in: Jarass/Pieroth (Hrsg.), Grundgesetz, 14. Aufl. 2016, Art. 59, Rn. 9.

[13] *Streinz*, in: Sachs (Hrsg.), Grundgesetz, 7. Aufl. 2014, Art. 59, Rn. 76; *Jarass*, in: Jarass/Pieroth (Hrsg.), Grundgesetz, 14. Aufl. 2016, Art. 59, Rn. 21.

[14] Abkommen zwischen der Regierung der Bundesrepublik Deutschland und der Regierung des Königreichs Dänemark über die Schaffung eines Rahmens für die teilweise Öffnung nationaler Fördersysteme zur Förderung der Energieerzeugung durch Photovoltaik-Anlagen

rechtlichen Vereinbarungen sollen dabei einerseits den Rahmen ausfüllen, den die jeweiligen Verordnungen, GEEV und KWKAusV, zwingend vorgeben, aber andererseits innerhalb dieses Rahmens eine flexible Anpassung an die Erfordernisse der jeweiligen Kooperationspartner ermöglichen.[15]

b) Prinzip der Gegenseitigkeit

Nach § 5 Abs. 3 Nr. 2 EEG 2017 ist die Einhaltung des Prinzips der Gegenseitigkeit Voraussetzung für die Durchführung grenzüberschreitender Ausschreibungen.[16] Aus dem Vergleich der grundlegenden rechtlichen Voraussetzungen für grenzüberschreitende Ausschreibungen nach § 5 Abs. 3 EEG 2017 und § 1 Abs. 6 KWKG ergibt sich, dass im Rahmen des KWKG, im Gegensatz zu § 5 Abs. 3 Nr. 2 EEG 2017, auf eine Normierung des Prinzips der Gegenseitigkeit verzichtet wurde. Im Rahmen des EEG 2017 soll das Prinzip der Gegenseitigkeit sicherstellen, dass sich der Kooperationsstaat im Gegenzug zur Öffnung einer oder mehrerer deutscher Ausschreibungsrunden auch zu einer entsprechenden Öffnung seiner jeweiligen nationalen Ausschreibungsrunden verpflichtet und somit Bietern mit Anlagenstandorten in Deutschland die Teilnahme ermöglicht.[17] Innerhalb des KWKG wurde auf die Normierung der Gegenseitigkeit als Voraussetzung der Öffnung verzichtet. Die Gesetzesbegründung gibt über die Gründe des Verzichts keine Aufklärung.[18] Der Verzicht könnte allerdings darauf hindeuten, dass im Rahmen des KWKG auch eine einseitige Öffnung denkbar ist. Der Kooperationsstaat müsste also nur seine Zustimmung erteilen, dass Bieter mit Anlagenstandorten auf seinem Staatsgebiet an den geöffneten deutschen KWK-Ausschreibungen teilnehmen können, aber nicht zwingend selbst eine solche Möglichkeit für Bieter mit Anlagenstandorten in Deutschland vorsehen.

c) Physikalischer Import oder vergleichbare Auswirkungen

Ein Unterschied im Wortlaut besteht des Weiteren im Vergleich der Voraussetzungen nach § 5 Abs. 3 Nr. 3 EEG 2017 und § 1 Abs. 6 Nr. 2 KWKG. Das EEG 2017 spricht hier als Voraussetzung grenzüberschreitender Ausschreibungen davon, dass der Strom „*physikalisch importiert*" wird oder einen „*vergleichbaren Effekt*

---

und für die grenzüberschreitende Steuerung dieser Projekte im Rahmen eines einmaligen Pilotverfahrens im Jahr 2016, Bekanntmachung v. 17.10.2016, BGBl. II Nr. 28, 1168.

[15] Vgl. Gesetzesbegründung zu § 1 Absatz 6 Nummer 1 KWKG, BT-Drs. 18/10209, S. 71 sowie Begründung zum Referentenentwurf der GEEV v. 26.4.2016, S. 36, abrufbar unter: https://www.bmwi.de/Redaktion/DE/Downloads/E/entwurf-der-grenzueberschreitenden-erneu erbaren-energien-verordnung.html (zuletzt abgerufen am: 29.6.2017); vgl. zu den einzelnen Ausschreibungsbedingungen und Abweichungsmöglichkeiten im Rahmen der GEEV: *Mohr/ Lexow*, KSzW 2016, 188 (192 ff.).

[16] *Mohr/Lexow*, KSzW 2016, 188 (192).

[17] Gesetzesbegründung zu § 5 EEG, BT-Drs. 18/8860, S. 189.

[18] Vgl. Gesetzesbegründung zu § 1 Abs. 6 KWKG, BT-Drs. 18/10209, S. 71 f.

auf den deutschen Strommarkt" hat.[19] Hingegen wird im Rahmen des KWKG auf den physikalischen Import als Voraussetzung verzichtet und es muss lediglich sichergestellt sein, *„dass die tatsächliche Auswirkung des in der Anlage erzeugten und durch dieses Gesetz zu fördernden KWK-Stroms auf den deutschen Strommarkt vergleichbar ist zu der Auswirkung, die der Strom bei einer Einspeisung im Bundesgebiet hätte".* Das KWKG zieht damit wohl die Konsequenz aus der bereits im Rahmen des EEG getroffenen Feststellung, dass ein *„physikalischer"* Import des in der ausländischen Anlage geförderten und erzeugten Stroms in tatsächlicher Hinsicht, mit Ausnahme von Anlagen mit direktem Anschluss an das deutsche Stromnetz, nicht möglich ist.[20] Die Voraussetzung des vergleichbaren Effekts oder der vergleichbaren Wirkung richtet sich dabei nicht an den Bieter oder den Anlagenbetreiber im Mitgliedstaat. Diesem sollen gerade im Vergleich zu Bietern mit deutschen Anlagenstandorten keine zusätzlichen und möglicherweise wettbewerbsverzerrenden Hürden im Rahmen der grenzüberschreitenden Ausschreibung auferlegt werden. Vielmehr müssen die Kooperationsstaaten darüber befinden, ob etwa der Verbundgrad ihrer Stromnetze dafür ausreicht, dass die Einspeisung von Strom aus erneuerbaren Energien im Kooperationsstaat einen vergleichbaren Effekt auf den deutschen Strommarkt hat, wie dies bei einer Einspeisung in das deutsche Stromnetz der Fall wäre. Im Falle der Kooperation Deutschlands mit Dänemark wurde diese Bedingung angesichts des hohen, direkten Verbundgrades zwischen den Vertragsparteien und des kleinen Volumens der Pilotausschreibungsrunden als gegeben angesehen.[21]

II. Europarechtlicher Hintergrund

Mit seiner Entscheidung in Sachen *Ålands Vindkraft*[22] und der nachfolgenden Entscheidung in Sachen *Essent Belgium NV*[23] hatte der EuGH im Jahr 2014 geklärt, dass es auf Grundlage der geltenden EE-RL 2009/28/EG keinen Verstoß gegen die Warenverkehrsfreiheit nach Art. 34 AEUV begründet, wenn ein Mitgliedstaat seine Förderregelung für Strom aus erneuerbaren Energien auf inländisch erzeugten EE-Strom

---

[19] Vgl. hierzu: *Mohr/Lexow*, KSzW 2016, 188 (192).

[20] BMWi, Öffnung des EEG für Strom aus anderen EU-Mitgliedstaaten im Rahmen der Pilot-Ausschreibung für Photovoltaik-Freiflächenanlagen, Eckpunktepapier v. 4.3.2016, S. 7; Gesetzesbegründung zu § 1 Absatz 6 Nummer 2 KWKG, BT-Drs. 18/10209, S. 71.

[21] Abkommen zwischen der Regierung der Bundesrepublik Deutschland und der Regierung des Königreichs Dänemark über die Schaffung eines Rahmens für die teilweise Öffnung nationaler Fördersysteme zur Förderung der Energieerzeugung durch Photovoltaik-Anlagen und für die grenzüberschreitende Steuerung dieser Projekte im Rahmen eines einmaligen Pilotverfahrens im Jahr 2016, Bekanntmachung v. 17.10.2016, BGBl. II Nr. 28, 1168 (1169).

[22] EuGH, C-573/12 v. 1.7.2014, ECLI:EU:C:2014:2037 – Ålands Vindkraft AB gegen Energimyndigheten.

[23] EuGH, C-204/12 bis C-208/12 v. 11.9.2014, ECLI:EU:C:2014:2192 – Essent Belgium NV.

beschränkt.[24] Der EuGH führte jeweils aus, dass die territoriale Beschränkung einer EE-Förderregelung auf das Staatsgebiet eine aus dem Grund des Schutzes von Leben und Gesundheit von Menschen, Tieren und Pflanzen nach Art. 36 AEUV sowie des Umweltschutzes als zwingendem Grund des Allgemeininteresses gerechtfertigte Beschränkung der Warenverkehrsfreiheit sei.[25]

Trotz der genannten Entscheidungen des EuGH ist in jüngerer Zeit eine Entwicklung zu beobachten, in deren Zuge eine wachsende Anzahl von Mitgliedstaaten in begrenztem Umfang eine Öffnung ihrer Fördersysteme für im EU-Ausland erzeugten Strom aus erneuerbaren Energien angekündigt oder teilweise schon umgesetzt hat.[26] Diese Mitgliedstaaten sind zuvor jeweils eine Verpflichtung zur Öffnung ihrer Fördersysteme zur Erzeugung von Strom aus erneuerbaren Energien gegenüber der Kommission im Rahmen von Beihilfeverfahren eingegangen.[27] Im Rahmen der Förderung der Stromerzeugung aus KWK ist die im Rahmen des Beihilfeverfahrens zum KWKG abgegebene Verpflichtung Deutschlands zur Einführung grenzüberschreitender Ausschreibung bislang, soweit ersichtlich, die einzige dieser Art.[28]

1. EEG- und KWK-Umlage als Verstoß gegen Art. 30 oder Art. 110 AEUV?

Die Verpflichtungen zur Durchführung grenzüberschreitender Ausschreibungen im EEG 2017 und im KWKG sind zwar im Rahmen von Beihilfeverfahren erfolgt. Ihre rechtliche Grundlage bilden aber nicht die beihilferechtlichen Vorgaben nach Art. 107 ff. AEUV, sondern die Regelungen über das Verbot diskriminierender Abgaben nach Art. 30 und Art. 110 AEUV. Art. 30 AEUV bestimmt das Zollverbot sowie das Verbot von Abgaben zollgleicher Wirkung:

---

[24] Vgl. hierzu ausführlich *Grabmayr/Kahles*, ER 2014, 183 ff.; *Ludwigs*, in: Müller/Kahl (Hrsg.), Erneuerbare Energien in Europa, S. 111, 120 ff.

[25] EuGH, C-573/12 v. 1.7.2014, ECLI:EU:C:2014:2037 – Ålands Vindkraft AB gegen Energimyndigheten, Rn. 54; EuGH, C-204/12 bis C-208/12 v. 11.9.2014, ECLI:EU:C:2014:2192 – Essent Belgium NV, Rn. 77 ff., 89 ff.

[26] Vgl. hierzu: *Kahles/Pause*, EuZW 2015, 776 ff.

[27] Deutschland, C(2014) 5081 final v. 23.7.2014, SA.38632 (2014/N) – EEG 2014, Rn. 329 ff. sowie C(2016) 8789 final v. 20.12.2016, SA.45461 (2016/N) – EEG 2017, Rn. 289 ff.; Luxemburg, C(2014) 6433 final v. 16.9.2014, SA.37232 (2014/NN), Rn. 27, 73 ff.; Dänemark, C(2014) 8004 v. 24.10.2014, SA.36204 (2013/N), Rn. 57 ff. sowie COM (2015) 991 final v. 26.2.2015, SA.40305 (2015/N), Rn. 49 ff.; Estland C(2014) 8106 final v. 28.10.2014, SA.36023 (2014/NN), Rn. 125; Rumänien, C(2015) 2886 v. 4.5.2015, SA.37177 (2015/NN), Rn. 31, 106 ff. sowie C(2016) 8865 final v. 16.12.2016, SA.46894 (2016/N), Rn. 48; Griechenland, C(2016) 7272 final v. 16.11.2016, SA.44666, Rn. 76 ff., 132 ff.; Italien, C(2016) 2726 final v. 28.4.2016, SA.43756 (2015/N) Rn. 55 ff.; Portugal, C(2016)2874 final v. 4.5.2016, SA.41694 (2015/N), Rn. 60 ff.; Belgien, C(2016) 8426 final, SA.45867 (2016/N), Rn. 115 ff.

[28] C(2016) 6714 final v. 24.10.2016, SA.42393 (2016/C) (ex 2015/N) – Germany – Reform of support for cogeneration in Germany, Rn. 213 ff.

„Ein- und Ausfuhrzölle oder Abgaben gleicher Wirkung sind zwischen den Mitgliedstaaten
verboten. Dieses Verbot gilt auch für Finanzzölle."

Art. 110 AEUV enthält das Verbot diskriminierender oder protektionistischer in-
ländischer Abgaben:

> „Die Mitgliedstaaten erheben auf Waren aus anderen Mitgliedstaaten weder unmittelbar
> noch mittelbar höhere inländische Abgaben gleich welcher Art, als gleichartige inländische
> Waren unmittelbar oder mittelbar zu tragen haben.
> Die Mitgliedstaaten erheben auf Waren aus anderen Mitgliedstaaten keine inländischen Ab-
> gaben, die geeignet sind, andere Produktionen mittelbar zu schützen."

Im Rahmen eines Beihilfeverfahrens überprüft die Kommission die Förderregelungen der Mitgliedstaaten nicht nur anhand der Beihilferegelungen von Art. 107 ff.
AEUV, sondern auch anhand von sonstigem Unionsrecht, da eine Maßnahme nicht
als Beihilfe mit dem Binnenmarkt vereinbart erklärt werden darf, wenn sie gegen andere europäische Vorgaben verstößt. Im Bereich der EE-Förderung kommen insbesondere Art. 30 und Art. 110 AEUV in Frage. Dies ergibt sich aus Rn. 29 der Leitlinien für Umweltschutz- und Energiebeihilfen (UEBLL).[29] Dort heißt es:

> „Wenn eine Beihilfemaßnahme oder die mit ihr verbundenen Bedingungen (einschließlich
> der Finanzierungsmethode, wenn diese fester Bestandteil der Maßnahme ist) zwangsläufig
> zu einem Verstoß gegen Unionsrecht führen würden, kann die Beihilfe nicht für mit dem
> Binnenmarkt vereinbar erklärt werden. So muss im Bereich Energie jede auf die Finanzie-
> rung einer staatlichen Beihilfe ausgerichtete Abgabe insbesondere mit den Artikeln 30 und
> 110 AEUV im Einklang stehen."

Damit steht die Vorgehensweise im Einklang mit der Rechtsprechung des EuGH
im Fall *Essent Netwerk Noord BV.* Dort führt der EuGH aus:

> „Eine im Wege einer diskriminierenden Abgabe durchgeführte Maßnahme, die gleichzeitig
> als Beihilfe im Sinne von Art. 87 EG (Anm.: jetzt Art. 107 AEUV) angesehen werden kann,
> unterliegt sowohl den Bestimmungen der Art. 25 oder 90 EG (Anm.: jetzt Art. 30 oder
> 110 AEUV) als auch den Bestimmungen über staatliche Beihilfen."[30]

Den Verpflichtungen zu grenzüberschreitenden Ausschreibungen im Rahmen des
EEG und des KWKG lag somit in diesem Zusammenhang jeweils die Annahme seitens der Kommission zugrunde, dass die Begrenzung der Förderung auf einheimische
Erzeuger unter gleichzeitiger Belastung der Ware Strom mit einer Umlage einen Verstoß gegen das Verbot diskriminierender Abgaben oder Maßnahmen gleicher Wirkung nach Art. 30 oder Art. 110 AEUV darstellen könnte, da heimischer wie einge-
führter Strom unterschiedslos mit der Umlage belastet werde, der Erlös aus der Um-

---

[29] Europäische Kommission, Leitlinien für staatliche Umweltschutz- und Energiebeihilfen
2014–2020, ABl. 2014 C 200, S. 1.

[30] EuGH, C-206/06 v. 17.7.2008, ECLI:EU:C:2008:413 – Essent Netwerk Noord BV,
Rn. 59.

lage aber nur heimischen Stromerzeugern zugutekomme.[31] Die Kommission legte sich dabei allerdings nicht endgültig fest, ob sie hierdurch Art. 30 oder Art. 110 AEUV verletzt sieht.[32] Auch wurde seitens der Kommission nicht endgültig entschieden, ob ein solcher Verstoß nach ihrer Ansicht letztendlich vorliegt. Die Bundesregierung hatte einen Verstoß gegen Art. 30 oder Art. 110 AEUV unter anderem bereits wegen der fehlenden Abgabeneigenschaft der EEG-Umlage bestritten.[33] Allerdings sah die Kommission die Öffnung einer Förderregelung für im Ausland erzeugten Strom als geeignete Abhilfe dafür an, etwaige Bedenken bezüglich eines solchen Verstoßes zu beseitigen.[34] Hierfür lässt sich bereits in den UEBLL eine Tendenz der Kommission ableiten. Dort wird in Rn. 122 UEBLL ausgeführt, dass die Kommission Regelungen, die auch anderen EWR-Staaten und den Vertragsparteien des Vertrages zur Gründung der Energiegemeinschaft offenstehen, „positiv bewerten" wird. Damit stellen die im Rahmen des EEG 2014/2017 und des KWKG eingeführten grenzüberschreitenden Ausschreibungen ein Verhandlungsergebnis zwischen der Kommission und der Bundesregierung dar, ohne dass endgültig geklärt wäre, ob ein Verstoß gegen Art. 30 oder Art. 110 AEUV tatsächlich vorlag. Teil dieses Verhandlungsergebnisses war es sodann auch, dass die Einführung grenzüberschreitender Ausschreibung nicht bedingungslos, sondern lediglich unter den bereits genannten Voraussetzungen eines beschränkten Volumens, einer völkerrechtlichen Vereinbarung, der Gegenseitigkeit sowie des physischen Imports oder einer vergleichbaren Auswirkung auf den deutschen Strommarkt erfolgen muss.[35]

---

[31] Vgl. zu EEG 2014 und EEG 2017: COM(2014) C(2014) 5081 final v. 23.7.2014, SA.38632 (2014/N) – EEG 2014, Rn. 329 ff. sowie C(2016) 8789 final v. 20.12.2016, SA.45461 (2016/N) – EEG 2017, Rn. 289 ff.; zum KWKG: C(2016) 6714 final v. 24.10. 2016, SA.42393 (2016/C) (ex 2015/N) – Germany – Reform of support for cogeneration in Germany, Rn. 213 ff.

[32] Nach Ansicht des EuGH kann allerdings „ein und dieselbe Abgabe nach dem System des Vertrages nicht gleichzeitig in beide Kategorien fallen", vgl. EuGH, ECLI:EU:C:1998:155 – Outokumpu Oy, Rn. 19 m.w.N.

[33] C(2014) 5081 final v. 23.7.2014, SA.38632 (2014/N) – EEG 2014, Rn. 331 f.; ebenso *Sailer/Kantenwein*, in: Reshöft/Schäfermeier (Hrsg.), EEG, 4. Aufl. 2014, Einl. Rn. 257; a.A: *Bloch*, RdE 2013, 113 ff.; vgl. grdl. EuGH, C-213/96 v. 2.4.1998, ECLI:EU:C:1998:155, Outokumpu Oy, Rn. 19 ff.; EuGH, C-206/06 v. 17.7.2008, ECLI: EU:C:2008:413 – Essent Netwerk Noord BV, Rn. 41 ff.

[34] C(2014) 5081 final v. 23.7.2014, SA.38632 (2014/N) – EEG 2014, Rn. 330; C (2016) 6714 final v. 24.10.2016, SA.42393 (2016/C) (ex 2015/N) – Germany – Reform of support for cogeneration in Germany, Rn. 218.

[35] C(2014) 5081 final v. 23.7.2014, SA.38632 (2014/N) – EEG 2014, Rn. 334–336. sowie C(2016) 8789 final v. 20.12.2016, SA.45461 (2016/N) – EEG 2017, Rn. 292; C (2016) 6714 final v. 24.10.2016, SA.42393 (2016/C) (ex 2015/N) – Germany – Reform of support for cogeneration in Germany, Rn. 218 f.

2. Alternativen zur Öffnung von Förderregelungen

Neben der oben beschriebenen Öffnung von Förderregelungen wählen die Mitgliedstaaten verschiedene Wege, um Bedenken der Kommission bezüglich eines etwaigen Verstoßes gegen Art. 30 oder Art. 110 AEUV zu zerstreuen. Ein Mittel der Wahl ist dabei, dass sich Mitgliedstaaten vermehrt dazu verpflichten, einen bestimmten Betrag in den Ausbau der grenzüberschreitenden Interkonnektorenkapazität zu investieren. Dies war beispielsweise in Tschechien,[36] Dänemark,[37] Frankreich[38] und Bulgarien[39] der Fall. Tschechien hat sich für Verstöße innerhalb des Zeitraums 2013–2015 zudem zu einer Rückzahlung der Abgabe an ausländische EE-Stromerzeuger verpflichtet.[40]

Des Weiteren sieht die Kommission Art. 30 oder Art. 110 AEUV regelmäßig bereits tatbestandlich nicht als einschlägig an, wenn im Rahmen des Finanzierungsmechanismus keine finanzielle Belastung der Ware Strom als solche bewirkt wird. So werden im Beispiel des niederländischen Fördersystems SDE+ die ausbezahlten Prämien aus allgemeinen Haushaltmitteln finanziert. Dadurch besteht für die Kommission bereits kein direkter Zusammenhang zwischen dem Finanzierungsmechanismus und den ausbezahlten Prämien und damit kein Verstoß gegen Art. 30 oder Art. 110 AEUV.[41] Ebenso verfuhr die Kommission im Beispiel Dänemark, das erst kürzlich die Finanzierung seines Fördersystems auf Steuermittel umgestellt hat.[42] Slowenien hingegen hat ein System eingeführt, wonach die individuellen Beiträge zur Finanzierung der Beihilfe für EE-Strom nicht anhand des Verbrauchs, sondern anhand der Anschlusskapazität des Verbrauchers berechnet werden. Auch hierin sah die Kommission keinen Verstoß gegen Art. 30 oder Art. 110 AEUV.[43] Ebenso verfuhr die Kommission in den Fällen Tschechien[44] und Österreich[45]. Die Vermeidung des Vorwurfs eines Verstoßes gegen Art. 30 oder Art. 110 AEUV wird im Falle dieser Beispiele aller Voraussicht nach nicht der maßgebliche Grund für oder gegen eine Finanzierung des Fördersystems aus allgemeinen Haushaltmitteln gewesen sein. Die Vermeidung einer Pflicht zur Einführung von grenzüberschreitenden Ausschreibungen oder von konkreten Investitionszusagen in die Interkonnektorenkapazität könnte aber unter anderem im Rahmen der Erwägungen zur Ausgestaltung des jeweiligen Fördermechanismus auch eine Rolle gespielt haben.

---

[36] C(2016) 7827 final v. 28.11.2016, SA.40171, Rn. 63, 128: 20 730 917 Mio. EUR.

[37] C(2016) 8678 final v. 14.12.2016, SA.46882 (2016/N), Rn. 17: 114 Mio. EUR.

[38] C(2016) 8604 final v. 12.12.2016, SA.46655 (2016/NN), Rn. 10, 92 ff.: 49 Mio. EUR.

[39] C(2016) 5205 final v. 4.8.2016, SA.44840 (2016/NN) Rn. 35, 95: 588 187.44 EUR.

[40] C(2014) 2246 final v. 11.6.2014, SA.35177 (2014/NN), Rn. 71.

[41] C(2015) 2356 final v. 7.4.2015, SA.39399 (2015/N), Rn. 84.

[42] C(2016) 8678 final v. 14.12.2016, SA.46882 (2016/N), Rn. 19.

[43] C(2016) 6592 final v. 10.10.2016, SA.41998 (2015/N), Rn. 172.

[44] C(2016) 7827 final v. 28.11.2016, SA.40171 (2015/NN), Rn. 129.

[45] C(2006) 2955 endg. V. 4.7.2006, NN 162/A/2003 und N 317/A/2006 v. 4.7.2006, Rn. 74.

III. Konzeption und Ergebnisse
der deutsch-dänischen Ausschreibungen

Die auf Grundlage des deutsch-dänischen Kooperationsabkommens durchgeführten Ausschreibungsrunden sind der erste Anwendungsfall grenzüberschreitender Ausschreibungen zwischen Mitgliedstaaten der EU. Dass eine Kooperation mit Dänemark zustande kam, lag maßgeblich daran, dass Dänemark durch eine Beihilfeentscheidung der EU-Kommission vom 24. Oktober 2014[46] ähnliche Verpflichtungen zur Öffnung seiner Förderregelung für Strom aus erneuerbaren Energien auferlegt wurden wie Deutschland. Die Besonderheit der Kooperation besteht darin, dass es sich nicht um eine gemeinsame Ausschreibungsrunde handelt, sondern die deutsche und die dänische Ausschreibungsrunde jeweils getrennt voneinander als einseitig geöffnete nationale Ausschreibung und einseitig geöffnete ausländische Ausschreibung nach § 1 Abs. 2 Nr. 2 und Nr. 3 GEEV durchgeführt wurden. Zunächst konnten sich auch Bieter mit dänischen Anlagenstandorten an der am 12. Oktober 2016 durch die Bundesnetzagentur (BNetzA) als ausschreibender Stelle bekannt gemachten deutschen Ausschreibung beteiligen, welche auf Grundlage der GEEV durchgeführt wurde. Die Bezuschlagung durch die BNetzA erfolgte am 28. November 2016. Unabhängig hiervon führte die Dänische Energieagentur eine Ausschreibung durch, an der bis zu einem Volumen von 2,4 Megawatt auch Bieter mit deutschen Anlagenstandorten teilnehmen konnten. Die Bezuschlagung der erfolgreichen Bieter durch die Dänische Energieagentur erfolgte am 8. Dezember 2016. Durch die Tatsache, dass es sich um zwei getrennte Ausschreibungen handelte, galten in weiten Teile auch unterschiedliche Ausschreibungsbedingungen. Grundsätzlich wurde die Kooperation so konzipiert, dass die Standortbedingungen des Standortlandes und die Förderbedingungen des Förderlandes gelten sollten.

1. Standortbedingungen

Unter Standortbedingungen werden im Rahmen von grenzüberschreitenden Ausschreibungen etwa die Flächenkulisse, die Netzanschlussbedingungen, das Planungs- und Genehmigungsrecht oder das Steuerrecht verstanden.[47] Hier wird davon ausgegangen, dass eine Angleichung dieser Bedingungen im Rahmen einer begrenzten Kooperation nicht oder nicht vollständig möglich sein wird. Dies bedeutet konkret, dass insbesondere die energiewirtschaftlichen sowie netz- und versorgungssicherheitsrelevanten Regelungen des Landes gelten, auf dessen Gebiet die Anlagen ihren Standort haben. Ebenfalls als Standortbedingung eingeordnet werden Flächenkriterien. So unterscheiden sich insbesondere die für Freiflächenanlagen zur Verfügung stehenden Flächen in Deutschland und Dänemark. Während in Deutschland nach § 37 Abs. 1 Nr. 3 EEG 2017 und § 22 Abs. 1 Nr. 2 a) dd) GEEV Freiflä-

---

[46] C(2014) 8004 v. 24. 10. 2014, SA.36204 (2013/N), Rn. 57 ff.

[47] BMWi, Öffnung des EEG für Strom aus anderen EU-Mitgliedstaaten im Rahmen der Pilot-Ausschreibung für Photovoltaik-Freiflächenanlagen, Eckpunktepapier v. 4. 3. 2016, S. 9.

chenanlagen nur förderfähig sind, wenn sie auf versiegelten Flächen, Konversions-
flächen oder Seitenrandstreifen von Autobahnen oder Schienenwegen errichtet werden, bestehen in Dänemark keine vergleichbaren Flächenrestriktionen. Damit konnten beispielsweise in der deutschen Ausschreibung auch Gebote für Freiflächenanlagen abgegeben werden, die in Dänemark auf Ackerflächen errichtet werden sollen.

2. Förderbedingungen

Die Modalitäten der grenzüberschreitenden Förderung werden hingegen von
demjenigen Kooperationsstaat bestimmt, nach dessen Förderregelung sich der Zahlungsanspruch der jeweiligen Anlage bestimmt. Die Gewinner der dänischen Ausschreibung erhalten somit nach Inbetriebnahme eine Marktprämie nach dem dänischen Fördersystem, selbst wenn sich der Anlagenstandort in Deutschland befindet.
Umgekehrt erhalten die Gewinner in der deutschen Ausschreibung nach Inbetriebnahme ihrer Anlage eine Marktprämie nach dem EEG, auch wenn sich der Anlagenstandort in Dänemark befindet. Damit unterscheidet sich im Fall der deutsch-dänischen Kooperation zunächst das jeweils zur Verfügung stehende Öffnungsvolumen.
Während in der deutschen Ausschreibung ein Volumen von 50 MW auch für Gebote
aus Dänemark zur Verfügung stand, belief sich das von dänischer Seite für Gebote
aus Deutschland geöffnete Volumen auf 2,4 MW. Allerdings wurden in Dänemark
auch nur insgesamt 20 MW zu installierende Leistung für Solaranlagen ausgeschrieben. Ein weiterer Unterschied bestand darin, dass die Zahlungen für erfolgreiche Bieter nach den deutschen Regelungen mittels einer flexiblen Marktprämie vorgenommen werden sollten, während nach den dänischen Regelungen eine fixe Marktprämie
ausgezahlt wird, vgl. Art. 4 Abs. 1 Buchst. a) und b) des Kooperationsabkommens.
Zudem war im Rahmen der deutschen Ausschreibung etwa ein Höchstpreis von
11,09 ct/kWh vorgesehen, wohingegen Dänemark auf die Festlegung eines Höchstpreises verzichtete. Auch können erfolgreiche Bieter nach den dänischen Regelungen neben den Zahlungen der festen Marktprämie Herkunftsnachweise nutzen, um
ihren Strom zu vermarkten, wohingegen die Nutzung von Herkunftsnachweisen bei
gleichzeitiger Geltendmachung eines Zahlungsanspruchs in Deutschland nach dem
Doppelvermarktungsverbot des § 80 Abs. 2 EEG 2017 und § 26 Abs. 1 Nr. 3 GEEV
nicht möglich ist, vgl. Art. 9 des Kooperationsabkommens.

3. Ergebnisse der deutschen Ausschreibungsrunde

Die Ergebnisse der deutschen Ausschreibungsrunde wurden durch die BNetzA
am 28. November 2016 auf ihrer Internetseite nach § 16 Abs. 2 GEEV bekannt gemacht.[48] Es wurden 43 Gebote mit einem Volumen von 297 MW eingereicht. Davon

---

[48] https://www.bundesnetzagentur.de/DE/Sachgebiete/ElektrizitaetundGas/Unternehmen_In
stitutionen/ErneuerbareEnergien/Ausschreibungen/Internat_Ausschreibungen/PV_Daenemark_

bezogen sich 17 Gebote mit einer Gebotsmenge von 154 Megawatt auf geplante Frei-flächenanlagen in Dänemark und 26 Gebote mit 143 Megawatt auf deutsche Projek-te.[49] Das Volumen der abgegebenen Gebote überstieg damit das Volumen der ausge-schriebenen zu installierenden Leistung fast um das Sechsfache. Das niedrigste Gebot lag bei 5,38 ct/kWh und das höchste Gebot bei 10 ct/kWh. Bezuschlagt wur-den fünf Gebote mit jeweils einer Gebotsgröße von 10 MW zu installierender Leis-tung und einem Gebotswert von 5,38 ct/kWh. Da im Einheitspreisverfahren (*uniform pricing*) zugeschlagen wurde, betrug somit auch der Zuschlagswert einheitlich 5,38 ct/kWh. Die erfolgreichen Gebote beziehen sich ausnahmslos auf Anlagen, die in Dänemark errichtet werden sollen und sind alle demselben Unternehmen zuzurech-nen.[50] Damit kamen keine Gebote über Anlagen zum Zuge, die in Deutschland er-richtet werden sollen. Der in dieser Ausschreibungsrunde ermittelte einheitliche Zu-schlagswert von 5,38 ct/kWh lag deutlich unter dem Wert der bis dahin letzten na-tionalen Ausschreibungsrunde[51] und auch unterhalb des durchschnittlichen Zu-schlagswerts der letzten aktuellen nationalen Ausschreibungsrunde zum Gebotstermin 1. Februar 2017 (6,58 ct/kWh),[52] an denen jeweils nur Gebote über ein-heimische Anlagenstandorte abgegeben werden durften. Dies zeigt, dass dänische Bieter in der Lage waren, deutlich niedriger zu bieten als ihre deutschen Wettbewer-ber. So waren die dänischen Bieter (6,44 ct/kWh) im Schnitt 1,21 ct/kWh günstiger als die deutschen Bieter (7,65 ct/kWh).[53] Hierfür sind einige Erklärungsansätze denk-bar. So geht die Bundesnetzagentur davon aus, dass sich spezifische Standortvorteile in Dänemark (z. B. keine Beschränkung der Flächenkulisse und höhere Standortgüte) ausgewirkt hätten.[54] Tatsächlich sollen die dänischen Anlagen nach Angaben der Bieter alle auf Ackerland errichtet werden,[55] was den deutschen Bietern nicht mög-lich ist. Sicherlich ausgewirkt haben könnte sich aber auch der Umstand, dass die Bieter in Deutschland Anfang Dezember 2016 bereits die nächste Chance auf einen Zuschlag in einer nationalen Ausschreibungsrunde nach der Freiflächenaus-

---

23_11_2016/23112016_PV_DK_node.html#doc698782bodyText2 (zuletzt abgerufen am 29.6. 2017).

[49] Bundesnetzagentur, Ergebnisse der geöffneten Ausschreibung für Solaranlagen mit dem Königreich Dänemark v. 23.11.2016, Hintergrundpapier, Stand: 21.12.2016, S. 3.

[50] Bundesnetzagentur, Ergebnisse der geöffneten Ausschreibung für Solaranlagen mit dem Königreich Dänemark v. 23.11.2016, Hintergrundpapier, Stand: 21.12.2016, S. 4.

[51] Der durchschnittliche bezuschlagte Gebotswert zum Gebotstermin August 2016 lag bei 7,25 ct/kWh, vgl.: Bundesnetzagentur, Ergebnisse der fünften Ausschreibungsrunde für Pho-tovoltaik (PV)-Freiflächenanlagen v. 1. August 2016, Hintergrundpapier, Stand: 8.9.2016, S. 5.

[52] Bundesnetzagentur, Ergebnisse der EEG Ausschreibung für Solaranlagen v. 1.2.2017, Hintergrundpapier, Stand: 10.2.2017, S. 7.

[53] Bundesnetzagentur, Ergebnisse der geöffneten Ausschreibung für Solaranlagen mit dem Königreich Dänemark v. 23.11.2016, Hintergrundpapier, Stand: 21.12.2016, S. 3.

[54] Bundesnetzagentur, Ergebnisse der geöffneten Ausschreibung für Solaranlagen mit dem Königreich Dänemark v. 23.11.2016, Hintergrundpapier, Stand: 21.12.2016, S. 4.

[55] Bundesnetzagentur, Ergebnisse der geöffneten Ausschreibung für Solaranlagen mit dem Königreich Dänemark v. 23.11.2016, Hintergrundpapier, Stand: 21.12.2016, S. 4.

schreibungsverordnung (FFAV)[56] nutzen konnten.[57] Hingegen hatten die dänischen Bieter nur die Chance sich in den beiden grenzüberschreitenden Ausschreibungsrunden Deutschlands und Dänemarks zu bewerben, da in Dänemark selbst ansonsten keine Ausschreibungen für Solaranlagen durchgeführt wurden. Des Weiteren könnten etwa auch unterschiedliche Steuer- und Abschreibungsmodelle in Dänemark und in Deutschland eine Rolle gespielt haben.

4. Ergebnisse der dänischen Ausschreibungsrunde

Die dänische Ausschreibungsrunde wurde durch die Dänische Energieagentur am 11. November 2016 mit Gebotsfrist zum 8. Dezember 2016 bekannt gegeben. Anders als im Rahmen der deutschen Ausschreibungsrunde handelte es sich nicht um eine separate geöffnete Ausschreibung, sondern eine Mischung aus einer grenzüberschreitenden und einer nationalen Ausschreibungsrunde. Von dem insgesamt ausgeschriebenen Volumen von 20 MW standen 2,4 MW für grenzüberschreitende Gebote aus Deutschland zur Verfügung.[58] Insgesamt wurden 36 Gebote mit einem Gesamtvolumen von 79,45 MW eingereicht. Hiervon wurden neun Gebote mit einer Größe von jeweils 2,4 MW bezuschlagt, welche nunmehr über einen 20-jährigen Förderzeitraum eine fixe Prämie von 12,89 øre/kWh (umgerechnet ca. 1,7 ct/kWh) erhalten können. Alle erfolgreich eingereichten Projekte sind Teil eines Unternehmens (*„Pure & Better Energy"*).[59] Alle eingegangenen Gebote bezogen sich auf Anlagen mit dänischen Standorten. Somit ging kein Gebot aus Deutschland ein. Die Dänische Energieagentur bewertete die Ausschreibungsergebnisse als *„historisch niedrig"*[60], lieferte jedoch keine Erklärung für die mangelnde Beteiligung deutscher Bieter. Eine mögliche Erklärung könnte in dem geringen Volumen liegen, welches Bietern mit deutschen Anlagenstandorten offen stand. Hierdurch war die Zuschlagswahrscheinlichkeit vergleichsweise gering. Zudem bieten sich den deutschen Bietern, anders als den dänischen Bietern, durch die laufenden nationalen Ausschreibungsrunden nach der FFAV, und nunmehr dem EEG 2017, regelmäßige Alternativen, um Zuschläge für

---

[56] Verordnung zur Einführung von Ausschreibungen der finanziellen Förderung für Freiflächenanlagen (Freiflächenausschreibungsverordnung – FFAV) v. 6.2.2015, BGBl. I 2015, S. 108, außer Kraft getreten am 1.1.2017.

[57] Bundesnetzagentur, Ergebnisse der geöffneten Ausschreibung für Solaranlagen mit dem Königreich Dänemark v. 23. November 2016, Hintergrundpapier, Stand: 21.12.2016, S. 4.

[58] Die Auswertung der Dänischen Energieagentur kann online unter folgendem Link abgerufen werden: https://ens.dk/en/our-services/current-tenders/pilot-tender-price-premium-electricity-solar-pv (zuletzt abgerufen am: 29.6.2017).

[59] Vgl. *State of Green*, Meldung v. 28.12.2016, Pure & Better Energy Wins Disruptive Record-Setting Low Power Price Bid for Solar PV in Denmark, abrufbar unter: https://stateof green.com/en/profiles/better-energy-invest-a-s/news/pure-and-better-energy-wins-disruptive-re cord-setting-low-power-price-bid-for-solar-pv-in-denmark (zuletzt abgerufen am: 29.6.2017).

[60] Dänische Energieagentur, Meldung vom Dezember 2016, Historically low prices offered in Danish tender of aid for solar PV, abrufbar unter: https://ens.dk/en/our-services/current-ten ders/pilot-tender-price-premium-electricity-solar-pv (zuletzt abgerufen am: 29.6.2017).

ihre Projekte zu erhalten. Dies könnte sich dämpfend auf die Bereitschaft deutscher Bieter ausgewirkt haben, sich dem recht hohen Wettbewerbsdruck in dem begrenzten geöffneten Segment von 2,4 MW auszusetzen. Dazu scheint es denkbar, dass auch das für deutsche Bieter ungewohnte Förderinstrument der fixen Marktprämie diese von der Abgabe eines Gebots abgehalten haben könnte.

IV. Zukunft grenzüberschreitender Ausschreibungen

Das Pilot-Projekt der deutsch-dänischen Kooperation zeigt, dass grenzüberschreitende Ausschreibungen zur Förderung von Strom aus erneuerbaren Energien grundsätzlich durchführbar sind. Da es sich um die erste grenzüberschreitende Ausschreibung dieser Art handelte, war, trotz des begrenzten Umfangs und der Beschränkung auf PV-Freiflächenanlagen, der Koordinierungsaufwand zwischen den Mitgliedstaaten recht hoch. Auch waren die Ergebnisse, zumindest aus deutscher Sicht, in ihrer Eindeutigkeit recht überraschend. Dennoch wurden Erfahrungen gemacht, die sich positiv auf die Vorbereitung und Durchführung möglicher künftiger grenzüberschreitender Ausschreibungen mit anderen Mitgliedstaaten auswirken könnten. Auch mit Blick auf die niedrigen Förderkosten in der deutschen Ausschreibungsrunde waren die Ergebnisse aus deutscher Sicht positiv, auch wenn kein deutscher Bieter einen Zuschlag erhalten hat. Und nicht zuletzt hat nunmehr auch die EU-Kommission in ihrer Beihilfeentscheidung zum EEG 2017 die deutsch-dänische Kooperation wohlwollend im Rahmen ihrer Prüfung der Vereinbarkeit des EEG 2017 mit Art. 30 und Art. 110 AEUV zur Kenntnis genommen.[61]

Nach dem EEG 2017 steht künftig jährlich ein Volumen von 5 % der zu installierenden Leistung (ca. 300 MW)[62] für grenzüberschreitende Ausschreibungen zur Verfügung. Zudem haben sich mittlerweile, wie gesehen, einige Mitgliedstaaten gegenüber der EU-Kommission zur teilweisen Öffnung ihrer Förderregelungen verpflichtet. Mit Ausnahme von Deutschland ist dies im Bereich der KWK, soweit ersichtlich, bislang noch nicht der Fall. Dennoch erweist sich die Suche nach weiteren Kooperationspartnern aus deutscher Sicht auch im Fall der grenzüberschreitenden Ausschreibungen nach dem EEG als langwierig. Hierbei könnten verschiedene politische Vorbehalte in den einzelnen Mitgliedstaaten gegenüber einer Förderung ausländischer Anlagen oder die Scheu vor langwierigen Verhandlungsprozessen im Vorfeld einer Kooperation eine Rolle spielen. Mittelfristig könnte hier allerdings ein weiterer europarechtlicher Impuls erfolgen. So enthält der Vorschlag der EU-Kommission für

---

[61] C(2016) 8789 final v. 20. 12. 2016, SA.45461 (2016/N) – EEG 2017, Rn. 292.

[62] BMWi, Begleitdokument zur Novelle der GEEV, S. 1, abrufbar unter: http://www.bmwi. de/Redaktion/DE/Downloads/E/entwurf-geev-begleitdokument.html (zuletzt abgerufen am 29. 6. 2017).

eine neue Erneuerbare-Energien-Richtlinie,[63] der im Rahmen des sog. „*Winterpakets*"[64] veröffentlicht wurde, eine Regelung zu grenzüberschreitenden Ausschreibungen. Art. 5 des Entwurfs sieht vor, dass die Mitgliedstaaten ihre Förderregelungen für Strom aus erneuerbaren Energien in Höhe von jährlich mindestens 10 % in den Jahren zwischen 2021 und 2025 und jährlich mindestens 15 % in den Jahren zwischen 2026 und 2030 öffnen müssen. Dabei sind grenzüberschreitende Ausschreibungen als eine mögliche Form der Öffnung benannt. Zur Anrechnung des jeweils grenzüberschreitend geförderten Stroms müssen die Mitgliedstaaten eine Kooperationsvereinbarung schließen. Weitere Bedingungen, etwa das Erfordernis der Gegenseitigkeit oder des physikalischen Imports bzw. einer vergleichbaren Auswirkung, finden sich in dem Entwurf nicht. Im Bereich der KWK-Förderung wurde eine vergleichbare Regelung nicht vorgeschlagen. Bezüglich des nun vorliegenden Vorschlags bleibt der weitere Gesetzgebungsprozess im Europäischen Parlament und dem Rat abzuwarten. Es erscheint allerdings nach den Vorschlägen der EU-Kommission nicht unwahrscheinlich, dass sich alle Mitgliedstaaten zumindest ab dem Jahr 2021 verstärkt mit der Förderung von Strom aus erneuerbaren Energien im Wege grenzüberschreitender Ausschreibungen auseinandersetzen müssen.

---

[63] C(2016) 767 final v. 23.2.2017, Vorschlag für eine Richtlinie des Europäischen Parlaments und des Rates zur Förderung der Nutzung von Energie aus erneuerbaren Quellen (Neufassung).

[64] Das Paket umfasst Vorschläge für vier Richtlinien und vier Verordnungen in den Bereichen Energieeffizienz, erneuerbare Energien, Gestaltung des Strommarktes, Sicherheit der Stromversorgung und Steuerung der Energieunion (*Governance*), vgl. zum Überblick: C (2016) 860 final v. 30.11.2016, Saubere Energie für alle Europäer, Mitteilung der Kommission an das Europäische Parlament, den Rat, den Wirtschafts- und Sozialausschuss, den Ausschuss der Regionen und die Europäische Investitionsbank.

Kapazitätsreserve, Netzreserve und Sicherheitsbereitschaft als neue Instrumente zur Gewährleistung von Versorgungssicherheit und Klimaschutz[*]

Von Marc Ruttloff, Berlin

Die Neuausrichtung der Energieversorgung durch den Ausstieg aus der Kernenergie 2011 und der damit verbundene Bedeutungszuwachs erneuerbarer Energien erforderten einen Umbau des Strommarktes. Dieser Prozess ist noch nicht beendet. Der Strommarkt befindet sich noch auf Jahre in einer Phase des Übergangs. Die Reform des Energiewirtschaftsgesetzes (EnWG) im Zuge des Strommarktgesetzes stellt einen weiteren Schritt innerhalb dieses Prozesses dar und konkretisiert die Mechanismen für das Sicherheitsmanagement in Bezug auf Netzstabilität und Versorgungssicherheit. Zielvorgabe des Artikelgesetzes vom 26. Juli 2016[1] ist die sichere, kosteneffiziente und umweltverträgliche Stromversorgung an einem weiterentwickelten Strommarkt. Zudem soll die deutsche Stromversorgung zukünftig noch stärker in den Kontext der europäischen Strommärkte integriert werden. Das Strommarktgesetz zielt auf die zunehmende Integration und fortschreitende Vollendung eines europäischen Energiebinnenmarktes.

Die Betreiber von Übertragungsnetzen wurden mit weiteren Instrumenten ausgestattet, um ihrer Systemverantwortung in der jeweiligen Regelzone nachkommen zu können. Die Übertragungsnetzbetreiber sind berechtigt und im Falle der Gefährdung oder Störung des Elektrizitätsversorgungssystems verpflichtet, Gegenmaßnahmen zur Gewährleistung der Versorgungssicherheit sowie des Gesamtsystems der Elektrizitätsversorgung zu ergreifen. Bezogen auf das Stromnetz umfasst dies insbesondere die Aufgaben der Vermeidung von Leitungsüberlastungen und die Einhaltung des Spannungsbandes. Hinsichtlich des Strommarktes liegt der Fokus auf dem Ausgleich der Leistungsbilanz und der Erhaltung der Netzfrequenz. Das Strommarktgesetz regelt hierzu unterschiedliche Mechanismen und Maßnahmen, namentlich den Redispatch und die Vorgaben über die Stilllegung von Anlagen, die Netzreserve, die besonderen netztechnischen Betriebsmittel, die Kapazitätsreserve und die Sicherheitsbereitschaft von Braunkohlekraftwerken.

---

[*] Großer Dank gilt wiss. Mit. *Sandra Lukosek* für die wertvolle Unterstützung bei der Vorbereitung des Manuskripts.

[1] Gesetz zur Weiterentwicklung des Strommarktes (Strommarktgesetz), BGBl. 2016 I, 1768.

I. Hintergrund – Stufenfolge
der Maßnahmen und Reserven im Überblick

Mit der Novelle des EnWG im Zuge des Strommarktgesetzes, das zum 30. Juli 2016 in Kraft trat, sollte der deutsche Energiemarkt grundlegend umgestaltet werden. Die Änderungen in § 13 EnWG dienten insbesondere zur besseren Abgrenzung der zuvor teilweise wenig aufeinander abgestimmten Sicherheitsmaßnahmen und Reservemechanismen. Durch die Änderungen werden die Vorrangverhältnisse zwischen den einzelnen Maßnahmen in der durch die Bundesnetzagentur geprägten Rangfolge bestätigt.[2] Primär sind netzbezogene Maßnahmen nach § 13 Abs. 1 Nr. 1 EnWG, insbesondere Netzschaltungen, vorzunehmen. Auf der zweiten Stufe stehen marktbezogene Maßnahmen nach § 13 Abs. 1 Nr. 2 EnWG. Bei diesen Maßnahmen werden die Netznutzer verpflichtet, sich durch die Einschränkung ihrer Netznutzungsrechte netzdienlich zu verhalten.[3] Marktbezogene Maßnahmen sind im Einzelnen der Einsatz von Regelenergie, vertraglich vereinbarte abschaltbare und zuschaltbare Lasten, die Information über Engpässe und das Engpass-Management. Mit dem Strommarktgesetz wurde eine dritte Stufe in § 13 Abs. 1 Nr. 3 EnWG eingeführt. Zusätzliche Reserven, insbesondere die Netzreserve und die Kapazitätsreserve sollen nur nachrangig mobilisiert werden.[4] Das Rangverhältnis ergibt sich nicht ohne weiteres aus dem Wortlaut oder der Aufzählung in § 13 Abs. 1 EnWG, sondern in erster Linie aus dem Verhältnismäßigkeitsgrundsatz. Während netzbezogene Maßnahmen sich ausschließlich auf das Netz beziehen (sog. *netzbetriebsinterne Maßnahmen*), greifen marktbezogene Maßnahmen in Rechte Dritter ein.[5]

II. Redispatch – Anpassungen
von Einspeisungen und ihre Vergütung

Die Anpassungen von Leistungseinspeisungen (sog. *Redispatch-Maßnahmen*) sind marktbezogene Maßnahmen des Engpassmanagements und als Maßnahmen der zweiten Stufe gegenüber netztechnischen Maßnahmen grundsätzlich nachrangig. § 13a EnWG regelt diese physikalischen Eingriffe in den Kraftwerksablauf und ihre angemessene Vergütung. Die Bundesnetzagentur hat zudem nach § 13j Abs. 1 EnWG die Möglichkeit, durch Festlegungen den Adressatenkreis, die erforderlichen technischen Anforderungen sowie die angemessene Vergütung näher zu bestimmen.

---

[2] BNetzA, Leitfaden zum EEG-Einspeisemanagement, Version 1.0, Stand 29.3.2011; *Sötebier*, in: Britz/Hellermann/Hermes, EnWG Kommentar, 3. Aufl. 2015, § 13 Rn. 21.

[3] *Sötebier*, in: Britz/Hellermann/Hermes, EnWG Kommentar, 3. Aufl. 2015, § 13 Rn. 28.

[4] BT Drs. 18/7317, S. 85.

[5] *Sötebier*, in: Britz/Hellermann/Hermes, EnWG Kommentar, 3. Aufl. 2015, § 13 Rn. 30.

1. Inhalt der Mitwirkungspflicht

§ 13a Abs. 1 Satz 1 EnWG sichert die Mitwirkung der Kraftwerksbetreiber. Die systemverantwortlichen Betreiber von Übertragungsnetzen haben das unmittelbar aus dem Gesetz folgende Recht, die Kraftwerksbetreiber gegen eine angemessene Vergütung zur Anpassung ihrer Wirkleistungs- oder Blindleistungseinspeisung und des Wirkleistungsbezuges zu verpflichten. Vor der EnWG-Novelle 2011 einigten sich die Übertragungsnetzbetreiber auf freiwilliger Basis vertraglich mit den Kraftwerksbetreibern über deren Einsatz hinsichtlich der Anpassung der Leistungseinspeisung und deren Vergütung.[6] Durch die EnWG-Novelle 2011 wurde mit § 13 Abs. 1a EnWG a.F. erstmals eine gesetzliche Anpassungspflicht normiert. Die mit dem Strommarktgesetz in § 13a Abs. 1 EnWG n.F. verschobene gesetzliche Pflicht stellt sicher, dass die Übertragungsnetzbetreiber zu jeder Zeit auf hinreichend Anlagen zugreifen können, um die notwendigen Anpassungsmaßnahmen auszuführen. In der Praxis werden die konkretisierenden Regelungen aber weiterhin vorrangig in Anschluss- und Netznutzungsverträgen geregelt.[7]

Beim Redispatch werden durch die Reduzierung oder Erhöhung der Wirkleistungseinspeisung regional auftretende Überlastungen im Übertragungsnetz vermieden oder beseitigt. Dies dient der Sicherstellung der Netz- und Systemstabilität.[8] Die Kraftwerksbetreiber melden den Übertragungsnetzbetreibern am Vortag ihren Kraftwerksfahrplan (sog. *Dispatch*). Bei drohender Überlastung werden sie von den Übertragungsnetzbetreibern angewiesen, ihre Leistung vor der überlasteten Netzstrecke herunterzufahren (sog. *negativer Redispatch*) und hinter der Netzstrecke um eine entsprechende Kapazität ihre Leistung hochzufahren (sog. *positiver Redispatch*).[9]

Die Bundesnetzagentur konkretisierte infolge der EnWG-Novelle 2011 die genaue Ausgestaltung der Redispatch-Maßnahmen und ihre angemessene Vergütung in zwei Festlegungen vom 30. 10. 2012: die *„Standardisierung vertraglicher Rahmenbedingungen für Eingriffsmöglichkeiten der Übertragungsnetzbetreiber in die Fahrweise von Erzeugungsanlagen"* (BK6 – 11 – 098) sowie die *„Festlegung von Kriterien für die Bestimmung einer angemessenen Vergütung bei strombedingten Redispatch-Maßnahmen und bei spannungsbedingten Anpassungen der Wirkleistungseinspeisung"* (BK8 – 12 – 019). Beide Festlegungen wurden am 28. April 2015 vom OLG Düsseldorf *inter partes* für rechtswidrig erklärt. Die Bundesnetzagentur hob daraufhin am 15. Juni 2015 die Festlegung zur Standardisierung vertraglicher Rahmenbedingungen und am 19. August 2015 die Festlegung zur angemessenen Vergütung auf.[10] Angesichts der seit Jahren steigenden energiewirtschaftlichen Relevanz

---

[6] BGBl. 2011 I, 1554 (1572), durch die Einführung des § 13 Abs. 1a EnWG a.F.

[7] *König*, in: Säcker, Berliner Kommentar zum Energierecht, 4. Aufl. 2017 (im Erscheinen), § 13a EnWG Rn. 7, 16.

[8] *Ruttloff*, NVwZ 2015, 1086 (1087).

[9] *Ruttloff/Kindler*, EnWZ 2015, 401 (401).

[10] Jeweils mit Aufhebungsbeschluss v. 15. 6. 2015 (BK6 – 11 – 098-A) und Aufhebungsbeschluss v. 19. 8. 2015 (BK8 – 12 – 019-A).

von Redispatch-Maßnahmen und der erheblichen Kosten, die aus der Vergütung der Kraftwerksbetreiber resultieren, war durch die vollständige Aufhebung der Bundesnetzagentur-Festlegungen für viele Kraftwerksbetreiber eine bedenkliche Schwebelage und eine rechtliche wie finanzielle Unsicherheit hinsichtlich der genauen Ausgestaltung und des Umfangs der Vergütungsregelungen entstanden, die erst das Strommarktgesetz beseitigte.

2. Adressaten der Mitwirkungspflicht

Zur Durchführung von Redispatch-Maßnahmen adressiert § 13a Abs. 1 Satz 1 EnWG alle Betreiber von Erzeugungsanlagen und Stromspeicheranlagen von elektrischer Energie mit einer Nennleistung ab 10 Megawatt. Dies umfasst auch Anlagen, die derzeit nicht einspeisen oder beziehen und gegebenenfalls erst betriebsbereit gemacht werden müssen sowie Anlagen, die zur Erfüllung der Redispatch-Maßnahme eine geplante Revision verschieben müssen, vgl. § 13a Abs. 1 Satz 2 EnWG. Während die Mitwirkungspflicht 2011 zunächst nur Anlagen mit einer Nennleistung ab 50 Megawatt traf, wurde der Adressatenkreis durch das Dritte Gesetz zur Neuregelung energiewirtschaftsrechtlicher Vorschriften vom 20. Dezember 2012 für Anlagen ab einer Nennleistung von 10 Megawatt ausgeweitet.[11]

3. Vergütungsregelung

Die Eingriffe durch die Anpassungspflicht müssen angemessen vergütet werden. Nachdem beide Festlegungen der Bundesnetzagentur nach der Beanstandung durch das OLG Düsseldorf aufgehoben worden waren, kam es im Zuge des Strommarktgesetzes zur Novellierung und Erweiterung der Redispatch-Regelungen. § 13 Abs. 1a EnWG a.F. wurde durch § 13a EnWG ersetzt und die Vergütung rückwirkend zum 1. Januar 2013 in § 13a Abs. 2 bis 5 EnWG gesetzlich geregelt. Die vier neu aufgenommenen Absätze legen Eckpunkte fest, die für die Ausgestaltung einer angemessenen Vergütung zu beachten sind.

a) Umfang der Vergütung

§ 13a Abs. 2 Satz 2 EnWG zählt die einzelnen, zu erstattenden Kostenbestandteile auf. Während nach der nunmehr aufgehobenen Festlegung der Bundesnetzagentur nur der Aufwandsersatz entschädigt wurde, bekommt der Kraftwerksbetreiber nun die Erzeugungsauslagen für die tatsächlichen Anpassungen (Nr. 1), den anteiligen Werteverbrauch (Nr. 2), die entgangenen Erlösmöglichkeiten (sog. *Opportunitäten*) (Nr. 3) sowie die Auslagen für die Herstellung der Betriebsbereitschaft (Nr. 4) vergütet.

---

[11] BGBl. 2012 I, 2730 (2731).

Erzeugungsauslagen nach § 13a Abs. 2 Satz 2 Nr. 1 EnWG umfassen alle notwendigen Auslagen für die Leistungsanpassung, etwa die zusätzlichen Brennstoffkosten, die Mehrkosten für Kohlendioxid-Emissionsrechte und für die alternative Wärmeerzeugung sowie die Instandhaltungskosten. Es handelt sich dabei um einen *„bloßen Auslagenersatz"*, d. h. die Kosten werden nur ersetzt, wenn und soweit deren Entstehung unmittelbar auf die Redispatch-Maßnahme zurückzuführen ist.[12] Die Erstattung des anteiligen Werteverbrauchs richtet sich nach § 13a Abs. 2 Satz 2 Nr. 2 i.V.m. Abs. 3 EnWG. Er wird aus dem Verhältnis zwischen den anrechenbaren Betriebsstunden im Rahmen einer Redispatch-Maßnahme und den für die Anlage bei der Investitionsentscheidung betriebswirtschaftlich geplanten Betriebsstunden bestimmt. Grundlagen für die Bestimmung sind die handelsrechtlichen Restwerte und die handelsrechtlichen Restnutzungsdauern in Jahren. Die Erstattung der nachweisbar entgangenen Opportunitäten nach § 13a Abs. 2 Satz 2 Nr. 3 EnWG umfasst die Erlöse, die in der Phase der Redispatch-Maßnahme an den Strommärkten zu erzielen gewesen wären.[13] Außerdem werden auch die Kosten erstattet, die bei Anlagen, die derzeit nicht einspeisen oder beziehen oder zur Erfüllung ihrer Mitwirkungspflicht eine geplante Revision verschieben müssen, zur Herstellung der Betriebsbereitschaft entstehen, vgl. § 13a Abs. 2 Satz 2 Nr. 4 i.V.m. § 13a Abs. 1 Satz 2 EnWG.

Spiegelbildlich zu den Kosten, die den Kraftwerksbetreibern einer positiven Redispatch-Maßnahme erstattet werden, müssen die Kraftwerksbetreiber einer negativen Redispatch-Maßnahme die ersparten Erzeugungsaufwendungen, z. B. in Form von Brennstoffkosten oder Verbrauchsstoffen, den zuständigen Übertragungsnetzbetreiber erstatten, vgl. § 13a Abs. 2 Satz 3 EnWG. Nicht ersetzt werden außerdem sog. *„Sowieso-Kosten"*, z. B. Betriebsbereitschaftsauslagen und die Verzinsung des gebundenen Kapitals, vgl. § 13a Abs. 4 EnWG. Die Kosten, die den Übertragungsnetzbetreibern durch die Vergütung entstehen, werden auf die Netzentgelte umgelegt.

Die Bundesnetzagentur wird zwar in § 13j Abs. 1 EnWG zu weiteren Festlegungen ermächtigt, von dieser Möglichkeit hat sie bisher aber noch keinen Gebrauch gemacht.

b) Angemessenheit der Vergütung

Die Verpflichtung zum Redispatch muss verhältnismäßig sein, d. h. das mildeste, für die Netzstabilität gleich effektive Mittel und einen Ausgleich zwischen netzstützender Wirkung und Vergütung finden. Ist eine Anpassungsmaßnahme erforderlich, muss die wirtschaftliche Belastung der Kraftwerksbetreiber auf das notwendige Maß beschränkt werden. Eine Vergütung der Redispatch-Maßnahme ist angemessen, *„wenn sie den Kraftwerksbetreiber wirtschaftlich weder besser noch schlechter stellt, als er ohne die Maßnahme stünde"*, vgl. § 13a Abs. 2 Satz 1 EnWG. Die Kraft-

---

[12] BT-Drs. 18/7317, S. 87.
[13] BT-Drs. 18/7317, S. 87.

werksbetreiber erbringen ein Sonderopfer für die Allgemeinheit und dürfen dadurch nicht unzumutbar belastet werden.[14] Die Regelung stellt klar, dass sie keine wirtschaftliche Einbuße erleiden dürfen, von der Indienstnahme aber auch nicht profitieren sollen.

c) Verfassungsmäßigkeit der Vergütungsregelung

Die neu aufgenommenen Regelungen zur Konkretisierung der Vergütungsbestimmungen in § 13a Abs. 2 bis 5 EnWG haben eine Diskussion über ihre verfassungsrechtliche Vereinbarkeit ausgelöst.

Teilweise wird kritisiert, die Neuregelung gewähre weiterhin keine angemessene Vergütung und die Formel zur Berechnung des anteiligen Werteverbrauchs (Kapitalkosten) in § 13a Abs. 3 EnWG führe dazu, dass die zukünftige Redispatch-Vergütung erheblich unter den tatsächlichen Kosten der Kraftwerksbetreiber liegt. Grund hierfür sei, dass zur Ermittlung des anteiligen Werteverbrauchs auf die bei der Investitionsentscheidung betriebswirtschaftlich geplanten Betriebsstunden abgestellt wird. Die Investitionsentscheidung der jüngsten am Markt tätigen Kraftwerke liege ca. zehn Jahre in der Vergangenheit. Allein seit 2011 sei der Großhandelsmarktstrompreis jedoch unter anderem auf Grund der massiven staatlichen Förderung zum Ausbau der erneuerbaren Energien um ca. 50 Prozent gefallen. Die Folge sei, dass die aktuellen Betriebsstunden drastisch unter jenen liegen, die bei der Investitionsentscheidung geplant wurden. In der Berechnung des anteiligen Werteverbrauchs würden durch die Neuregelung somit Kraftwerkseinsatzzeiten unterstellt, die erheblich über den tatsächlichen Einsatzzeiten unter aktuellen Marktbedingungen liegen. Damit würden zugleich Kraftwerke, für die zu unterschiedlichen Zeiten die Investitionsentscheidungen getroffen wurden, unterschiedlich vergütet. Das wecke auch Zweifel im Hinblick auf die Vereinbarung mit dem Gleichheitssatz (Art. 3 Abs. 1 GG).

Demgegenüber wird bezüglich der Fixkosten in Zweifel gezogen, dass diese durch die Ausführung von Redispatch-Maßnahmen verursacht werden.[15] Es soll sich vielmehr um sog. „Sowieso-Kosten" handeln, die Kraftwerksbetreibern auch ohne Redispatch entstehen würden, sodass keine Kausalität zwischen der Indienstnahme zur Erfüllung öffentlicher Aufgaben und der Fixkostenentstehung bestehen soll.

Ob die Vergütungsbestimmungen hinreichend sind, ist letztlich nur durch eine gerichtliche Klärung abschließend festzustellen. Eine wirtschaftliche Schlechterstellung der Anlagenbetreiber durch das neue Vergütungssystem ist jedenfalls unter allen denkbaren Gegebenheiten zu vermeiden, wenn die Regelungen einer gerichtlichen Überprüfung standhalten sollen. Die Anlagenbetreiber dürfen durch das neue

---

[14] *König*, in: Säcker, BerlKommEnR, 4. Aufl. 2017 (im Erscheinen), § 13a EnWG Rn. 8.
[15] *König*, in: Säcker, BerlKommEnR, 4. Aufl. 2017 (im Erscheinen), § 13a EnWG Rn. 70.

System für die Indienstnahme nach § 13a Abs. 1 Satz 1 EnWG jedenfalls nicht nur unzulänglich entschädigt werden. Offen ist insofern auch, inwiefern aus der Pflicht zur Zahlung einer angemessenen Entschädigung auch eine Pflicht zur Zahlung einer angemessenen Vergütung i.S. eines die Kosten überschreitenden Gewinnzuschlags hergeleitet werden kann. Ungeklärt ist auch die Frage, ob die teilweise Erstattung eines Werteverzehrs, der sich allein am konkreten Einsatz orientiert, ausreichend ist, um dem Prinzip der Erstattung aller zusätzlich entstandenen Kosten gerecht zu werden. Eine gerichtliche Klärung könnte unter Umständen bald erfolgen.

III. Stilllegungen von Anlagen

Kraftwerksbetreiber müssen bei der Stilllegung ihrer Anlagen die Vorgaben des § 13b EnWG beachten. Diese besondere Systemsicherheitsvorschrift regelt den Umgang mit vorläufigen und endgültigen Stilllegungen und ergänzt die Mechanismen der Übertragungsnetzbetreiber zur Aufrechterhaltung der Versorgungssicherheit.

1. Anforderungen nach § 13b EnWG

Während § 13b Abs. 1 EnWG die Anzeigepflicht und § 13b Abs. 2 EnWG Kriterien für die Ausweisung der Systemrelevanz festlegt, regelt § 13b Abs. 3 bis Abs. 5 EnWG die Verbote vorläufiger und endgültiger Stilllegungen.

a) Anzeigepflicht nach § 13b Abs. 1 EnWG

Die Kraftwerksbetreiber sind bei Anlagen mit einer Nennleistung ab 10 Megawatt verpflichtet, den systemverantwortlichen Übertragungsnetzbetreiber und der Bundesnetzagentur frühzeitig, mindestens aber zwölf Monate vorher, die vorläufige oder endgültige Stilllegung ihrer Anlage anzuzeigen, vgl. § 13b Abs. 1 Satz 1 EnWG. Gefordert sind demnach zwei Anzeigen: eine Anzeige bei dem systemverantwortlichen Übertragungsnetzbetreiber und eine bei der Bundesnetzagentur. Es ist keine bestimmte Form und keine nähere Begründung notwendig.[16]

Die vorläufige oder endgültige Stilllegung einer Anlage ohne eine vorherige Anzeige und vor Ablauf der Vorlauffrist ist nach § 13b Abs. 1 Satz 2 EnWG grundsätzlich verboten, wenn ein Weiterbetrieb technisch und rechtlich möglich ist (sog. „kleines Stilllegungsverbot"). Dieses Stilllegungsverbot ergibt sich nicht direkt aus der gesetzlichen Regelung, sondern geht auf die Entscheidung des systemrelevanten Übertragungsnetzbetreibers zurück.

Ein Verstoß gegen die Anzeigepflicht oder eine vorzeitige Stilllegung entgegen des Stilllegungsverbots nach § 13b Abs. 1 Satz 2 oder Abs. 5 Satz 1 EnWG stellen

---

[16] *König*, in: Säcker, BerlKommEnR, 4. Aufl. 2017 (im Erscheinen), § 13b EnWG Rn. 7.

Ordnungswidrigkeiten dar, vgl. § 95 Abs. 1 Nr. 3e und Nr. 3 f EnWG. Die Ordnungswidrigkeit kann bei Verstoß gegen die Anzeigepflicht eine Geldbuße von bis zu
100.000 EUR zur Folge haben und in den übrigen Fällen eine Geldbuße bis zu
fünf Millionen Euro nach sich ziehen, vgl. § 95 Abs. 2 Satz 1 EnWG.

b) Prüfung der Systemrelevanz nach § 13b Abs. 2 EnWG

Unverzüglich nach Eingang der Stilllegungsanzeige muss der Übertragungsnetzbetreiber prüfen, ob die Anlage systemrelevant ist. Das Ergebnis der Prüfung wiederum wird unverzüglich der Bundesnetzagentur mitgeteilt. Eine Anlage ist nach der
Legaldefinition in § 13b Abs. 2 Satz 2 EnWG systemrelevant, *„wenn ihre Stilllegung
mit hinreichender Wahrscheinlichkeit zu einer nicht unerheblichen Gefährdung oder
Störung der Sicherheit oder Zuverlässigkeit des Elektrizitätsversorgungssystems
führen würde und diese Gefährdung oder Störung nicht durch andere angemessene
Maßnahmen beseitigt werden kann."* Der Begriff der Gefährdung der Sicherheit und
Zuverlässigkeit des Elektrizitätsversorgungssystems ist wiederum in § 13 Abs. 4
EnWG definiert als Situation, in der *„örtliche Ausfälle des Übertragungsnetzes
oder kurzfristige Netzengpässe zu besorgen sind, oder zu besorgen ist, dass die Haltung von Frequenz, Spannung oder Stabilität durch die Übertragungsnetzbetreiber
nicht im erforderlichen Maße gewährleistet werden kann."* Bei einer Störung handelt
es sich nach allgemeiner Auffassung um eine realisierte Gefährdung. Anders als § 13
Abs. 4 EnWG verlangt § 13b Abs. 2 Satz 2 EnWG eine nicht unerheblichen Gefährdung oder Störung und stellt damit erhöhte Anforderungen auf. Entscheidet der
Übertragungsnetzbetreiber, die Anlage als systemrelevant auszuweisen, muss dies
entweder durch seine Systemanalyse oder durch den Bericht der Bundesnetzagentur
begründet werden.

c) Begriff der Stilllegung nach § 13b Abs. 3 EnWG

In § 13b Abs. 3 EnWG werden die Begriffe der vorläufigen und endgültigen Stilllegung definiert. Dabei ist vor allem die eindeutige zeitliche Abgrenzung relevant.
Nach den Vorgängerdefinitionen in § 13a Abs. 1 Satz 3 und 4 EnWG war unklar,
ab wann die Dauer der Wiederherstellung der Betriebsbereitschaft zur Annahme
einer endgültigen Stilllegung führen konnte.[17]

Vorläufige Stilllegungen sind mit Ausnahme von Revisionen und technisch be-
dingten Störungen Maßnahmen, welche die Einstellung der Aufrechterhaltung der
Anfahrbereitschaft bewirken, aber innerhalb eines Jahres nach Anforderung durch
den Übertragungsnetzbetreiber nach § 13b Abs. 4 Satz 3 EnWG wieder betriebsbereit gemacht werden können. Dies sind zumeist Anlagen in der sog. *Kaltreserve*, d. h.
Anlagen, die vorübergehend außer Betrieb genommen wurden, aber nach einer ge-

---

[17] BT-Drs. 18/7317, S. 89.

wissen Vorlaufzeit wieder betriebsbereit gemacht werden können.[18] In Abgrenzung dazu sind Stilllegungen endgültig, wenn Maßnahmen ergriffen werden, die den Betrieb der Anlage endgültig ausschließen oder bewirken, dass die Betriebsbereitschaft nicht innerhalb eines Jahres wiederhergestellt werden kann und darum eine Anpassung der Einspeisung nicht mehr innerhalb dieses Zeitraums möglich ist.

Die neuen Definitionen entschärfen die Debatte um eine Abgrenzung, erledigen diese aber nicht vollständig. Eine Stilllegung ist nur vorläufig, wenn die Anlage innerhalb von zwölf Monaten wieder betriebsbereit gemacht werden kann. Insbesondere in Grenzfällen können aufgrund des zeitlichen Rahmens von einem Jahr Unsicherheiten auftreten. Der prognostizierbare Zeitrahmen für die Wiederinbetriebnahme kann unter Umständen sowohl über als auch unter einem Jahr liegen, weil technische oder sonstige Unsicherheiten bestehen, die den Zeitrahmen potentiell beeinflussen. In derartigen Grenzfällen kann man sich an subjektiven und objektiven Kriterien zur Abgrenzung orientieren. Entscheidend kann zum Beispiel sein, ob der Anlagenbetreiber eine vorläufige oder endgültige Betriebseinstellung beabsichtigt. Als Indiz für die Intention des Betreibers können die Angaben in der Anzeige nach § 13b EnWG herangezogen werden. Hat der Betreiber Maßnahmen ergriffen, die typischerweise nur mit einer endgültiger Stilllegung einhergehen, so kann das ein Hinweis auf eine endgültige Stilllegung sein. Derartige Maßnahmen sind zum Beispiel die Veräußerung von Vorräten, Lagerbeständen und Ersatzteilen, der Abzug des Betriebspersonals oder der Rückbau der Anlage. Die Abgrenzung kann auch danach vorgenommen werden, ob die jeweilige Anlage unter Anlegung eines objektiven Maßstabs dem Systemsicherheitszugriff der Übertragungsnetzbetreiber tatsächlich entzogen wird oder nicht.

d) Verbot vorläufiger Stilllegungen nach § 13b Abs. 4 EnWG

Die Stilllegungsverbote wurden wegen der angespannten Versorgungslage nach dem Atom-Moratorium vom 31. Juli 2011 im Dritten Gesetz zur Neuregelung energiewirtschaftsrechtlicher Vorschriften vom 20. Dezember 2012 erstmals normiert.[19] Bis zum Strommarktgesetz existierte ein solches Stilllegungsverbot jedoch ausschließlich für endgültige Stilllegungen. Erst in der letzten Novellierung wurde die Möglichkeit des Stilllegungsverbotes auch für vorläufige Stilllegungen aufgenommen.

Der Übertragungsnetzbetreiber kann dem Kraftwerksbetreiber auch nach Ablauf der Zwölf-Monate-Frist nach § 13b Abs. 1 Satz 1 EnWG die vorläufige Stilllegung der Anlage verbieten, solange und soweit er sie als systemrelevant ausweist. Der Kraftwerksbetreiber muss in diesem Fall die Betriebsbereitschaft der Anlage für Anpassungen der Einspeisung weiter vorhalten oder wiederherstellen. Die Ausweisung erfolgt für eine Dauer von 24 Monaten. Jede weitere Ausweisung kann auch für einen

[18] *König*, in: Säcker, BerlKommEnR, 4. Aufl. 2017 (im Erscheinen), § 13b EnWG Rn. 23.
[19] *König*, in: Säcker, BerlKommEnR, 4. Aufl. 2017 (im Erscheinen), § 13b EnWG Rn. 1.

kürzeren Zeitraum erfolgen, maximal jedoch bis zu 24 Monaten. Im Vergleich zu den Konsequenzen bei Verstoß gegen ein Stilllegungsverbot nach § 13b Abs. 1 Satz 2 EnWG, ist ein Verstoß gegen das Stilllegungsverbot nach § 13b Abs. 4 EnWG keine Ordnungswidrigkeit und damit nicht bußgeldbewehrt.

e) Verbot endgültiger Stilllegungen nach § 13b Abs. 5 EnWG

Ein Verbot der endgültigen Stilllegung auch nach Ablauf der Zwölf-Monate-Frist nach § 13b Abs. 1 Satz 1 EnWG setzt voraus, dass der Übertragungsnetzbetreiber die Anlage als systemrelevant ausweist (§ 13b Abs. 5 Satz 1 Nr. 1 EnWG), die Ausweisung von der Bundesnetzagentur genehmigt wurde (§ 13b Abs. 5 Satz 1 Nr. 2 EnWG) und der Weiterbetrieb rechtlich und tatsächlich möglich ist (§ 13b Abs. 5 Satz 1 Nr. 3 EnWG) (sog. „großes Stilllegungsverbot"). Die Regelung trifft nur Anlagen ab einer Nennleistung von 50 Megawatt. Die endgültige Stilllegung von Anlagen mit einer Nennleistung zwischen 10 und 50 Megawatt ist demnach gemäß § 13b Abs. 1 Satz 2 EnWG vor Ablauf der Zwölf-Monate-Frist verboten. Nach Ablauf der Zwölf-Monate-Frist kann eine endgültige Stilllegung dieser Anlagen seitens der Übertragungsnetzbetreiber jedoch nicht mehr untersagt werden.

Die Ausweisung soll nach § 13b Abs. 5 Satz 9 EnWG eine Dauer von 24 Monaten nicht überschreiten. Satz 8 sieht aber die Möglichkeit vor, von diesem Zeitraum abzuweichen, wenn es erforderlich ist, um die Gefährdung oder Störung in der Versorgungssicherheit abzuwenden. Die Grenzen der Verhältnismäßigkeit dürften jedoch spätestens bei einem unbefristeten Stilllegungsverbot überschritten sein.

f) Keine Geltung für Braunkohleanlagen nach § 13g EnWG

§ 13b Abs. 6 EnWG bestimmt, dass die Absätze 1 bis 5 nicht für zu einem bestimmten Zeitpunkt stillzulegende Braunkohlekraftwerke nach § 13g EnWG gelten. Hintergrund ist, das nach § 13g EnWG, der durch das Strommarktgesetz neu in das EnWG eingefügt worden ist, bestimmte Braunkohlekraftwerke spätestens zu den in § 13g EnWG konkret genannten Terminen vorläufig stillgelegt werden müssen, um die Kohlendioxidemissionen im Bereich der Elektrizitätsversorgung zu verringern.

2. Vergütung bei geplanten Stilllegungen nach § 13c EnWG

Die Lasten für die zwangsweise Vorhaltung der Betriebsbereitschaft müssen nicht einseitig von den Kraftwerksbetreibern getragen werden. Die wirtschaftlichen Nachteile sind nach § 13c EnWG angemessen zu vergüten. Ordnet der systemverantwortliche Übertragungsnetzbetreiber gemäß § 13b Abs. 4 Satz 1 EnWG den Weiterbetrieb der Anlage oder die Erhaltung ihrer Betriebsbereitschaft an, kann der Kraftwerksbetreiber gemäß § 13c Abs. 1 Satz 1 EnWG seine Betriebsbereitschaftsauslagen, Erzeugungsauslagen und den anteiligen Werteverbrauch geltend machen.

Dasselbe gilt, wenn der Netzbetreiber die fortgesetzte Betriebsbereitschaft nach § 13b Abs. 5 Satz 1 EnWG verlangt, wobei sich der Vergütungsanspruch dann aus § 13c Abs. 3 EnWG ergibt und insbesondere auch Erhaltungsauslagen und Opportunitätskosten vergütet werden.

a) Vergütung bei Verbot vorläufiger Stilllegung nach § 13c Abs. 1 EnWG

Der Kraftwerksbetreiber, der aufgrund der Ausweisung der Systemrelevanz seiner Anlage die Betriebsbereitschaft einer vorläufig stillgelegten Anlage wiederherstellen oder einer noch betriebsbereiten, vorläufig stillzulegenden Anlage weiterhin vorhalten muss, bekommt für die Wiederherstellung oder Vorhaltung eine angemessene Vergütung. Er kann Auslagen für die Betriebsbereitschaft (§ 13c Abs. 1 Satz 1 Nr. 1 EnWG), für die Erzeugung (§ 13c Abs. 1 Satz 1 Nr. 2 EnWG) sowie für den anteiligen Werteverbrauch (§ 13c Abs. 1 Satz 1 Nr. 3 EnWG) geltend machen.

aa) Betriebsbereitschaftsauslagen

Bei den Auslagen für die Wiederherstellung oder weitere Vorhaltung der Betriebsbereitschaft werden die allgemeinen Kosten, die für die technische und rechtliche Betriebsfähigkeit entstehen und der Leistungspreis vergütet. Teil der Betriebsbereitschaftsauslagen sind einmalige Kosten, wie die Ausgaben für erforderliche immissionsschutzrechtliche Prüfungen oder die Reparatur außergewöhnlicher Schäden, vgl. § 13c Abs. 1 Satz 1 Nr. 1 lit. a EnWG. Bei dem Leistungspreis nach § 13c Abs. 1 Satz 1 Nr. 1 lit. b EnWG sind auch die Kosten zu berücksichtigen, die dem Anlagenbetreiber zusätzlich und fortlaufend auf Grund der Vorhaltung seiner Anlage für die Netzreserve nach § 13d EnWG entstehen.

Im Strommarktgesetz wurde der Umfang der Auslagenerstattung konkretisiert. In § 13c Abs. 1 Satz 2 EnWG wird klargestellt, dass Betriebsbereitschaftsauslagen ab dem Zeitpunkt der Ausweisung der Systemrelevanz der Anlage zu erstatten sind, wenn und soweit die Wiederherstellung oder Vorhaltung der Betriebsbereitschaft dazu bestimmt ist, der Netzreserve nach § 13d EnWG zu dienen. In der vorherigen Normierung entstand der Vergütungsanspruch erst nach Ablauf der Zwölf-Monate-Frist. Zum einen schien die Vorgängerregelung aufgrund der anfallenden Kosten bei den Kraftwerksbetreibern nicht sachgerecht. Zum anderen dient die Konkretisierung auch der Vermeidung von Ungleichbehandlungen. Die Vorverlagerung des Vergütungsanspruchs für Kraftwerksbetreiber, die eine vorläufige Stilllegung anzeigen, sichert den zeitlichen Gleichlauf zu dem Vergütungsanspruch von Kraftwerksbetreibern, die eine endgültige Stilllegung anzeigen. Gleichzeitig werden keine Auslagen vor Abschluss der Prüfung der Systemrelevanz erstattet, wodurch eine Diskriminierung von Kraftwerksbetreibern nicht systemrelevanter Anlagen vermieden werden soll.[20]

---

[20] BT-Drs. 18/7317, S. 91.

bb) Erzeugungsauslagen

Vergütungsfähig sind ebenfalls die Erzeugungsauslagen. § 13c Abs. 1 Satz 4 EnWG konkretisiert, dass dafür ein Arbeitspreis in Form der notwendigen Auslagen für eine Einspeisung der Anlage gewährt wird. In der Gesetzesbegründung zum Strommarktgesetz wird klarstellend darauf hingewiesen, dass darunter auch die Mehrkosten fallen, die durch die zusätzliche Instandhaltung und den zusätzlichen Verschleiß aufgewendet werden müssen.[21] Auch diese müssen erstattet werden, wenn und soweit sie unmittelbar auf Grund der jeweiligen Anpassung der Einspeisung entstehen. Als Maßstab zur Bestimmung der Auslagen sollen die Wiederbeschaffungskosten herangezogen werden.

cc) Anteiliger Werteverbrauch

Der Kraftwerksbetreiber bekommt nach § 13c Abs. 1 Satz 1 Nr. 3 EnWG auch den anteiligen Werteverbrauch erstattet. Nach der alten Vergütungsregelung (§ 13 Abs. 1b EnWG a.F.) wurden nur die notwendigen Betriebsbereitschafts- und Erzeugungsauslagen erstattet. Grundlage der Bestimmung des anteiligen Werteverbrauchs sind gemäß § 13c Abs. 1 Satz 3 Halbsatz 1 EnWG entsprechend der Erstattung im Rahmen von Redispatch-Maßnahmen nach § 13a EnWG die handelsrechtlichen Restwerte und die handelsrechtlichen Restnutzungsdauern in Jahren. Im zweiten Halbsatz wird ferner festgelegt, dass für die Bestimmung des anteiligen Werteverbrauchs als Schlüssel das Verhältnis aus den anrechenbaren Betriebsstunden im Rahmen von Maßnahmen nach § 13a Abs. 1 Satz 2 EnWG und den für die Anlage bei der Investitionsentscheidung betriebswirtschaftlich geplanten Betriebsstunden zugrunde zu legen ist.

b) Vermarktungsverbot und Restwerterstattung nach § 13c Abs. 2 EnWG

§ 13c Abs. 2 Satz 1 EnWG normiert ein Vermarktungsverbot. Solange die Anlage als systemrelevant ausgewiesen ist, darf der Kraftwerksbetreiber seine Anlage ausschließlich nach Maßgabe der von dem Übertragungsnetzbetreiber angeforderten Sicherheitsmaßnahmen betreiben. Der Kraftwerksbetreiber kann die Leistung der Anlage somit nicht mehr auf dem Strommarkt anbieten. Diese Festlegung soll Missbräuche und Wettbewerbsverzerrungen in Form einer gleichzeitigen Geltendmachung der Vergütung nach § 13c Abs. 1 Satz 1 EnWG und der Einnahmen der erzielten Erlöse am Markt vermeiden.

Nach Ablauf der Ausweisung ist eine Marktteilnahme der Anlage wieder möglich. Nach § 13c Abs. 2 Satz 2 und Satz 3 EnWG muss der Kraftwerksbetreiber dann den Restwert der investiven Vorteile, den er ab dem Zeitpunkt der Rückkehr an den Strommarkt erhält, zurückerstatten.

---

[21] BT-Drs. 18/7317, S. 91.

c) Vergütung bei Verbot endgültiger Stilllegung nach § 13c Abs. 3 EnWG

Der Betreiber, dessen Anlage aufgrund ihrer Systemrelevanz nicht endgültig stillgelegt werden darf, erhält für die Betriebsbereitschaft eine Vergütung nach § 13c Abs. 3 EnWG. Ihm werden neben den Betriebsbereitschafts- und Erzeugungsauslagen des Weiteren auch Erhaltungsauslagen sowie Opportunitätskosten erstattet. Zudem ist nach § 13c Abs. 3 Satz 3 EnWG die Erstattung des Werteverbrauchs der weiterverwertbaren technischen Anlagen oder Anlagenteile nur möglich, wenn diese tatsächlich eingespeist haben.

aa) Erhaltungsauslagen

Ein Kraftwerksbetreiber, der seine Anlage endgültig stilllegen möchte, muss gem. § 13b Abs. 5 Satz 11 EnWG seine Anlage zumindest in dem Zustand erhalten, der eine Anforderung zur weiteren Vorhaltung oder Wiederherstellung der Betriebsbereitschaft ermöglicht. Die dafür erforderlichen Erhaltungsauslagen muss ihm der verantwortliche Übertragungsnetzbetreiber erstatten. Um eine Verzögerung von Erhaltungsmaßnahmen seitens der Kraftwerksbetreiber zu verhindern, werden diese ab dem Zeitpunkt der Ausweisung der Systemrelevanz von den Übertragungsnetzbetreibern getragen, vgl. § 13c Abs. 3 Satz 1 Nr. 1 und Satz 2 EnWG.

bb) Opportunitätskosten

Opportunitätskosten sind in Form einer angemessenen Verzinsung zu erstatten, vgl. § 13c Abs. 3 Satz 1 Nr. 4 EnWG. Dies setzt voraus, dass eine verlängerte Kapitalbindung in Form von Grundstücken und weiterverwertbaren technischen Anlagenteilen auf Grund der Verpflichtung für die Bereitschaftshaltung in der Netzreserve besteht. Für das durch die versagte Stilllegung länger gebundene Kapital erhält der Kraftwerksbetreiber eine angemessene Verzinsung als Ausgleich für die entgangene Verwendungsmöglichkeit seiner Eigentumspositionen.[22] Ein Wertersatz für technische Anlagenteile wird nur im Fall ihrer Weiterverwertbarkeit erstattet. Eine Weiterverwertbarkeit liegt vor, wenn die technischen Anlagenteile nach der endgültigen Stilllegung ausgebaut und anderweitig, etwa in einer neuen Erzeugungsanlage, verwendet werden können.[23] Wertverluste an nicht weiter verwertbare Anlagenteile sind nicht erstattungsfähig, weil sie auch im Fall einer endgültigen Stilllegung keinen Wert mehr hätten.

---

[22] BT-Drs. 18/7317, S. 93.
[23] BT-Drs. 18/7317, S. 93.

cc) Weitergehende Kosten

Weitergehende Kosten sind nach § 13c Abs. 3 Satz 4 EnWG insbesondere Kosten, die auch im Fall einer endgültigen Stilllegung angefallen wären. Diese sind nicht erstattungsfähig, um eine Überkompensation zu verhindern.

d) Weitere Regelungen nach § 13c Abs. 4–6 EnWG

§ 13c Abs. 4 Satz 1 EnWG regelt parallel zu § 13c Abs. 2 Satz 1 EnWG ein Vermarktungsverbot für Kraftwerksbetreiber, die eine endgültige Stilllegung angezeigt haben und diese aufgrund der Ausweisung der Systemrelevanz ihrer Anlage untersagt wurde. Auch für sie gilt die Einschränkung, dass sie im Fall einer Geltendmachung ihrer Erhaltungs- oder Betriebsbereitschaftsauslagen, die Anlage nur im Rahmen der angeordneten Sicherheitsmaßnahmen nutzen können.

Im Fall einer endgültigen Stilllegung nach Ablauf der Ausweisung muss der Kraftwerksbetreiber den Restwert der investiven Vorteile bei wiederverwertbaren Anlagenteilen erstatten. Dies bezieht sich jedoch nur auf Vorteile, die der Anlagenbetreiber im Rahmen der Erhaltungsauslagen nach § 13c Abs. 3 Satz 1 Nr. 1 EnWG erhalten hat, vgl. § 13c Abs. 4 Satz 3 EnWG.

In § 13c Abs. 4 Satz 4 EnWG wird geregelt, dass der Umfang der Vergütung nach § 13c Abs. 3 EnWG auf Grundlage der Kostenstruktur mit der jeweiligen Anlage in den jeweiligen Verträgen zwischen Anlagenbetreibern und Übertragungsnetzbetreibern festgelegt wird. Die Festlegung erfolgt nach Abstimmung mit der Bundesnetzagentur, um sicherzustellen, dass die Kosten der Übertragungsnetzbetreiber und damit auch die Kosten der Netznutzer und Verbraucher verhältnismäßig sind.

Die Kosten der Übertragungsnetzbetreiber, die durch die Regelungen in § 13c Abs. 1 bis 4 EnWG entstehen, sollen perspektivisch auf die Netznutzer umgelagert werden. Die Kosten werden im Sinne des § 11 Abs. 2 Satz 4 und § 32 Abs. 1 Nr. 4 Anreizregulierungsverordnung (ARegV) als verfahrensregulierte, d. h. dauerhaft nicht beeinflussbare, Kosten eingeordnet. Eine wirksame Verfahrensregulierung liegt nach § 11 Abs. 2 Satz 4 ARegV vor, wenn eine umfassende Regulierung durch eine freiwillige Selbstverpflichtung der Netzbetreiber erfolgt ist. § 13c Abs. 5 EnWG sieht eine solche Selbstverpflichtung der Übertragungsnetzbetreiber vor, welche durch Festlegung von der Bundesnetzagentur bestätigt werden soll.

Der Ausschluss der Normen über die Stilllegung von Anlagen für Braunkohlereserven aus § 13b Abs. 6 EnWG spiegelt sich in § 13c Abs. 6 EnWG auch für die Vergütungsregelungen in § 13c Abs. 1 bis 5 EnWG wider. Die Kostenerstattung bei der Stilllegung von Braunkohleanlagen nach § 13g EnWG unterscheidet sich von der Vergütung für Anlagen nach § 13b EnWG.

3. Zur Frage der Verfassungsmäßigkeit der Stilllegungsverbote

Das Verbot zur Stilllegung nach § 13b Abs. 4 und Abs. 5 EnWG begründet einen Eingriff in die verfassungsrechtlich geschützte Position der Berufsfreiheit und der Privatnützigkeit des Eigentums.[24] Die betroffenen Kraftwerksbetreiber werden als Private für Belange der Allgemeinheit in Dienst genommen. Insofern stellt sich zugleich die Frage der Verfassungsmäßigkeit dieser Regelungen:

Ein Eingriff durch § 13b EnWG in die Berufsfreiheit und das Eigentum der Kraftwerksbetreiber bedarf im Lichte des Art. 12 Abs. 1 GG und des Art. 14 Abs. 1 GG der verfassungsrechtlichen Rechtfertigung. Letztlich handelt es sich um eine Indienstnahme. Diese dient der Gewährleistung von Sicherheit und Zuverlässigkeit des Elektrizitätsversorgungssystems als ein überragend wichtiges Gemeinschaftsgut. Der Eingriff dürfte auch erforderlich sein. Vergleichbare alternative, gleich effektive mildere Mittel sind nicht ersichtlich. Das Anlaufen eines Investitionsprogramms würde mehrere Jahre dauern. Auch eine Kompensation durch Stromimporte aus dem Ausland ist aufgrund zahlreicher Engpässe an den Grenzkuppelstellen kaum umfänglich möglich. Lediglich im Hinblick auf die Angemessenheit ist das gebotene Maß einer Entschädigung der Anlagenbetreiber angesichts der Normierung einer angemessenen Vergütung in § 13c EnWG noch abschließend zu klären.

IV. Netzreserve

Die Netzreserve ist in § 13d EnWG geregelt. Bisher waren die wesentlichen Eckpunkte der Netzreserve in § 13b Abs. 1 Nr. 2 Satz 1 und 3 EnWG a.F. normiert. In Abgrenzung zur Kapazitätsreserve, bei der es um die Absicherung des Strommarktes, insbesondere um den Ausgleich von Leistungsbilanzdefiziten geht, bezweckt die Netzreserve die Gewährleistung eines sicheren Netzbetriebs, vor allem die Behebung von Netzengpässen bis wichtige Netzausbauprojekte abgeschlossen sind. Die Definition in § 13d Abs. 1 Satz 1 EnWG soll Überschneidungen zu den Zwecken der Kapazitätsreserve vermeiden.[25]

1. Zweck der Netzreserve

Die Netzreserve dient der Sicherheit und Zuverlässigkeit des Elektrizitätsversorgungssystems. Sie hat den Zweck, durch die Bereitstellung der Schwarzstartfähigkeit und der Inselbetriebsfähigkeit zur Bewirtschaftung von Netzengpässen und zur Spannungshaltung sowie zur Sicherstellung eines möglichen Versorgungswiederauf-

---

[24] Für eine nähere Betrachtung der Verfassungsmäßigkeit der Stilllegungsverbote, siehe *Ruttloff*, Stilllegungsverbote für Energieerzeuger: Eigentumswidrige Zwangsbewirtschaftung?, in: Shirvani, Eigentum in der Energiewirtschaft, 2018.

[25] BT-Drs. 18/7317, S. 94.

baus beizutragen. Dazu werden zur Stilllegung vorgesehene, systemrelevante Kraftwerke bestimmt, die der Vorhaltung von Redispatch-Potentialen dienen. Die Netzreserve ist außerhalb des Energiemarktes nach Maßgabe der von den Übertragungsnetzbetreibern angeforderten Systemsicherheitsmaßnahmen einzusetzen (§ 7 Abs. 1 NetzResV).

2. Bildung der Netzreserve

Die Netzreserve wird aus Anlagen gebildet, die in § 13d Abs. 1 Satz 2 Nr. 1 bis 3 EnWG enumerativ aufgelistet sind. Teil der Netzreserve sind derzeit nicht betriebsbereite und darum nicht einspeisende, systemrelevante Anlagen, vgl. § 13d Abs. 1 Satz 2 Nr. 1 EnWG. Im Unterschied zum weiten Anlagenbegriff des § 13e Abs. 1 Satz 3 EnWG, nach dem neben den Erzeugungsanlagen auch Lasten an der Kapazitätsreserve teilnehmen, erfasst § 13d Abs. 1 Satz 2 Nr. 1 EnWG ausschließlich Erzeugungsanlagen. Vorläufig oder endgültig stillgelegte Anlagen im Sinne von § 13b Abs. 3 EnWG[26] können nach § 13d Abs. 1 Satz 2 Nr. 2 EnWG ebenfalls als Netzreserve in die Pflicht genommen werden. Mit dem Strommarktgesetz wurde die Netzreserve zudem erweitert, indem sie nun auch aus geeigneten Anlagen im europäischen Ausland gebildet werden kann, vgl. § 13d Abs. 1 Satz 2 Nr. 3 EnWG.

3. Kostenerstattung und Vergütung

Die Regelung der Netzreserve in § 13d Abs. 1 EnWG wird durch die Netzreserveverordnung (NetzResV) konkretisiert. Die Verordnungsermächtigung geht auf § 13i Abs. 3 Nr. 2 EnWG zurück. Die Netzreserveverordnung löst die Reservekraftwerksverordnung ab und präzisiert Beschaffung, Einsatz und Anforderungen an die Anlagen in der Netzreserve. Sie regelt auch den Umgang mit geplanten Stilllegungen von Erzeugungsanlagen und Speicheranlagen, § 1 Abs. 1 NetzResV. Als Reaktion auf die Entscheidung des OLG Düsseldorf vom 28. April 2015, mit der die Regelungen zur Vergütung von Redispatch-Maßnahmen als nicht angemessen aufgehoben wurden, kam es in der NetzResV zur Anpassung der Vorschriften über die Erstattung von Kosten bestehender Anlagen (vgl. § 6 NetzResV) und die Vergütung für Anlagen, die vorläufig oder endgültig stillgelegt werden sollten, aber länger bereitgehalten werden müssen (vgl. §§ 9, 10 NetzResV).

Der Übertragungsnetzbetreiber erstattet dem Kraftwerksbetreiber nach § 6 Abs. 1 Satz 1 NetzResV die Kosten, die aus der Nutzung seiner bestehenden Anlage als Netzreserve entstehen. Die Norm orientiert sich hinsichtlich des Umfangs der zu erstattenden Kosten an den Vorgaben in § 13c EnWG und konkretisiert diese weiter. Der Regelung liegt der Grundsatz der Kostenerstattung zugrunde. Dem Kraftwerksbetreiber werden nur die Kosten erstattet, die im Rahmen der Netzreserve tatsächlich zusätzlich entstehen. Von diesem Grundsatz wird abgewichen, indem auch Opportu-

---

[26] Vgl. die Ausführungen siehe C. I. 3.

nitätskosten und Werteverbrauch erstattet werden können. In der Vorgängerregelung (§ 6 ReskV) wurden Opportunitätskosten noch als generell nicht erstattungsfähig ausgewiesen.

Wie bei den Kosten, die bei der Vorhaltung oder Wiederherstellung der Betriebsbereitschaft nach §§ 13b, c EnWG entstehen, werden die durch die Netzreserveverträge entstehenden Kosten als Bestandteile der Netzentgelte gleichmäßig an die Letztverbraucher weitergegeben. Nach § 6 Abs. 2 Satz 2 NetzResV werden die Kosten durch Festlegung der Bundesnetzagentur zu einer freiwilligen Selbstverpflichtung der Betreiber von Übertragungsnetzen als verfahrensregulierte Kosten anerkannt (vgl. § 11 Abs. 2 Satz 4 und § 32 Abs. 1 Nr. 4 ARegV).

Nach § 9 Abs. 2 Satz 2 NetzResV haben Kraftwerksbetreiber, die ihre Anlagen vorläufig stilllegen wollten, diese aber länger bereithalten müssen, ebenfalls einen Anspruch auf eine angemessene Vergütung. Diese umfasst die Erstattung der Erzeugungs- und Betriebsbereitschaftsauslagen (Nr. 1 und 2) sowie den Werteverbrauch (Nr. 3).[27] Im Gegensatz zu § 6 NetzResV sind keine Opportunitätskosten erstattungsfähig. Dies deckt sich wiederum mit den Vorgaben in § 13c Abs. 1 EnWG. Parallel zu § 6 Abs. 2 Satz 2 NetzResV enthält § 9 Abs. 5 NetzResV ebenfalls eine Kostenwälzungsregelung. Die Norm ist eine teilweise Konkretisierung der Regelung in § 13c Abs. 5 EnWG.

Hinsichtlich der Kosten, die bei einer verbotenen endgültigen Stilllegung für die Bereithaltung der Anlage entstehen, verweist § 10 NetzResV auf die Regelungen des § 6 NetzResV. Den Kraftwerksbetreibern werden die Erzeugungs- und Betriebsbereitschaftsauslagen sowie die Opportunitätskosten und der Werteverbrauch vergütet.

4. Verhältnis zur Kapazitätsreserve

Bestehende Anlagen, die als Netzreserve verpflichtet wurden, können nach § 13d Abs. 2 Satz 1 EnWG auch an dem Verfahren der Beschaffung der Kapazitätsreserve teilnehmen. Neu errichtete Anlagen sind von dieser Regelung ausgenommen. Netz- und Kapazitätsreserve verfolgen unterschiedliche Zwecke. Der Gesetzgeber empfand eine enge Verbindung der beiden Reserven aber als sachgerecht.[28] Wird eine als Netzreserve verpflichtete Anlage in der Kapazitätsreserve erfolgreich eingesetzt, wird diese ausschließlich nach den Bestimmungen der Kapazitätsreserve vergütet. Dies soll Missbrauch vermeiden und eine doppelte Vergütung ausschließen.[29]

§ 13d Abs. 2 Satz 3 EnWG sichert wiederum die Nutzung der Anlagen als Netzreserve ab. Auf Anweisung der Übertragungsnetzbetreiber müssen die Anlagenbetreiber weiterhin ihre Einspeisung nach § 13a Abs. 1 EnWG und § 7 NetzResV anpassen und im Fall von Netzengpässen für die Systemsicherheit zur Verfügung ste-

---

[27] Vgl. Ausführungen zu § 13c EnWG, siehe C.II.1.1.–3.
[28] BT-Drs. 18/7313, S. 96.
[29] BT-Drs. 18/7313, S. 96.

hen. Die Nachrangigkeit der Reservemechanismen, die sich aus der Stufenfolge in § 13 Abs. 1 Nr. 1 bis 3 EnWG ergibt, wird in § 13d Abs. 2 Satz 3 EnWG widergespiegelt. Netztechnische Maßnahmen genießen Vorrang, da diese nur durch Anlagen an netztechnisch günstigen Orten umgesetzt werden können.

5. Verhältnis zwischen Übertragungsnetzbetreiber und Anlagenbetreiber

Die Bildung der Netzreserve und der Einsatz von Netzreserveanlagen erfolgt unbeschadet der gesetzlichen Regelung auf der Grundlage von Netzreserveverträgen zwischen den Übertragungsnetzbetreibern und den Anlagenbetreibern, vgl. § 13d Abs. 3 Satz 1 EnWG i.V.m. § 1 Abs. 2 NetzResV. Wegen der Einzelheiten hinsichtlich des Verfahrens, des Einsatzes der Netzreserveanlagen sowie des Umgangs mit geplanten Stilllegungen verweist die Norm auf die Regelungen der NetzResV, die insofern spezielle vertragsrechtliche Bestimmungen enthalten. Demnach erfolgt der Vertragsschluss nach Abstimmung mit der Bundesnetzagentur (§ 5 Abs. 1 Satz 1 NetzResV) für eine Vertragsdauer bis zu 24 Monate, in begründeten Fällen auch länger (§ 5 Abs. 1 Satz 3 NetzResV).

Für den Vertragsschluss mit inländischen Anlagen müssen vier Voraussetzungen nach § 5 Abs. 2 Nr. 1 – 4 NetzResV erfüllt sein. Der Vertrag darf nur geschlossen werden, wenn die Anlage systemrelevant ist (Nr. 1), der Betreiber sich verpflichtet, die Anlage nicht mehr im Strommarkt einzusetzen (Nr. 2, sog. *No-way-back-Regelung*), die Anzeigefrist verstrichen oder die Anlage bereits vorläufig stillgelegt ist (Nr. 3) und alle gesetzlichen und genehmigungsrechtlichen Anforderungen erfüllt sind oder sich die Anlage in einem materiell genehmigungsfähigen Zustand befindet (Nr. 4). Ausländische Erzeugungsanlagen können ebenfalls nach den Regelungen der NetzResV vertraglich gebunden werden, § 13d Abs. 3 Satz 2 EnWG.

6. Beihilferechtliche Vereinbarkeit

Am 30. August 2016 haben sich die Europäische Kommission und die Bundesregierung unabhängig vom zu diesem Zeitpunkt ebenfalls anhängigen Genehmigungsverfahren auf eine beihilfekonforme Ausgestaltung der Netzreserve verständigt.[30] Die Verständigung erging unter Vorbehalt und antizipierte nicht das offizielle Verfahren vor der Europäischen Kommission. Wegen der detailreichen Ausführungen in der Verständigung galt es jedoch als sehr wahrscheinlich, dass die EU-Kommission im Genehmigungsverfahren zu keiner anderen Entscheidung kommen wird.

---

[30] BMWi, Überblick über die erzielte Verständigung mit der EU-Kommission zum Energiepaket v. 30.8.2016.

Die Europäische Kommission hat das Genehmigungsverfahren am 20. Dezember 2016 schließlich positiv beschieden.[31] Die auf vier Jahre angelegte Netzreserve zur Gewährleistung der Stromkapazitäten in Süddeutschland ist mit den beihilferechtlichen Vorgaben vereinbar. Die Kommission stuft die Netzreserve wie die Kapazitätsreserve als *„Strategische Reserve"* ein, welche nach den Umweltschutz- und Energiebeihilfeleitlinien der EU-Kommission von 2014 einen den Mitgliedstaaten gestatteten Kapazitätsmechanismus darstellt. Da die Netzreserve mutmaßlich nach 2020 wegen des geplanten Netzausbaus Deutschlands überflüssig wird, genehmigte die Kommission die Maßnahme bis zu diesem Zeitpunkt.

Die Bundesnetzagentur prüft jedes Jahr bis spätestens 30. April auf Grundlage einer Systemanalyse der Übertragungsnetzbetreiber den Bedarf an Erzeugungskapazität für die Netzreserve, § 3 Abs. 1 Satz 1 NetzResV. Dieser Bedarf an Erzeugungskapazität soll nach der Verständigung um 1 Gigawatt bis Winter 2018/2019 und um zusätzliche 0,5 Gigawatt bis Winter 2019/2020, also insgesamt um 1,5 Gigawatt durch verschiedene Maßnahmen reduziert werden.[32] Die Reduzierung soll durch eine Verbesserung der regionalen Steuerung des Zubaus an erneuerbaren Energien, insbesondere durch die Einführung des Netzausbaugebiets im EEG 2017, erreicht werden. Zusätzlich sollen eine verstärkte regionale Zusammenarbeit beim Redispatch mit Österreich und anderen EU-Mitgliedstaaten, die zunehmende Nutzung unterbrechbarer Lasten und ein effizienteres Redispatch bei erneuerbaren Energien und KWK zur Reduzierung beitragen.

V. Netzstabilitätsanlagen und besondere netztechnische Betriebsmittel

Neben dem Redispatch und der Netzreserve besteht ein zusätzlicher Bedarf an der Vorhaltung besonderer netztechnischer Betriebsmittel, insbesondere von Netzstabilitätsanlagen, um bei einem tatsächlichen örtlichen Ausfall eines oder mehrerer Betriebsmittel die Sicherheit des Elektrizitätsversorgungssystems gewährleisten zu können. § 11 Abs. 3 EnWG sieht eine entsprechende Möglichkeit vor, netzbedingte Engpässe zu lösen. Die Regelung hat jüngst das Regime nach § 13k EnWG a.F. abgelöst, der erst mit dem Strommarktgesetz neu geschaffen worden war, aber noch keine konkrete praktische Bedeutung in dem kurzen Geltungszeitraum erlangen konnte.

---

[31] Europäische Kommission, Pressemitteilung v. 20. 12. 2016, http://europa.eu/rapid/press-release_IP-16-4472_de.htm (abgerufen am 2. 8. 2017).

[32] BMWi, Überblick über die erzielte Verständigung mit der EU-Kommission zum Energiepaket v. 30. 8. 2016, S. 2.

1. Zweck der Netzstabilitätsanlagen

Bei *Netzstabilitätsanlagen* handelt es sich um eine eigene Kraftwerkskategorie, die der Gewährleistung der Sicherheit und Zuverlässigkeit des Elektrizitätsversorgungssystems dient. Nach § 2 Abs. 2 Satz 1 NetzResV ist die Sicherheit und Zuverlässigkeit des Elektrizitätsversorgungssystems gefährdet, wenn örtliche Ausfälle des Übertragungsnetzes oder kurzfristige Netzengpässe zu besorgen sind oder zu besorgen ist, dass die Haltung von Frequenz, Spannung oder Stabilität durch die Übertragungsnetzbetreiber nicht im erforderlichen Maße gewährleistet werden kann.

Regelungen zur Vorhaltung netztechnischer Betriebsmittel wie Netzstabilitätsanlagen wurden durch den Übergang von Kernenergie auf erneuerbare Energien notwendig. 2021 und 2022 gehen in Süddeutschland Kernkraftwerke mit einer Leistung von rund 5 Gigawatt vom Netz.[33] Laut Bundesnetzagentur zum Fortschritt im Stromnetzausbau werden 2025 die großräumigen Nord-Süd-Transportleitungen fertig. Für den Übergangszeitraum soll mit den Netzstabilitätsanlagen die Systemstabilität sichergestellt werden.

Nach § 13k Abs. 2 Satz 1 EnWG a.F. sollten Netzstabilitätsanlagen nur errichtet werden, wenn ein netztechnischer Bedarf besteht.[34] Bei der Bedarfsermittlung wird auf die etablierte Analysemethodik der Übertragungsnetzbetreiber nach § 3 NetzResV zurückgegriffen. Die Übertragungsnetzbetreiber sollten ermitteln, an welchen Netzanschlusspunkten Bedarf zur Errichtung der Netzstabilitätsanlagen vorliegt. Die Bundesnetzagentur wiederum sollte den Bedarf jeweils spätestens bis zum Ablauf des zweiten darauf folgenden Monats (erstmals also zum 31. März 2017) prüfen und bestätigen. Die Übertragungsnetzbetreiber ermittelten erstmalig im Februar 2017 einen Bedarf für Netzstabilitätsanlagen bis zu 2 Gigawatt.[35] Die Bundesnetzagentur überprüfte diese Bedarfsermittlung und bestätigte demgemäß zum 31. Mai 2017 einen Bedarf in Höhe von 1,2 Gigawatt. Sie korrigierte diesen Wert somit um 0,8 Gigawatt nach unten.[36] Spätestens bis zum 15. Oktober 2022 sollte dann ermittelt werden, ob für die Jahre 2026 bis 2030 weiterer Bedarf besteht. Bei fortbestehendem Bedarf ist vorgesehen, dass bestehende Netzstabilitätsanlagen weiter betrieben oder auch neue Erzeugungsanlagen errichtet werden können.[37]

---

[33] BT-Drs. 18/12999, S. 16.

[34] BT-Drs. 18/8915, S. 37.

[35] BT-Drs. 18/8915, S. 38.

[36] BNetzA, Bericht zur Ermittlung des Bedarfs an Netzstabilitätsanlagen gemäß § 13k EnWG, 31.5.2017, https://www.bundesnetzagentur.de/SharedDocs/Downloads/DE/Sachgebiete/Energie/Unternehmen_-Institutionen/Versorgungssicherheit/Berichte_Fallanalysen/BNetzA_Netzstabili taetsanlagen13k.pdf;jsessionid=2 A3CDBE0955027E9E67F67D2F6FE6 A1C?__blob=publica tionFile&v=3 (abgerufen am 15.8.2017).

[37] BT-Drs. 18/8915, S. 38.

2. Entstehungsgeschichte

§ 11 Abs. 3 EnWG wurde am 21. Juli 2017 durch das Netzentgeltmodernisierungsgesetz eingefügt. Die Norm geht auf Regelungen in § 8 Abs. 4 ReskV sowie § 13k EnWG zurück und löste diese ab.

a) Ursprungsregelung in § 8 Abs. 4 ReskV

Bereits vor dem Strommarktgesetz war der Ausnahmefall der Errichtung einer neuen Anlage als besonderes netztechnisches Betriebsmittel in § 8 Abs. 4 ReskV geregelt. Im EnWG war zunächst keine vergleichbare Regelung vorgesehen. Die Reservekraftwerksverordnung (ReskV) ist mit dem Strommarktgesetz in Netzreserveverordnung umbenannt und in diesem Zuge grundlegend novelliert worden. § 8 Abs. 4 ReskV bestimmte:

(4) [1]Soweit im Rahmen des Verfahrens nach Absatz 2 kein Ergebnis erzielt werden kann, kann der Übertragungsnetzbetreiber nach Abstimmung mit der Bundesnetzagentur, eine neue Anlage als besonderes netztechnisches Betriebsmittel an geeigneter Stelle errichten und betreiben.

[2]Im Hinblick auf die Art des Einsatzes der Anlage während und nach Ende der Nutzung im Rahmen der Netzreserve sind die §§ 7 und 9 Absatz 3 Nummer 2 entsprechend anzuwenden.

[3]Die durch die neue Anlage verursachten Kosten der Übertragungsnetzbetreiber werden durch Festlegung der Bundesnetzagentur zu einer freiwilligen Selbstverpflichtung der Übertragungsnetzbetreiber gemäß § 11 Absatz 2 Satz 4 und § 32 Absatz 1 Nummer 4 der Anreizregulierungsverordnung vom 29. Oktober 2007 (BGBl. I S. 2529), die zuletzt durch Artikel 7 des Gesetzes vom 20. Dezember 2012 (BGBl. I S. 2730) geändert worden ist, in ihrer jeweils geltenden Fassung als verfahrensregulierte Kosten nach Maßgabe der hierfür geltenden Vorgaben anerkannt.[38]

Diese Regelung entfaltete jedoch keine praktische Relevanz, da kein Übertragungsnetzbetreiber von dieser Möglichkeit Gebrauch machte. Es bestanden auch verfassungsrechtliche Bedenken vor dem Hintergrund der sog. *Wesentlichkeitstheorie* des Bundesverfassungsgerichts,[39] da eine solche grundsätzliche Bestimmung mit Bezug zur Systemrelevanz des Energieversorgungssystems nicht in einem formellen Parlamentsgesetz geregelt worden war.

b) Regelung in § 13k EnWG im Zuge des Strommarktgesetzes

§ 13k EnWG wurde im Zuge des Strommarktgesetzes erlassen, um den verfassungsrechtlichen Bedenken zu begegnen, eine derart wesentliche Entscheidung in eine Verordnung wie die ReskV auszulagern. Der ursprüngliche Gesetzentwurf

---

[38] BGBl. 2013 I, 1947 (1949).

[39] Vgl. hierzu nur BVerfGE 98, 218, 251 ff.; 105, 252, 268 f.; 105, 279, 301 ff.

der Bundesregierung zum Strommarktgesetz vom 20. Januar 2016 hatte die Regelung noch nicht vorgesehen. Erst einen Tag vor der parlamentarischen Verabschiedung nahm der Ausschuss für Wirtschaft und Energie in seiner abschließenden Beratung diese Norm in seine Beschlussempfehlung zum Strommarktgesetz auf.[40]

aa) Inhaltliche Anforderungen

Im Fall fehlender anderweitiger geeigneter Maßnahmen wurden die Übertragungsnetzbetreiber zur Errichtung und zum Betrieb von Netzstabilitätsanlagen als besonderes, netztechnisches Betriebsmittel ermächtigt. In der Fassung vom 26. Juli 2016 wurde folgender Normentwurf zu § 13k EnWG eingebracht, der daraufhin am 27. Juli 2016 im Bundestag verabschiedet wurde und am 30. Juli 2016 in Kraft trat:

> (1) [1]Betreiber von Übertragungsnetzen können Erzeugungsanlagen als besonderes netztechnisches Betriebsmittel errichten, soweit ohne die Errichtung und den Betrieb dieser Erzeugungsanlagen die Sicherheit und Zuverlässigkeit des Elektrizitätsversorgungssystems im Sinne von § 2 Absatz 2 der Netzreserveverordnung gefährdet ist. [2]Diese Erzeugungsanlagen dürfen eine elektrische Nennleistung von insgesamt 2 Gigawatt nicht überschreiten. [3]§ 7 Absatz 2 der Netzreserveverordnung ist entsprechend anzuwenden. [4]§ 13e Absatz 4 ist entsprechend anzuwenden.

> (2) [1]Die Errichtung der Erzeugungsanlagen soll dort erfolgen, wo dies wirtschaftlich oder aus technischen Gründen für den Netzbetrieb erforderlich ist. [2]Die Betreiber von Übertragungsnetzen ermitteln erstmalig den Bedarf für solche Erzeugungsanlagen spätestens bis zum 31. Januar 2017; die Bundesnetzagentur bestätigt den Bedarf jeweils spätestens bis zum Ablauf des zweiten darauf folgenden Monats. [3]Die Betreiber von Übertragungsnetzen ermitteln spätestens bis zum 15. Oktober 2022, ob weiterer Bedarf nach Satz 1 für die Jahre 2026 bis 2030 besteht; die Bundesnetzagentur bestätigt den Bedarf spätestens bis zum 31. Januar 2023. [4]Besteht der Bedarf fort, dürfen die Erzeugungsanlagen errichtet und weiterhin betrieben werden.[41]

Genau wie § 8 Abs. 4 ReskV sah § 13k EnWG a.F. die Nachrangigkeit der Netzstabilitätsanlagen vor. Sie sollten laut § 13k Abs. 1 Satz 3 EnWG a.F. i.V.m. § 7 Abs. 2 Satz 2 NetzResV nachrangig nach geeigneten Maßnahmen aus §§ 13 Abs. 1 Nr. 1 und Nr. 2, 13a EnWG vorzunehmen sein. Schließlich galt das in § 13e Abs. 4 EnWG für die Kapazitätsreserve geregelte Vermarktungsverbot auch für Netzstabilitätsanlagen (§ 13k Abs. 1 Satz 4 EnWG a.F.). Die Übertragungsnetzbetreiber durften weder die Leistung noch die Arbeit der Netzstabilitätsanlagen auf dem Strommarkt veräußern. Aufgrund der Stilllegungspflicht mussten die Übertragungsnetzbetreiber die Anlagen (auch erforderliche Nebenanlagen und Netzkomponenten) stilllegen, falls kein Bedarf mehr nachgewiesen werden kann. Diese Regelungen sollten zur Vermeidung von Marktverzerrungen beitragen und wurden auch

---

[40] BT-Drs. 18/8915, S. 17 f.
[41] BGBl. 2016 I, 1786 (1801).

von der Europäischen Kommission in der Verständigung mit der Bundesregierung unterstrichen.[42]

Der Wortlaut des § 13k Abs. 1 Satz 1 EnWG a.F. sprach lediglich von der „Errichtung" der Anlagen und verdeutlichte damit, dass Anlagen der Netzstabilität im Gegensatz zu solchen in der Netzreserve neu zu errichten sind. Neben der Errichtung sollte aber auch der Betrieb umfasst sein. Nach § 13k Abs. 1 Satz 2 EnWG a.F. durften die Anlagen eine elektrische Nennleistung von insgesamt 2 Gigawatt nicht überschreiten. Hier zeigt sich eine Parallele zum ursprünglichen Gesetzentwurf, nach dem in der Vorläuferfassung des § 13d Abs. 2 Satz 1 EnWG neu zu errichten de Anlagen bis zu 2 Gigawatt als Netzreserve verpflichtet werden sollten.

bb) Beihilfenrechtliche Konformität

Die am 30. August 2016 erzielte Verständigung zwischen der Europäischen Kommission und der Bundesregierung umfasste grundsätzlich auch die beihilfenrechtliche Vereinbarkeit von Netzstabilitätsanlagen im Sinne der Regelung des § 13k EnWG a.F.[43] Demnach sollten Netzstabilitätsanlagen zulässig sein, soweit sie während und nach dem Kernenergieausstieg für die Gewährleistung der Systemsicherheit erforderlich waren. Der netztechnische Bedarf sollte durch die Übertragungsnetzbetreiber in Analysen nachgewiesen werden. Die Anlagen durften ausschließlich außerhalb des Marktes und lediglich als Übergangslösung zur Netzstabilität insbesondere in Süddeutschland eingesetzt werden. Zur Wahrung der Beihilfenrechtskonformität durfte eine Nennleistung von 2 Gigawatt nicht überschritten werden.

Diese Einigung stand unter dem Vorbehalt der beihilfenrechtlichen Genehmigung. Regelungstechnisch fand dies in § 118 Abs. 18 Satz 1 Nr. 3 EnWG a.F. seinen Niederschlag, umfasste auch die Errichtung von Netzstabilitätsanlagen und normierte einen Vorbehalt des Inkrafttretens aufschiebend bedingt durch die beihilferechtliche Genehmigung der Europäischen Kommission. § 13k EnWG a.F. entfaltete jedoch auch niemals praktische Bedeutung.

3. Regelungsgehalt von § 11 Abs. 3 EnWG – Vorgaben für die Beschaffung besonderer netztechnischer Betriebsmittel

Wegen schwerwiegender beihilferechtlicher Bedenken, die nachträglich aus der Europäischen Kommission zu vernehmen waren, wurden sowohl § 13k EnWG als auch die Genehmigungspflicht in § 118 Abs. 18 Satz 1 Nr. 3 EnWG durch das Netzentgeltmodernisierungsgesetz gestrichen und für die bisherige Regelung § 11 Abs. 3

---

[42] BMWi, Überblick über die erzielte Verständigung mit der EU-Kommission zum Energiepaket v. 30. 8. 2016, S. 4.

[43] BMWi, Überblick über die erzielte Verständigung mit der EU-Kommission zum Energiepaket v. 30. 8. 2016, S. 4.

EnWG eingefügt.[44] Ohne vertiefte parlamentarische Debatte wurde § 11 Abs. 3 EnWG erlassen und § 13k EnWG aufgehoben. Im ursprünglichen Gesetzentwurf zum Netzentgeltmodernisierungsgesetz vom 15. März 2017 war § 11 Abs. 3 EnWG noch nicht vorgesehen. Wiederum erst in der Beschlussempfehlung des Ausschusses für Wirtschaft und Energie vom 28. Juni 2017 wurde § 11 Abs. 3 EnWG ergänzt.[45] Demnach soll der Regelungsgehalt des § 13k EnWG inhaltlich in der Neuregelung des § 11 Abs. 3 EnWG aufgehen.[46] Dort ist nunmehr geregelt:

(3) [1]Betreiber von Übertragungsnetzen können besondere netztechnische Betriebsmittel vorhalten, um die Sicherheit und Zuverlässigkeit des Elektrizitätsversorgungssystems bei einem tatsächlichen örtlichen Ausfall eines oder mehrerer Betriebsmittel im Übertragungsnetz wieder herzustellen. [2]Mit dem Betrieb besonderer netztechnischer Betriebsmittel sind Dritte zu beauftragen. [3]Entsprechendes gilt bei der Errichtung von Anlagen zur Erzeugung elektrischer Energie und der Bereitstellung abschaltbarer Lasten. [4]Aufträge nach den Sätzen 2 und 3 werden im Wettbewerb und im Wege transparenter Verfahren vergeben. [5]Dabei sind

1. die Grundsätze der Wirtschaftlichkeit und der Verhältnismäßigkeit zu wahren und

2. alle Teilnehmer des Verfahrens gleich zu behandeln.

[6]Der Teil 4 des Gesetzes gegen Wettbewerbsbeschränkungen bleibt unberührt. [7]Die Leistung oder die Arbeit besonderer netztechnischer Betriebsmittel darf weder ganz noch teilweise auf den Strommärkten veräußert werden. [8]Die Betreiber von Übertragungsnetzen legen der Bundesnetzagentur rechtzeitig vor einer geplanten Beschaffung besonderer netztechnischer Betriebsmittel vor:

1. Analysen, aus denen sich die Erforderlichkeit besonderer netztechnischer Betriebsmittel unter Berücksichtigung bestehender Energieanlagen ergibt, sowie

2. ein Beschaffungskonzept, welches das Vergabeverfahren nach den Sätzen 2 bis 5 beschreibt.

Nach § 11 Abs. 3 EnWG können Übertragungsnetzbetreiber besondere netztechnische Betriebsmittel vorhalten, um die Sicherheit und Zuverlässigkeit des Elektrizitätsversorgungssystems wiederherzustellen.[47] Im Gegensatz zu § 13k EnWG werden keine Anforderungen an die technische Beschaffenheit der Betriebsmittel verlangt.

Während § 13k EnWG a.F. ausdrücklich von Netzstabilitätsanlagen sprach, verwendet die neue Regelung wie der ursprüngliche § 8 Abs. 4 ReskV den Begriff der besonderen netztechnischen Betriebsmittel. Betriebsmittel sind netztechnisch besonders, wenn sie zur Durchführung kurativer Maßnahmen technisch geeignet und

---

[44] Verband kommunaler Unternehmen e.V. (Uhlemann, Anika), Pressemitteilung v. 10.7. 2016,   https://www.vku.de/energie/energieerzeugung/energiemarktdesign/wie-aus-netzstabili taetsanlagen-besondere-netztechnische-betriebsmittel-werden.html (abgerufen am 15.8.2017).

[45] BT-Drs. 18/12999, S. 3.

[46] BT-Drs. 18/12999, S. 17.

[47] Vgl. *König*, in: Säcker, Berliner Kommentar zum Energierecht, 4. Aufl. 2017 (im Erscheinen), § 11 EnWG.

auch bestimmungsgemäß eingesetzt werden sollen.[48] Der Begriff ist grundsätzlich technologieneutral und damit entwicklungsoffen. Diese regelungstechnische Weite und Unbestimmtheit birgt jedoch auch Risiken für die künftigen Entwicklungen aufgrund möglicher Rechtsunsicherheiten.

§ 11 Abs. 3 Satz 2 bis 5 EnWG regelt die Vorgaben für die Beschaffung besonderer netztechnischer Betriebsmittel. Beim Betrieb besonderer netztechnischer Mittel, bei der Errichtung von Erzeugungsanlagen sowie zur Bereitstellung abschaltbarer Lasten sind Dritte zu beauftragen. Entsprechende Aufträge müssen im Wettbewerb und im Wege transparenter Verfahren, die den Grundsätzen der Wirtschaftlichkeit, Verhältnismäßigkeit und Gleichbehandlung genügen, vergeben werden. Ausprägungen des zu beachtenden Wettbewerbs- und Transparenzgrundsatzes sind die öffentliche Bekanntmachung der Ausschreibung des Beschaffungsvorhabens sowie die ausreichende Begründung und Dokumentation der Vergabeentscheidung.

Der vorherige Verweis des § 118 Abs. 18 Satz 1 Nr. 3 EnWG auf § 13k EnWG, der die Genehmigungspflicht der Europäischen Kommission als Voraussetzung für das Inkrafttreten normierte, wurde ersatzlos gestrichen. Es gibt keine neue vergleichbare Festlegung über einen beihilferechtlichen Genehmigungsvorbehalt für das Inkrafttreten des § 11 Abs. 3 EnWG.[49]

4. Regelungsintention des § 11 Abs. 3 EnWG

Die ad hoc Regelungen der Netzstabilitätsanlagen im Strommarktgesetz und nun die Neuregelung im Netzentgeltmodernisierungsgesetz führten zu vielfältiger Kritik. Hinsichtlich § 13k EnWG a.F. wurde zum einen eine Tendenz zur Erweiterung der Kompetenzen der Übertragungsnetzbetreiber statuiert und zum anderen die Vereinbarkeit der Regelung mit den unionsrechtlichen und nationalen Entflechtungsvorgaben in Frage gestellt.

a) Kompetenzerweiterung der Übertragungsnetzbetreiber

Mit der Regelung des § 13k EnWG a.F. wurden die Übertragungsnetzbetreiber ermächtigt, außerhalb des Strommarktes selbst Anlagen zu errichten und betreiben zu dürfen. Dies wurde als Trend zur stetigen Kompetenzerweiterung seitens der Übertragungsnetzbetreiber kritisiert. Die weitere Verlagerung der Stromerzeugung in den regulierten Netzbetrieb stelle einen funktionalen Eingriff in den Strommarkt dar.[50] Dieser Eingriff würde zudem intensiviert, indem entgegen des Entwurfs in § 8

---

[48] BT-Drs. 18/12999, S. 17.

[49] Weitere Überlegungen zur Europarechtskonformität des § 11 Abs. 3 EnWG, siehe: *König*, in: Säcker, Berliner Kommentar zum Energierecht, 4. Aufl. 2017 (im Erscheinen), § 11 EnWG.

[50] *Riewe/Sauer*, EWeRK 2014, 79 (84); Verband kommunaler Unternehmen e.V., Pressemitteilung v. 24.6.2016, http://www.verbaende.com/news.php/VKU-zum-Strommarktgesetz-

Abs. 4 NetzResV die Übertragungsnetzbetreiber ohne ein wettbewerbliches Ausschreibungsverfahren über die Errichtung und den Einsatz der Anlagen in der Netzreserve entscheiden können.[51] Während § 8 Abs. 4 ReskV noch eine reine Ermessensvorschrift darstellte, intendierte die Regelung in § 13k Abs. 2 Satz 1 EnWG a.F. das Ermessen zur Errichtung der Erzeugungsanlagen.

§ 11 Abs. 3 EnWG sieht keine eigene Kompetenz der Übertragungsnetzbetreiber vor, besondere netztechnische Betriebsmittel selbst vorzuhalten.[52] Die Betreiber der Übertragungsnetze entscheiden vielmehr, ob und welche netztechnischen Betriebsmittel sie für zweckmäßig halten. § 11 Abs. 3 Satz 4 bis 5 EnWG sieht nunmehr zudem die Ausschreibung des Beschaffungsvorhabens vor. Dennoch bleibt es bei dem Befund, dass weite Teile des Marktes weiterhin in den regulierten Bereich überführt werden und die Übertragungsnetzbetreiber zusätzlich weitreichendere Kompetenzen erhalten.[53]

b) Entflechtungsproblematik

Entschärft ist damit auch die Entflechtungsproblematik. Die Elektrizitätsbinnenmarktrichtlinie und die nationalen Regelungen im EnWG zur Umsetzung der Richtlinie schreiben eine Entflechtung von Netzbetrieb auf der einen Seite und Erzeugung und Versorgung auf der anderen Seite vor.[54] Demnach ist für eine transparente und diskriminierungsfreie Ausgestaltung der Energieversorgung die Unabhängigkeit der Netzbetreiber von anderen Tätigkeitsbereichen der Energieversorgung notwendig, vgl. § 6 Abs. 1 EnWG. Durch die Regelung in § 13k EnWG entstand die Möglichkeit der Übertragungsnetzbetreiber, Energieerzeugungsanlagen selbst zu errichten und betreiben zu können und damit eine Beteiligung der Netzbetreiber an der Stromerzeugung und -versorgung.[55] Mit dem Betreib der Anlagen sind nach § 11 Abs. 3 Satz 2 EnWG nun Dritte zu beauftragen. Nach § 11 Abs. 3 Satz 3 EnWG gilt dies auch für die Errichtung von Anlagen zur Erzeugung elektrischer Energie und der Bereitstellung abschaltbarer Lasten.

Regulierung-auf-die-Spitze-getrieben-Uebertragungsnetzbetreiber-duerfen-Kraftwerke-errichten-und-betreiben?m=110704 (abgerufen am 1.8.2017).

[51] Bundesverband neue Energiewirtschaft, Pressemitteilung v. 24.6.2016, http://www.bne-online.de/de/content/energiepolitische-beschl%C3%BCsse-%E2%80%9Ezwei-schritte-vor-einer-zur%C3%BCck%E2%80%9C (abgerufen am 1.8.2017).

[52] BT-Drs. 18/12999, S. 16.

[53] Verband kommunaler Unternehmen e.V. (Uhlemann, Anika), Pressemitteilung v. 10.7.2016, https://www.vku.de/energie/energieerzeugung/energiemarktdesign/wie-aus-netzstabilitaetsanlagen-besondere-netztechnische-betriebsmittel-werden.html (abgerufen am 15.8.2017).

[54] Artikel 9 RL 2009/72/EG des Europäischen Parlaments und des Rates v. 13.7.2009 über gemeinsame Vorschriften für den Elektrizitätsbinnenmarkt und zur Aufhebung der Richtlinie 2003/54/EG sowie Teil 2, §§ 6 ff. EnWG.

[55] *Däuper/Voß*, IR 2013, 170 (172 f.).

5. Verhältnis zur Netzreserve

Das Verhältnis der Netzstabilitätsanlagen zur Netzreserve ergab sich nicht ausdrücklich aus den bestehenden gesetzlichen Regelungen. Sowohl § 8 Abs. 4 Satz 1 ReskV als auch § 13k EnWG a.F. sahen subsidiäre Ermächtigungen für Übertragungsnetzbetreiber zur Errichtung und zum Betrieb von Netzstabilitätsanlagen vor. Diese Befugnis war als Auffanglösung konzipiert, falls ein vorrangig durchzuführendes Ausschreibungsverfahren zur Beschaffung neuer Erzeugungsanlagen für die Netzreserve scheiterte. Das hätte mit der Neuregelung in § 13d Abs. 1 Satz 2 Nr. 3 EnWG zu einem Vorrang geeigneter Anlagen im europäischen Ausland führen müssen.

Die neue Regelung der Netzstabilitätsanlagen in § 11 Abs. 3 EnWG löst das Dilemma um das Verhältnis der Anlagen zur Netzreserve. Mit der Normierung unter § 11 EnWG werden die Regelungen zu den besonderen netztechnischen Betriebsmitteln in einer Norm zum Betrieb der Energieversorgungsnetze zusammengeführt. Sie stehen damit in keinem Rangverhältnis zu den Maßnahmen des § 13 Abs. 1 Nr. 1 bis 3 EnWG.

VI. Kapazitätsreserve

Die Grundsätze zur Einführung der Kapazitätsreserve sind in § 13e EnWG geregelt. Die genaue Ausgestaltung der Kapazitätsreserve ist nach § 13h EnWG in einer Kapazitätsreserveverordnung (KapResV) zu konkretisieren.

1. Zweck der Kapazitätsreserve

Nachrangig zu netztechnischen und marktbezogenen Maßnahmen sichert die Kapazitätsreserve den Strommarkt und gewährleistet ein ausreichendes Stromangebot bei Nachfragespitzen. Die Reserveleistung soll als Kapazitätspuffer Leistungsbilanzdefizite, d. h. die Differenz zwischen Stromentnahme und Stromeinspeisung, die nicht durch am Strommarkt verfügbare Leistung abgedeckt werden kann, ausgleichen.[56] Genau wie die Netzreserve ist diese für die Übergangsphase bis Mitte der 2020er Jahre vorgesehen. Die Entscheidung, die Reserve außerhalb des Strommarkts und damit keinen Kapazitätsmarkt bilden zu lassen, war für das mit dem Strommarktgesetz eingeführte, neue Strommarktdesign zentral.[57] Sie wurde im Konsultationsprozess des Bundeswirtschaftsministeriums auf Grundlage eines Grün-[58]

---

[56] *Stelter/Ipsen*, EnWZ 2016, 483 (486).

[57] BT-Drs. 18/7317, S. 54, „Grundsatzentscheidung".

[58] BMWi, Ein Strommarkt für die Energiewende, Diskussionspapier des Bundesministeriums für Wirtschaft und Energie (Grünbuch), Oktober 2014.

und Weißbuches[59] vorbereitet.[60] Bei einem Kapazitätsmarkt hätten die vorgehaltenen Kapazitäten innerhalb des Strommarktes gehandelt und vergütet werden müssen. Im Ausgangspunkt blieb es damit bei dem „*Energy-only-Market*",[61] der durch die Reservemechanismen lediglich zu dem sog. „*Strommarkt 2.0*"[62] weiterentwickelt wurde. Grund für die Entscheidung gegen einen zusätzlichen Kapazitätsmarkt war, dass man in der Reserve eine kostengünstigere Alternative sah.[63] Die Reserve soll bereits ab 2018/2019 zur Verfügung stehen und durch die Bereitstellung eines Kapazitätspuffers den Abbau von Überkapazitäten in den nächsten Jahren flankieren. Durch einen frühzeitigen Aufbau erwartet der Gesetzgeber zudem einen größeren Bieterwettbewerb bei den Ausschreibungen.[64]

2. Bildung der Kapazitätsreserve

Im ersten Absatz werden die Grundsätze und im zweiten die wesentlichen Inhalte hinsichtlich des Verfahrens und der Beschaffung der Reserve festgelegt. Die Kapazitätsreserve kann aus allen von den Übertragungsnetzbetreibern vorgehaltenen Erzeugungsanlagen gebildet werden. Anders als im ursprünglichen Gesetzentwurf vorgesehen, spricht § 13e Abs. 1 Satz 3 EnWG nunmehr von den „Anlagen der Kapazitätsreserve". Damit wird klargestellt, dass nicht nur Erzeugungsanlagen sondern auch Lasten an der Kapazitätsreserve teilnehmen können, sofern sie die technischen Voraussetzungen, etwa die Bereitstellungszeiten sowie die rechtlichen Voraussetzungen, etwa das Rückkehr- und Vermarktungsverbot erfüllen.[65] Sie wird stufenweise ab dem Winterhalbjahr 2018/2019 gebildet und ausschließlich auf Anforderung der Übertragungsnetzbetreiber eingespeist.

Die Kapazitätsreserve wird in einem wettbewerblichen Beschaffungsverfahren gebildet, um den Grundsätzen der Diskriminierungsfreiheit und der Kosteneffizienz gerecht zu werden.[66] Dabei gilt es, die unionsrechtlichen Vorgaben (Art. 8 Abs. 1, 5 RL 2009/72/EG) zu beachten. Nach § 13e Abs. 2 Satz 1 EnWG kann die Beschaffung entweder über ein wettbewerbliches Ausschreibungsverfahren oder ein diesem

---

[59] BMWi, Ein Strommarkt für die Energiewende (Weißbuch), Juli 2015.

[60] Vgl. zum Bekenntnis für die Kapazitätsreserve anstelle eines Kapazitätsmarktes BMWi, Ein Strommarkt für die Energiewende, Weißbuch Juli 2015, S. 80; zum Standpunkt der Monopolkommission zusammenfassend *Zenke/Heymann/Poppe*, ZNER 2015, 519 (524 f.); zur Diskussion insgesamt im Überblick *Ruttloff*, emw 2015, 6; *Riewe*, EWeRK 2014, 358 (363 ff.) und *Schwarz*, ZNER 2014, 337 (339).

[61] Zum Begriff *Ruttloff*, emw 2015, 6; *Ludwigs*, RdE 2015, 325; *Schwarz*, ZNER 2014, 337 (338) und *Schweizer/Mattis*, et 2016, 2, 5.

[62] Exemplarisch insofern, BT-Drs. 18/7317, S. 56.

[63] BT-Drs. 18/7317, S. 4, 56, 96; kritisch: *Ruttloff/Lippert*, in: Säcker, Berliner Kommentar zum Energierecht, EnWG, 4. Aufl. 2017 (im Erscheinen), § 13e EnWG Rn. 4 f.

[64] BT-Drs. 18/7317, S. 98.

[65] BT-Drs. 18/8915, S. 33.

[66] BT-Drs. 18/7317, S. 97.

hinsichtlich Transparenz und Nichtdiskriminierung gleichwertigen wettbewerblichen Verfahren geschehen. Die Norm setzt die Ausschreibungspflicht in deutsches Recht um. Offen ist aber, ob die Durchführung der Ausschreibungen durch die Übertragungsnetzbetreiber zulässig ist. Nach der Elektrizitätsbinnenmarktrichtlinie sind Durchführung, Beobachtung und Kontrolle des Ausschreibungsverfahrens grundsätzlich einer Behörde oder einer vom sonstigen Strommarkt unabhängigen öffentlichen oder privaten Stelle, etwa der Bundesnetzagentur, zuzuweisen. Die Übertragungsnetzbetreiber können nach der Richtlinie nur dann mit den Ausschreibungen betraut werden, wenn sie in ihren Eigentumsverhältnissen unabhängig von anderen, nicht mit dem Übertragungsnetz zusammenhängenden Tätigkeitsbereichen sind. Bei wortlautgetreuer Auslegung ist diese Anforderung für zwei der vier Übertragungsnetzbetreiber nicht erfüllt, da Energieversorger als Anteilseigner an diesen Übertragungsnetzbetreibern beteiligt sind.

Die Kapazitätsreserve ist zunächst für zwei Jahre geplant und die Reserveleistung soll in einem Umfang von 2 Gigawatt vorgehalten werden, vgl. § 13e Abs. 2 Satz 3 Nr. 1 EnWG. Die Festlegung näherer Details ist der Kapazitätsreserveverordnung vorbehalten. Für den Zeitraum ab dem Winterhalbjahr 2020/2021 besteht die Möglichkeit einer Anpassung des Umfangs durch das Bundeswirtschaftsministerium, nachdem sie diesen auf Basis des Berichts zum Monitoring der Versorgungssicherheit geprüft hat, vgl. § 13e Abs. 5 EnWG. Die Europäische Kommission prüft seit dem 7. April 2017 förmlich die Vereinbarkeit der Kapazitätsreserve mit den beihilfenrechtlichen Vorgaben. Insbesondere hinsichtlich der Erforderlichkeit, die Kapazitätsreserve ab 2020/2021 anpassen und ggfs. aufstocken zu können, äußerte sie bereits Zweifel.[67] Gemäß § 13e Abs. 3 Satz 4 EnWG können Anlagen wiederholt an den Ausschreibungen teilnehmen und auch mehrmals in der Kapazitätsreserve verpflichtet werden.

3. Vergütung und Kostenerstattung

Die Vorhaltung der Erzeugungsanlage und Lasten wird den Betreibern jährlich vergütet. Die Höhe der Vergütung wird im Rahmen des wettbewerblichen Ausschreibungsverfahrens auf Grundlage von § 13e Abs. 2 EnWG i.V.m. KapResV ermittelt. Hierin ist auch der eigentliche Zweck der KapResV zu sehen (§ 13e Abs. 3 Satz 1 Halbsatz 2 EnWG).

Explizit geregelt sind Kosten für die Vorhaltung der Anlage in § 13e Abs. 3 Satz 2 Nr. 1 EnWG und der Werteverbrauch in § 13e Abs. 3 Satz 2 Nr. 2 EnWG. Die Vorhaltungskosten können die Kosten für notwendige Anfahrvorgänge, das Personal und die Instandhaltung umfassen. Werteverbrauch erfasst auch Kapitalkosten und bei neu errichteten Anlagen den Aufwand für die Errichtung und Inbetriebnahme der Anla-

---

[67] Europäische Kommission, Pressemitteilung v. 7.4.2017, http://ec.europa.eu/germany/news/eu-wettbewerbsaufsicht-pr%C3%BCft-die-von-deutschland-geplante-kapazit%C3%A4tsreserve_de (abgerufen am 2.8.2017).

ge. Die in der Ausschreibung festgelegte Vergütung muss diese Kosten aber nicht zwingend abdecken. Die Kosten gelten als durch die Vergütung abgegolten (sog. Abgeltungsfiktion). Eine gesonderte Erstattung erfolgt allenfalls, wenn das Gebot diese Kostenpositionen ausdrücklich nicht umfassen sollte. Bei Erzeugungsanlagen betrifft dies insbesondere Kosten für Instandhaltung und Nachbesserung und bei Lasten Kosten für den Stromverbrauch und zur dauerhaften Aufrechterhaltung der Last.

Zusätzlich zu der Vergütung werden gesondert auch Kosten bei der tatsächlichen Inanspruchnahme der Anlage erstattet, § 13e Abs. 3 Satz 3 EnWG. Grund ist, dass der Umfang der Kosten, die aus der angeforderten Einspeisung resultieren, im Vorfeld für den Betreiber schwer kalkulierbar ist. Die Kosten für die Einspeisung von Wirk- und Blindleistung (Nr. 1), für die variable Instandhaltung (Nr. 2), für die Aufrechterhaltung der Brennstoff-Infrastruktur (Nr. 3) sowie für die Herstellung oder Aufrechterhaltung der Schwarzstartfähigkeit oder die Fähigkeit zur Blindleistungseinspeisung (Nr. 4) werden nur nach Anfall erstattet und sind insoweit von der Vergütung ausgenommen.

4. Kostenwälzung

§ 13e Abs. 3 Satz 4 EnWG normiert eine Wälzungsbefugnis für die Übertragungsnetzbetreiber. Nach Abzug der entstehenden Erlöse können sie die Kosten über die Netzentgelte weiter belasten. Auch die Kosten der anwaltlichen oder notariellen Beratung, sog. vorbereitende Kosten, sind umlagefähig. Da alle Netznutzer von der Vorhaltung der Kapazitätsreserve profitieren, sollen sie auch gemeinsam die Kosten tragen.[68] Die Kapazitätsreserve ist insoweit eine Systemdienstleistung.[69] Die Kosten werden als dauerhaft nicht beeinflussbare Kostenanteile nach § 11 Abs. 2 Satz 1 ARegV eingeordnet, sodass die Kosten sich insbesondere nicht auf den Effizienzvergleich nach §§ 12 ff. ARegV auswirken. Unter den Übertragungsnetzbetreibern wird gemäß § 13e Abs. 3 Satz 6 EnWG der unterschiedliche Umfang der bei jedem einzelnen Übertragungsnetzbetreiber verbleibenden Kosten untereinander ausgeglichen. Dadurch wird eine gleichmäßige Kostenverteilung im gesamten Bundesgebiet sichergestellt. Übertragungsnetzbetreiber die im Vergleich zu anderen Übertragungsnetzbetreibern bezüglich der an die Letztverbraucher gelieferten Strommengen höhere Zahlungen zu leisten hätten, haben nach § 13e Abs. 3 Satz 7 EnWG einen Anspruch auf einen horizontalen Belastungsausgleich. Die Kapazitätsreserve soll die Versorgungssicherheit im gesamten Bundesgebiet sicherstellen, sodass eine Verteilung der Kosten sachgerecht ist. Dennoch ist die innere Regelungssystematik des Wälzungsmechanismus wenig gelungen. Der horizontale Ausgleich zwischen den Übertragungsnetzbetreibern muss gemäß § 13e Abs. 3 Satz 6 und 7 EnWG nach der zeitlichen Abfolge vor der Weiterwälzung der verbleibenden Kosten

---

[68] BT-Drs. 18/7317, S. 99; BT-Drs. 18/8915, S. 33.

[69] *Ruttloff/Lippert*, in: Säcker, Berliner Kommentar zum Energierecht, 4. Aufl. 2017 (im Erscheinen), § 13e EnWG Rn. 22.

über die Netzentgelte des jeweiligen Übertragungsnetzbetreibers nach § 13e Abs. 3 Satz 4 EnWG erfolgen.

Ebenfalls problematisch ist, dass die Norm keine Aussage zu Fälligkeit und Verjährung der Ausgleichsansprüche trifft. Mangels vorrangiger Regelung wird man auf den Regelverjährungsbeginn nach §§ 195, 199 BGB zurückgreifen müssen, wonach es auf die Fälligkeit des Anspruchs ankommt. Unklar ist, wann der horizontale Ausgleichsanspruch entsteht und fällig wird. In Anlehnung an andere Umlagesysteme könnte man von einer Entstehung im Folgejahr ausgehen. Die Umlage über Netzentgelte würde dann regelmäßig im darauffolgenden Jahr fällig werden. Schwierigkeiten bleiben, wenn es in der Zeit zu grundlegenden Meinungsverschiedenheiten zwischen dem Übertragungsnetzbetreiber und dem Anlagenbetreiber über Art und Höhe der erstattungsfähigen Kosten kommt und sich ggfs. langjährige Rechtsstreitigkeiten anschließen. Dieser Verjährungsfalle kann allenfalls durch Anwendung des § 199 Abs. 1 Nr. 2 BGB entgangen werden. Demnach beginnt die Verjährung mit Fälligkeit des Anspruchs und bei Kenntnis oder grob fahrlässiger Unkenntnis von den anspruchsbegründenden Umständen. Solche Umstände können in Ausnahmefällen auch durch Rechtsunkenntnis bei Vorliegen einer zweifelhaften und unsicheren Rechtslage gegeben sein. Bestehen hinsichtlich der Vergütungshöhe zwischen Übertragungsnetzbetreiber und Anlagenbetreiber Unklarheiten, die nur mit einer zeitlichen Verzögerung geklärt werden können, kann dies im Einzelfall zu einem späteren Verjährungsbeginn führen.

5. Vermarktungs- und Rückkehrverbot

Nach der Intention des Gesetzgebers erfordert die kalkulatorische Planungssicherheit der Beteiligten, dass Versorgungssicherheit primär durch den Strommarkt sichergestellt wird. Um dies zu gewährleisten, soll ausgeschlossen werden, dass Anlagen der nachrangigen Kapazitätsreserve auf dem Strommarkt als Akteure auftreten bzw. nach Ablauf der Bindung auf diesen zurückkehren und damit Investitionsanreize schmälern. Darum kann die Kapazitätsreserve nur außerhalb des Strommarktes eingesetzt werden und die Einspeisung ausschließlich auf Anforderung der Übertragungsnetzbetreiber zur Systemstabilisierung erfolgen. Dies ging auch aus der Verständigung zwischen der EU-Kommission und dem Bundeswirtschaftsministerium hervor.[70] Netz- und Kapazitätsreserve sind somit auf mittelfristige Stilllegung angelegt, wenn deren Reservefunktion nicht mehr erfüllt werden kann. Dies erscheint volkswirtschaftlich und energiepolitisch zweifelhaft, ist aber möglicherweise beihilferechtlich geboten.

---

[70] BMWi, Überblick über die erzielte Verständigung mit der EU-Kommission zum Energiepaket v. 30. 8. 2016, S. 2.

a) Vermarktungsverbot

Das Vermarktungsverbot nach § 13e Abs. 4 Satz 1 Nr. 1 EnWG besagt, dass Anlagenbetreiber die in der Kapazitätsreserve gebundene Arbeit oder Leistung weder ganz noch teilweise auf dem Strommarkt veräußern dürfen. Die Erzeugungsleistung darf vielmehr nur innerhalb der Kapazitätsreserve eingesetzt werden. Für Lasten enthält die Norm keine ausdrückliche Sonderregelung. Diese sind der bilanziellen Betrachtung aber entsprechend als gebundene Arbeit oder Leistung einzuordnen.

b) Rückkehrverbot

Das Rückkehrverbot nach § 13e Abs. 4 Satz 1 Nr. 2 EnWG verpflichtet Anlagenbetreiber, die Anlage mit Ablauf der Bindungsfrist endgültig stillzulegen. Eine neuerliche Teilnahme an der Ausschreibung der Kapazitätsreserve bleibt aber zulässig, vgl. § 13e Abs. 2 Satz 4 EnWG. Während die Braunkohlereserve auf vier Jahre begrenzt ist, wird die Kapazitätsreserve bis zu jeder weiteren Ausschreibung nur vorläufig stillgelegt. Das Erfordernis der endgültigen Stilllegung gilt darum erst für den Zeitraum nach der letzten Bindung in der Kapazitätsreserve. Bei Anbietern von Lasten bedarf es einer Modifizierung des Rückkehrverbots dahingehend, dass die Last nicht endgültig stillgelegt werden kann, sondern lediglich nicht mehr an den Ausschreibungen nach der Verordnung über Vereinbarungen zu abschaltbaren Lasten (AbLaV) teilnehmen darf.

c) Rechtsnachfolge

Das Vermarktungs- und Rückkehrverbot gilt auch gegenüber Rechtsnachfolgern des Betreibers sowie späteren Erwerbern der Anlage, um Umgehungen zu verhindern und wettbewerbsverzerrende Auswirkungen auf den Strommarkt auszuschließen, § 13e Abs. 4 Satz 2 EnWG. Mit der Rechtsnachfolge bei dinglichem Verwaltungsakt vergleichbar knüpft die Norm sachbezogen an die Identität der jeweiligen Anlage und ihren Fortbestand an. Das Verbot wird zudem ausdrücklich auf die Übertragungsnetzbetreiber erstreckt, da sie es sind, die die Einspeisung in die Kapazitätsreserve anfordern.

6. Einordnung in das Gesamtsystem

Die Kapazitätsreserve ist wie die Netzreserve in § 13 Abs. 1 Nr. 3 EnWG auf der dritten Stufe und damit in der Reihenfolge nach den netz- und marktbezogenen Maßnahmen geregelt. Sie wird subsidiär eingesetzt und dient als *ultima ratio* der Bewältigung von Ausnahmesituationen.

a) Verhältnis zur Netzreserve

Die vorrangige Funktion der Kapazitätsreserve besteht in der Absicherung des Strommarktes, insbesondere im Ausgleich von Leistungsbilanzdefiziten und entgegen der Netzreserve nicht in der Gewährleistung eines sicheren Netzbetriebs und der Behebung von Netzengpässen. § 13d Abs. 2 EnWG regelt das Verhältnis zwischen den Reservemechanismen. Unter den Voraussetzungen des § 13e EnWG und den Bestimmungen der KapResV können bestehende (nicht neu errichtete) Anlagen der Netzreserve auch an dem Verfahren der Kapazitätsreservebeschaffung teilnehmen. Die Vergütung erfolgt nach den Bestimmungen der Kapazitätsreserve, um eine doppelte Vergütung aus beiden Reserven auszuschließen. Nach § 13d Abs. 2 Satz 3 EnWG sind Netzreserveanlagen, die erfolgreich am Kapazitätsbeschaffungsverfahren teilgenommen haben, weiterhin verpflichtet, ihre Einspeisung auf Anweisung der Übertragungsnetzbetreiber nach § 13a Abs. 1 EnWG sowie § 7 NetzResV anzupassen. Damit soll sichergestellt werden, dass Übertragungsnetzbetreiber an netztechnisch günstigen Orten stehende Anlagen auch in den Fällen einsetzen können, in denen es aus Gründen der Systemsicherheit und aufgrund von Netzengpässen notwendig ist.

b) Verhältnis zur Sicherheitsbereitschaft

Die Kapazitätsreserve dient der Gewährleistung der Versorgungssicherheit bei kurzfristigen außergewöhnlichen Situationen, z.B. bei Angebotsengpässen. Die Braunkohlereserve gemäß § 13g EnWG soll dagegen, neben der Unterstützung der nationalen Klimaziele, die Stromversorgung bei länger andauernden und bis zu einem gewissen Grad vorhersehbaren Extremsituationen absichern. Das können zum Beispiel Wetterextreme, im Einzelnen hohe Temperaturen und Kühlwassermangel oder lange Kältephasen und zugefrorene Flüsse sein.[71] Während die Kapazitätsreserve kurzfristige Nachfragespitzen auffangen soll, leistet die Sicherheitsbereitschaft eher einen zusätzlichen Beitrag zur Deckung der Grund- und Mittellast. Letztere ist zudem subsidiär gegenüber der Kapazitätsreserve und soll nach § 13g Abs. 2 Satz 1 EnWG, § 1 Abs. 6 Elektrizitätssicherheitsverordnung i.V.m. § 13 Abs. 2 EnWG nur eingesetzt werden, wenn die Deckung des lebenswichtigen Strombedarfs nicht durch eine der anderen Maßnahmen und Reservemechanismen bewältigt werden kann.

7. Beihilferechtliche Vereinbarkeit

Die Europäische Kommission untersuchte von April 2015 bis November 2016 in einer Sektorenprüfung die grundsätzliche Vereinbarkeit von Kapazitätsmechanismen. Sie kam zu dem Schluss, dass die Kapazitätsreserve als *„Strategische Reserve"*

---

[71] BT-Drs. 18/7317, S. 96.

einen solchen Kapazitätsmechanismus darstellt und eine geeignete Maßnahme gegen vorübergehende Risiken sein kann.[72]

In der Verständigung vom 30. August 2016 zwischen der Europäischen Kommission und dem Bundeswirtschaftsministerium wurde grundsätzlich geklärt, wie die Reserve beihilfenkonform gestaltet werden kann. Im Herbst 2016 sollte eine Systemanalyse den Nachweis der Notwendigkeit der Kapazitätsreserve führen. Mit der Bestätigung der Notwendigkeit, konnte die Kapazitätsreserve eingeführt werden. Sie darf ausschließlich von Übertragungsnetzbetreibern zur Systemstabilisierung außerhalb des Strommarktes eingespeist werden und kann auch nach der Reservedauer nicht an den Strommarkt zurückkehren.[73]

Die Verständigung wurde unter dem Vorbehalt der offiziellen förmlichen Prüfung getroffen. Am 7. April 2017 leitete die Europäische Kommission ein solches Verfahren ein.[74] Solange das Prüfverfahren nicht abgeschlossen ist, bleibt der Inhalt der Verständigung für die Einordnung der Kapazitätsreserve maßgeblich. Die Europäische Kommission prüft die EU-beihilfenrechtliche Vereinbarkeit des deutschen Kapazitätsmechanismus auf der Grundlage der Leitlinien für staatliche Umwelt- und Energiebeihilfen und stellt eine Genehmigung in Aussicht, wenn es dem Mitgliedstaat gelingt, die Erforderlichkeit des Mechanismus zur Lösung eines umrissenen Problems in der Versorgungssicherheit nachzuweisen. Bei der in § 13e EnWG geregelten Kapazitätsreserve hat sie diesbezüglich Zweifel. Die Möglichkeit in § 13e Abs. 2 Satz 3 Nr. 2 EnWG, die Kapazitätsreserve nach 2020/2021 anzupassen und u. U. aufzustocken, könne dazu führen, dass die Maßnahme auch dann noch durchgeführt wird, wenn es nicht länger notwendig ist.[75] Zudem bemerkte die Europäische Kommission, dass die Teilnahme am Kapazitätsmechanismus diskriminierungsfrei, d. h. allen Kapazitätsanbietern offen stehen muss. Wegen des Ausschlusses ausländischer Kapazitätsanbieter könnte dies nicht gegeben sein.

VII. Sicherheitsbereitschaft

Am 24. Oktober 2015 einigten sich das Bundeswirtschaftsministerium und die Energiekonzerne Mibrag, RWE und Vattenfall, neun Braunkohlekraftwerke vor ihrer endgültigen Stilllegung vorübergehend in eine Sicherheitsbereitschaft zu über-

---

[72] Bericht der Kommission, Abschlussbericht zur Sektoruntersuchung über Kapazitätsmechanismen, 30.11.2016, COM (2016) 752 final, S. 20.

[73] BMWi, Überblick über die erzielte Verständigung mit der EU-Kommission zum Energiepaket v. 30.8.2016, S. 2.

[74] Europäische Kommission, Pressemitteilung v. 7.4.2017, http://ec.europa.eu/germany/news/eu-wettbewerbsaufsicht-pr%C3%BCft-die-von-deutschland-geplante-kapazit%C3%A4tsreserve_de (abgerufen am 2.8.2017).

[75] Europäische Kommission, Pressemitteilung v. 7.4.2017, http://ec.europa.eu/germany/news/eu-wettbewerbsaufsicht-pr%C3%BCft-die-von-deutschland-geplante-kapazit%C3%A4tsreserve_de (abgerufen am 2.8.2017).

führen.[76] Die Braunkohlereserve ist ein weiterer Reservemechanismus, der im Rahmen des Strommarktgesetzes eingeführt wurde. § 13g EnWG regelt die Voraussetzungen der Sicherheitsbereitschaft und den Ausstieg aus der Braunkohleverstromung.

1. Zweck der Sicherheitsbereitschaft

Die Sicherheitsbereitschaft soll zum Erreichen der nationalen und europäischen Klimaschutzziele beitragen und die Stromversorgung für länger andauernde und mit einer gewissen Vorlaufzeit vorhersehbare Extremsituationen zusätzlich absichern.[77] Primäres Ziel der Regelung ist die Einsparung von Kohlendioxidemissionen. Dies geht auf eine Absprache zwischen dem Bundeswirtschaftsministerium und den betroffenen Anlagenbetreibern zurück. Das Ministerium prüft bis zum 30. Juni 2018 inwieweit tatsächlich zusätzlich Emissionen eingespart wurden, § 13g Abs. 8 Satz 1 EnWG. Ist die Einsparung zu gering, verpflichtet der Gesetzgeber die betroffenen Anlagenbetreiber zur Unterbreitung eines Vorschlages, durch welche geeigneten zusätzlichen Maßnahmen dieser ab 2019 weitere Kohlendioxidemissionen einsparen will. Die zusätzlichen Maßnahmen aller Betreiber müssen gemeinsam mit der Stilllegung der stillzulegenden Anlagen zu einer zusätzlichen Einsparung von insgesamt 12,5 Millionen Tonnen Kohlendioxid im Jahr 2020 führen.

2. Zeitlich gestaffelte Stilllegung von Braunkohlekraftwerken als Beitrag zum Klimaschutz nach § 13g EnWG

Die Norm unterscheidet zwischen vorläufiger und endgültiger Stilllegung, sodass auf die Begriffsdefinitionen in § 13b Abs. 3 EnWG zurückgegriffen werden kann. Acht in § 13g Abs. 1 Satz 1 EnWG konkret aufgezählte Kraftwerke an fünf verschiedenen Standorten sollen zeitlich gestaffelt zunächst vorläufig stillgelegt werden: zum 1. Oktober 2016 das Kraftwerk Buschhaus und bis zum 1. Oktober 2017 die Blöcke P und Q in Frimmersdorf, bis zum 1. Oktober 2018 die Blöcke E und F in Niederaußem und Block F in Jänschwalde sowie bis zum 1. Oktober 2019 Block C in Neurath und Block E in Jänschwalde. Dem folgt die endgültige Stilllegung jeweils tagesgenau nach vier Jahren, vgl. § 13g Abs. 1 Satz 3 i.V.m. § 13b Abs. 3 Satz 2 EnWG. Bei der Auswahl der Kraftwerke kam es vorrangig auf das Einsparpotential von Kohlendioxid und nachrangig auf Kosteneffizienz der Gesamtmaßnahme, eine faire Belastungsverteilung unter den Kraftwerksbetreibern sowie auf Beschäftigungseffekte an.[78]

---

[76] BMWi, Pressemitteilung v. 24.10.2015, abrufbar unter: http://www.bmwi.de/Redaktion/ DE/Pressemitteilungen/2015/20151024-gabriel-verstaendigung-braunkohle-wichtiger-beitrag-erreichung-klimaziele.html (abgerufen am 8.8.2017).

[77] BT-Drs. 18/7317, S. 96.

[78] BT-Drs. 18/7317, S. 102.

3. Voraussetzungen der Sicherheitsbereitschaft

Die vorläufig stillgelegten Anlagen sind ab dem Zeitpunkt der vorläufigen bis zur endgültigen Stilllegung mit einer Nettonennleistung von 2,73 Gigawatt in einen „Standby-Betrieb", in der sog. Sicherheitsbereitschaft, zur Verfügung zu stellen. Insoweit wird die Sicherheitsbereitschaft in § 13g Abs. 2 Satz 1 EnWG legaldefiniert. Die Sicherheitsbereitschaft darf nur nach Maßgabe des § 1 Abs. 6 Elektrizitätssicherheitsverordnung zur Deckung des lebenswichtigen Bedarfs an Elektrizität eingesetzt werden, wenn sie zur Beseitigung einer Störung oder Gefährdung der Sicherheit oder Zuverlässigkeit des Elektrizitätsversorgungssystems erforderlich ist. Die Sicherheitsbereitschaft ist ausschließlich als *ultima ratio* mit Nachrang gegenüber allen anderen Reservekapazitäten einsetzbar. Aus § 13g Abs. 4 Satz 1 EnWG ergibt sich, dass darüber hinaus ein Einsatz nur für mit dem zuständigen Übertragungsnetzbetreiber abgesprochene Probestarts zulässig ist. Die Anlagen dürfen weder für ihre Eigenversorgung noch für einen Einsatz in einer anderen Reserve Strom erzeugen. Diese Einschränkungen dienen dem tatsächlichen Erreichen der vorgenommenen Einsparungen an Kohlendioxidemissionen.

Während der Sicherheitsbereitschaft müssen die vorläufig stillgelegten Anlagen die Voraussetzungen nach § 13g Abs. 3 Satz 1 EnWG erfüllen, d. h. innerhalb von 240 Stunden nach Vorwarnung des Übertragungsnetzbetreibers betriebsbereit sein (Nr. 1) und nach Herstellung der Betriebsbereitschaft innerhalb von 11 Stunden die Mindestteilleistung und innerhalb von weiteren 13 Stunden die Nettonennleistung erreichen können (Nr. 2). Hinsichtlich des Erfüllens dieser Voraussetzungen obliegt den betroffenen Anlagenbetreibern gegenüber den Übertragungsnetzbetreibern eine Nachweispflicht.

4. Ausnahmen von der Sicherheitsbereitschaft

Abweichungen von der Sicherheitsbereitschaft sind in § 13g Abs. 6 EnWG geregelt und ermöglichen eine vorzeitige endgültige Stilllegung. Eine betroffene Anlage kann nach Ablauf des ersten Jahres endgültig stillgelegt werden, sofern diese rechtzeitig, d. h. ein halbes Jahr im Voraus, angezeigt wurde. Nach § 13g Abs. 6 Satz 2 und 3 EnWG wird der Anlagenbetreiber in diesem Fall pauschal vergütet. Unabhängig von dieser Möglichkeit kommt eine endgültige Stilllegung auf Antrag des Anlagenbetreibers jederzeit in Betracht, wenn die Voraussetzungen der Sicherheitsbereitschaft unverhältnismäßig aufwendig oder gar nicht erfüllbar sind. Der Betreiber verliert bei endgültiger Stilllegung der Anlage seinen Vergütungsanspruch und erhält auch keine Pauschalvergütung.

5. Vergütung

Für die Sicherheitsbereitschaft und die Stilllegung der Anlage erhalten die betroffenen Anlagenbetreiber jährlich im Voraus eine Vergütung in Höhe der am Strommarkt erzielbaren Erlöse. Nach § 13g Abs. 5 Satz 1, Abs. 7 Satz 1 EnWG wird die Vergütung abzüglich der kurzfristig variablen Kosten der Anlage durch die Bundesnetzagentur festgesetzt. Die genaue Berechnung erfolgt dabei nach der Formel in der Anlage zu § 13g EnWG.

Die Vergütung verringert sich gemäß § 13g Abs. 5 Satz 3 bis Satz 5 EnWG, wenn die Anlage die Voraussetzungen der Sicherheitsbereitschaft nicht erfüllt und nach Abruf durch den Übertragungsnetzbetreiber nicht betriebsbereit ist oder nicht die angeforderte Leistung einspeist, aber auch wenn die pflichtgemäße Leistungseinspeisung vorübergehend unmöglich ist. Die Leistungseinspeisung ist üblichen Schwankungen ausgesetzt, weswegen es erst ab einer Abweichung im zweistelligen Prozentbereich zu Abzügen in der Vergütung kommt. Werden die Anforderungen mehrfach nicht eingehalten, kann es in einem Jahr auch mehrfach, insgesamt bis auf null, zu einer Kürzung kommen.[79] Unabhängig von den Vergütungs- und Abzugsregelungen in § 13g Abs. 5 Satz 1 bis 5 EnWG werden dem Anlagenbetreiber aber die einsatzbedingten Kosten (Erzeugungsauslagen) gesondert erstattet, vgl. § 13g Abs. 5 Satz 7 EnWG. Davon sind die notwendigen Auslagen des Betreibers, anteilig die Kosten für die Logistik, ebenfalls anteilig die Kosten für die angeschlossenen Tagebausysteme sowie die Kosten für die Entkonservierung vor und die Wiederkonservierung nach einer Einspeisung oder einem Probestart umfasst.[80] Die Kosten, die im Rahmen der Braunkohlereserve entstehen, können wie die Kapazitätsreserve über die Netzentgelte gewälzt werden. Die Letztverbraucher profitieren von der zusätzlichen Absicherung des Strommarktes, sodass sie an den Kosten, solange diese nicht verursachergerecht zugeordnet werden können, beteiligt werden.

6. Beihilferechtliche Vereinbarkeit

Die Bundesregierung hat wegen der beihilferechtlichen Bedenken der EU-Kommission hinsichtlich der Möglichkeit der Kostenwälzung eine entsprechende Beihilfe im November 2015 notifiziert. Die EU-Kommission erachtete die Vergütungsregelung als problematisch, da dadurch die bloße Vorhaltung der acht Kraftwerke vergütet wurde und damit eine Leistung, die nicht ohne weiteres einen Gegenwert am Markt erzielt hätte. Die EU-Kommission genehmigte diese mit Entscheidung vom 27. Mai 2016 schließlich in Höhe von 1,6 Milliarden Euro mit der Begründung, dass die Vorteile durch das Erreichen der europäischen Klimaschutzziele die geringen, zu erwartenden Wettbewerbsverfälschungen überwiegen würden.[81]

---

[79] BT-Drs. 18/7317, S. 104.

[80] BT-Drs. 18/7317, S. 105.

[81] Europäische Kommission, Pressemitteilung v. 27.5.2016, abrufbar unter http://europa. eu/rapid/press-release_IP-16–1911_de.htm (abgerufen am 8.6.2017).

VIII. Fazit

Das Strommarktgesetz betont als Leitlinie das Bekenntnis zum *Energy-Only-Market*. Begründet wird dies mit dem Anliegen, einen möglichst unverzerrten Wettbewerb zu gewährleisten und die Marktmechanismen wirken zu lassen. Tatsächlich wird eine Vielzahl unterschiedlicher Reservemechanismen und Instrumente etabliert, die letztlich zur Einführung von „Schatten-Kapazitätsmechanismen" führen und bewusst vom tatsächlichen Strommarkt abgeschottet werden. Insofern ist die Absage an die Einführung eines Kapazitätsmarktes nur die halbe Wahrheit. Vielmehr werden durch diese streng regulierten Kapazitätsmechanismen für unterschiedliche Nischenfunktionen preisdämpfende und -verzerrende Signale ausgesandt. Die propagierte Wirkung der Marktkräfte durch entsprechende Preisspitzen an den Strommärkten dürfte daher illusorisch bleiben, zumal zweifelhaft scheint, ob diese tatsächlich eine politische „Duldung" erfahren würden. Ungeachtet dessen ist auch die energiepolitische Sinnhaftigkeit solcher Preisspitzen zweifelhaft, da die volkswirtschaftlichen Auswirkungen derartiger Entwicklungen auf einen Industriestandort wie Deutschland weder wissenschaftlich fundiert untersucht wurden, zudem liegen hierzu belastbare praktische Erfahrungen vor. Umso enttäuschender ist, dass mit dem Strommarktgesetz die tatsächlichen energiepolitischen Herausforderungen wie die Sektorenkopplung und eine strategische Positionierung zur zukünftigen Bedeutung der Dezentralität im Energieversorgungssystem nicht gelöst wurden.

Netzausbau und Beteiligung –
Aktueller Stand und Perspektiven

Von Kim Paulus, Bonn

I. Energiewende und Netzausbau

Ein Beitrag über die Energiewende in Deutschland kommt heutzutage nicht mehr ohne Verweis auf die Reaktorkatastrophe in Fukushima aus. Dabei hat die Energiewende in Deutschland schon viel früher begonnen. Bereits mit dem seit 1991 geltenden Gesetz über die Einspeisung von Strom aus erneuerbaren Energien in das öffentliche Netz (Stromeinspeisungsgesetz) war der erste Schritt in Richtung Energiewende getan. Das Erneuerbare-Energien-Gesetz (EEG) aus dem Jahr 2000 und die folgenden Novellierungen dieses Gesetzes haben die Energiewende weiter vorangetrieben.

Spätestens mit der Reaktorkatastrophe in Fukushima hat die Energiewende in Deutschland allerdings nochmals eine neue Dynamik erfahren. Mit dem Beschluss der Bundesregierung, die Kernkraftwerke in Deutschland bis zum Jahr 2022 endgültig abzuschalten, fielen und fallen ganz erhebliche Erzeugungskapazitäten weg.[1] Da die Energie aber weiterhin gebraucht wird, müssen neue Erzeugungskapazitäten gebaut und in das Stromnetz eingefügt werden. Dies soll vor allem über den Ausbau der erneuerbaren Energien geschehen.[2]

Stand heute (September 2017) rechnen die Übertragungsnetzbetreiber für das Jahr 2025 mit einem etwa gleichbleibend hohen Stromverbrauch in Deutschland.[3] Die Stromerzeugung soll sich aber massiv verändern. Die Kernkraft wird keine Rolle mehr spielen und die Kohlestromerzeugung wird zum Teil drastisch zurückgehen.

---

[1] Hier wird Bezug genommen auf die Beschlüsse der Bundesregierung vom 14. 3. 2011 (so genanntes *„Atom-Moratorium"*) sowie vom 6. 6. 2011 (*„Der Weg zur Energie der Zukunft"*). Die Umsetzung erfolgte über eine Novellierung des Atomgesetzes 2011.

[2] Beschluss der Bundesregierung vom 6. 6. 2011 (*„Der Weg zur Energie der Zukunft"*): „Zentraler Baustein für die Energieversorgung der Zukunft ist der weitere zügige Ausbau der erneuerbaren Energien."

[3] Jedenfalls für die Szenarien A2025 und B2025 (Leitszenario) wird von einem unveränderten Nettostromverbrauch in Höhe von 543,6 TWh ausgegangen. Für das Szenario C2025 wird von einem geringeren Nettostromverbrauch in Höhe von 516,4 TWh ausgegangen. Vgl. BNetzA, Genehmigung des Szenariorahmens vom 19. 12. 2014, Az.: 6.00.03.05/14 – 12 – 19/ Szenariorahmen 2025, S. II (Tabelle 1: Installierte Erzeugungsleistung, Nettostromverbrauch, Jahreshöchstlast und Vorgaben zur Marktmodellierung).

Demgegenüber wird eine Zunahme der Stromproduktion insbesondere aus Photovoltaik und Windenergie (On- und Offshore) erwartet. Bereits heute leisten diese Energieträger einen großen Beitrag zur Stromversorgung in Deutschland. Im Jahr 2015 waren in Deutschland Photovoltaikanlagen mit einer installierten Leistung in Höhe von 39,3 GW, Windenergieanlagen an Land (Onshore) mit 41,2 GW und Windenergieanlagen auf See (Offshore) mit immerhin 3,4 GW an das Stromnetz angeschlossen. Für das Jahr 2025 wird ein Zubau von weiteren ca. 27 GW Photovoltaikanlagen, ca. 17,3 GW Windenergieanlagen an Land (Onshore) und ca. 11,6 GW Windenergieanlagen auf See (Offshore) gerechnet.[4]

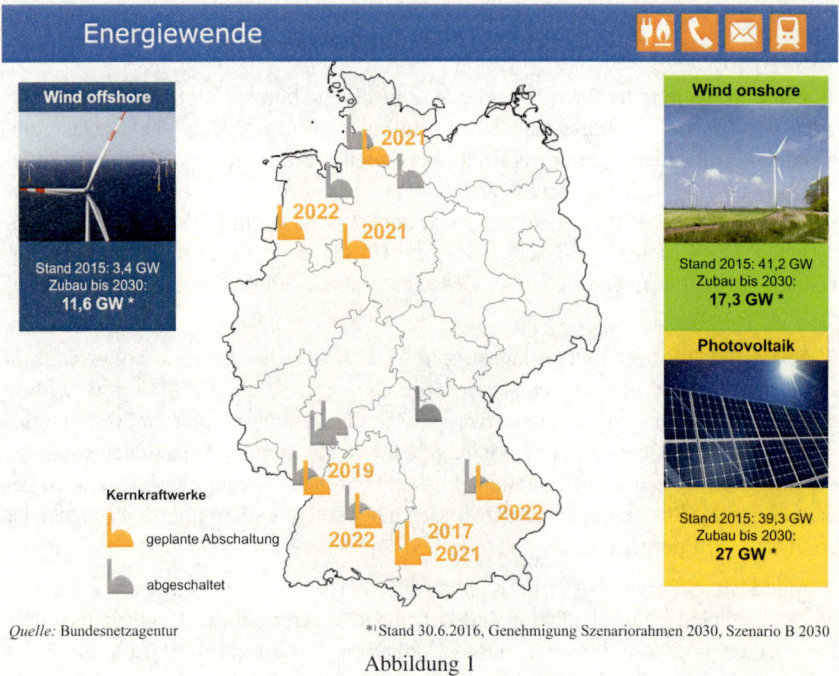

Quelle: Bundesnetzagentur   *) Stand 30.6.2016, Genehmigung Szenariorahmen 2030, Szenario B 2030

Abbildung 1

Während also die Kernkraftwerke wegfallen und die Kohlekraftwerke einen immer geringeren Beitrag zur Stromversorgung in Deutschland leisten, werden die erneuerbaren Energien massiv ausgebaut. Über die Details dieser Prognose lässt sich trefflich streiten. Die Grundannahme ist jedoch unbestritten. Die Dimension dieses Umbaus gebietet dementsprechend einen genauen Blick auf das Stromnetz. Ist dieses den veränderten Rahmenbedingungen gewachsen?

---

[4] Vgl. zu den Daten in diesem Absatz: BNetzA, Genehmigung des Szenariorahmens vom 19. 12. 2014, Az.: 6.00.03.05/14 – 12 – 19/Szenariorahmen 2025.

II. Übertragungsnetzausbau

Die Veränderungen bei Energieerzeugung und –verbrauch wirken sich naturgemäß auch auf das Stromnetz in Deutschland aus. Dies gilt sowohl für die Verteilernetzebene als auch für die Übertragungsnetzebene. Die Verteilernetze stehen u. a. vor der Aufgabe, die erneuerbaren Energien in das Netz zu integrieren. Die Übertragungsnetze stehen vor der Herausforderung, den Stromtransport in Deutschland zu jeder Stunde des Jahres sicherzustellen. Die Energiewende und der Ausbau der erneuerbaren Energien sind daher auch nur Treiber des Netzausbaubedarfs in diesem Sektor. Weitere Treiber – gerade für das Hochspannungsnetz – sind die Sicherstellung einer hohen Versorgungssicherheit und die weitere Verwirklichung des europäischen Binnenmarktes.[5]

Der Gesetzgeber hat den Bedarf für einen Umbau der Stromübertragungsnetze frühzeitig erkannt und bereits 2009 ein Energieleitungsausbaugesetz (EnLAG) beschlossen. Ziel dieses Gesetzes ist der zügige Ausbau der erneuerbaren Energien und zu diesem Zweck der rasche Ausbau der Hochspannungsleitungen.[6] Das EnLAG wurde zuletzt im Jahr 2015 aktualisiert. Es umfasst Netzausbaumaßnahmen mit einer Gesamtlänge von ca. 1800 km. Hiervon sind zwischenzeitlich ca. 650 km genehmigt und ca. 700 km realisiert. Ziel der verantwortlichen Übertragungsnetzbetreiber ist es, bis Ende 2020 rund 80 % der Stromleitungen zu realisieren.[7]

Nach der Reaktorkatastrophe von Fukushima hat der Gesetzgeber nicht nur den Ausstieg aus der Kernenergie beschlossen. Er hat auch den weiteren Netzausbaubedarf gesehen und 2011 das Netzausbaubeschleunigungsgesetz (NABEG) und eine Reihe weiterer Gesetzesänderungen insbesondere im Energiewirtschaftsgesetz (EnWG) beschlossen. Ziel dieser Gesetze ist es, die Planungs- und Genehmigungsverfahren zu beschleunigen.[8] In der Folge wurde im Jahr 2014 das Bundesbedarfsplangesetz (BBPlG) erlassen und im Jahr 2015 aktualisiert. Es umfasst Netzausbaumaßnahmen mit einer Gesamtlänge von ca. 5900 km. Hiervon sind derzeit ca. 450 km genehmigt und ca. 150 km realisiert. Ziel der verantwortlichen Übertragungsnetzbetreiber ist es, die meisten dieser Stromleitungen bis zum Jahr 2025 zu realisieren.[9]

---

[5] Im Rahmen dieses Beitrags soll der Fokus auf den Herausforderungen für die Übertragungsnetze liegen. Einzelne Gedanken lassen sich aber auch auf die Verteilernetzebene übertragen.

[6] Vgl. Gesetzesbegründung der Bundesregierung, BT-Drs. 16/10491.

[7] Vgl. zu den Daten in diesem Absatz: EnLAG-Monitoring der BNetzA – Stand der Vorhaben aus dem Energieleitungsausbaugesetz (EnLAG) nach dem zweiten Quartal 2017, S. 5 und 47 f.

[8] Vgl. Gesetzesbegründung der Bundesregierung, BR-Drs. 342/11.

[9] Vgl. zu den Daten in diesem Absatz: BBPlG-Monitoring der BNetzA – Stand der Vorhaben aus dem Bundesbedarfsplangesetz (BBPlG) nach dem zweiten Quartal 2017, S. 102 f.

III. Beteiligung bei Infrastrukturprojekten

In Deutschland ist in den letzten Jahren eine zunehmende Skepsis gegenüber größeren Infrastrukturprojekten zu beobachten.[10] Die einen fühlen sich unverstanden, die anderen übergangen. Die unmittelbaren Folgen sind: Verzögerungen, Kostensteigerungen und die Gefahr des Scheiterns.[11] Die mangelnde Akzeptanz äußert sich in öffentlichen Protesten und einer entsprechenden Medienresonanz.[12] So ist zu beobachten, dass beispielsweise die Berichterstattung über große Infrastrukturprojekte in überregionalen Zeitungen massiv zugenommen hat.[13]

Die Gründe für den Widerstand sind vielfältig. Genannt werden häufig die Eingriffe in Umwelt und Natur, die Kosten, die möglichen Risiken, der unklare Nutzen und vieles mehr. Im Kontext des Netzausbaus stehen häufig der Mensch und Sorgen um die menschliche Gesundheit im Vordergrund. Daneben werden oft wirtschaftliche Aspekte und die Umwelt, hier insbesondere das Landschaftsbild und der Vogelschutz, angeführt.[14]

Ein wesentlicher Aspekt dürfte der Tatsache zuzuschreiben sein, dass viele Bürger nur noch ein geringes Vertrauen in die Arbeit der staatlichen Organe haben. So kommen Umfragen beispielsweise zu dem Ergebnis, dass Bürger bei Großprojekten entscheiden oder zumindest eingebunden sein sollen und Vertrauen in die politischen Gremien demgegenüber eher gering ist.[15] Eine mangelnde Transparenz, Entscheidungen „von oben herab" und eine Alternativlosigkeit in der Diskussion dürften vor diesem Hintergrund kaum geeignet sein, um die Akzeptanz von Infrastrukturprojekten zu fördern.

IV. Ziele der Beteiligung

Sowohl die Vorhabenträger als auch die Verwaltungsbehörden und die Politik müssen sich auf diese veränderte Ausgangslage einstellen. Es genügt heutzutage nicht mehr, die Verfahren ordnungsgemäß nach den Vorschriften des Verwaltungs-

---

[10] Vgl. Der Spiegel 35/2010, S. 64 ff.: „Volk der Widerborste"; Die Welt, 15.4.2017: „Kommt Zeit, kommt Wut – Wie die Wut-Rentner Deutschland verändern".

[11] Vgl. *Brettschneider*, in: BNetzA (Hrsg.), Tagungsband zum Wissenschaftsdialog 2014, S. 14 f.

[12] Vgl. *Krzeminski/Viehof*, in: BNetzA (Hrsg.), Tagungsband zum Wissenschaftsdialog 2015, S. 104.

[13] Vgl. *Eisenkopf, Burgdorf* und *Rhomberg*, in: BNetzA (Hrsg.), Tagungsband zum Wissenschaftsdialog 2014, S. 40.

[14] Vgl. zu den Aussagen in diesem Absatz: BNetzA, Strategische Umweltprüfung auf Grundlage des 2. Entwurfs des NEP Strom und O-NEP (Zieljahr 2024), S. 19 f.

[15] Vgl. *Eisenkopf, Burgdorf* und *Rhomberg*, in: BNetzA (Hrsg.), Tagungsband zum Wissenschaftsdialog 2014, S. 46 ff.

verfahrensgesetzes durchzuführen. Akzeptanz durch rechtliche Verfahren genügt heutzutage nicht mehr!

Immer stärker in den Fokus rückt die Beteiligung. Allerdings häufig mit einer überzogenen Erwartungshaltung. Ziel der Beteiligung kann niemals die vollständige Akzeptanz im Sinne einer Zustimmung aller Beteiligten sein.[16] Ziele sind vielmehr ein gewisses Verständnis für die Entscheidung, eine höhere Rechtssicherheit und insgesamt auch eine beschleunigende Wirkung. Erreicht werden diese Ziele durch eine adäquate Einbindung aller Beteiligten, eine sachgerechte Informationsvermittlung und schließlich durch eine umfassende Kenntnis aller Argumente.

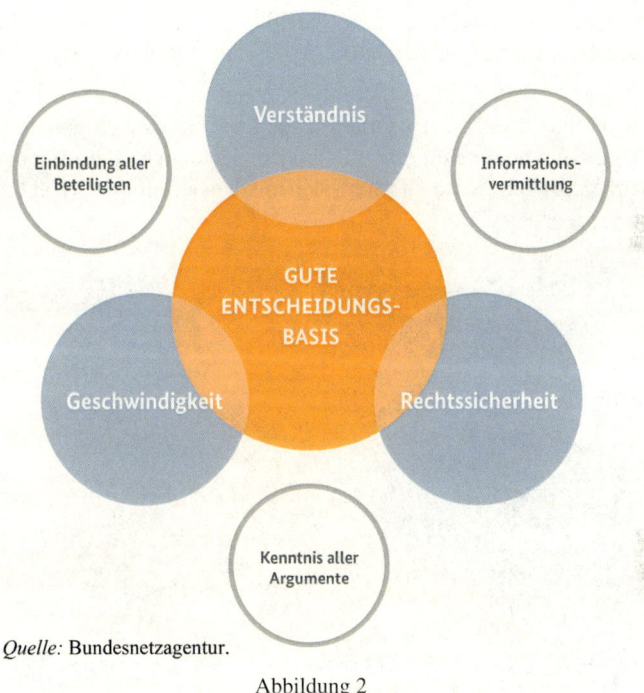

Quelle: Bundesnetzagentur.

Abbildung 2

Gerade letzterer Punkt wird gerne übersehen. Beteiligung, richtig durchgeführt, kann dazu führen, dass die Genehmigungsbehörden frühzeitige und umfassende Kenntnisse über den Entscheidungsgegenstand erlangen. Die frühzeitige Kenntnis aller Umstände kann beschleunigende Wirkung für das Genehmigungsverfahren haben, insbesondere wenn mögliche Sackgassen vermieden werden können. Die umfassende Kenntnis aller Umstände führt zu einer qualitativ besseren und damit auch

---

[16] Vgl. zu den verschiedenen Stufen der Akzeptanz bzw. Zustimmung: *Renn*, in: BNetzA (Hrsg.), Tagungsband zum Wissenschaftsdialog 2016, S. 99 f.

rechtssicheren Entscheidung. Auch dies kann letztendlich beschleunigende Wirkung entfalten, wenn langwierige Gerichtsverfahren vermieden oder zeitnah abgeschlossen werden können. Außerdem ist eine sachlich gut fundierte Entscheidung immer auch geeignet, das Verständnis für die Maßnahme zu steigern.

V. Beteiligungsparadoxon

Erschwert wird die Beteiligung allerdings durch ein häufig zu beobachtendes Phänomen, das so genannte *Beteiligungsparadoxon*.[17]

Zu Beginn eines Projektes steht noch relativ wenig fest. Je weiter das jeweilige Vorhaben voranschreitet, desto mehr Entscheidungen wurden getroffen. Je mehr Entscheidungen jedoch getroffen wurden, desto geringer sind die weiteren Einflussmöglichkeiten.

Mit der Aufmerksamkeit der Öffentlichkeit verhält es sich gerade umgekehrt. Diese ist zu Beginn noch sehr gering. Erst wenn persönliche Betroffenheiten ausgelöst werden, steigt auch die Bereitschaft, sich mit dem jeweiligen Projekt zu befassen.

Abbildung 3

Dies gilt für Infrastrukturprojekte im Allgemeinen und für Netzausbauprojekte im Besonderen. Übertragen auf den Netzausbau heißt das, dass am Anfang noch nicht einmal feststeht, ob das Stromnetz überhaupt ausgebaut werden muss. Erst recht steht nicht fest, wie und wo es ausgebaut werden muss.

---

[17] Vgl. *Brettschneider,* in: BNetzA (Hrsg.), Tagungsband zum Wissenschaftsdialog 2014, S. 20. Zum Teil auch als „Planungsparadoxon" beschrieben – vgl. *Hitschfeld/Eichenseer,* in: BNetzA (Hrsg.), Tagungsband zum Wissenschaftsdialog 2014, S. 54.

Zu Beginn des Verfahrens sind also die Einflussmöglichkeiten am größten. Das beginnt schon bei der Frage, wie viel Strom in Deutschland verbraucht und wie dieser Strom produziert wird. Dabei genügt es nicht, nur die Gesamtmengen von produziertem und verbrauchtem Strom zu addieren. Es muss auch gesagt werden, wann und wo der Strom produziert und verbraucht wird. Anschließend muss untersucht werden, ob das Stromnetz die Transportaufgabe nach wie vor zuverlässig erfüllen kann und wo es gegebenenfalls um- bzw. ausgebaut werden muss.

Nachdem diese Punkte alle geklärt und sogar vom Gesetzgeber entschieden sind, geht es erstmalig um die Frage, wo konkret die Umbaumaßnahmen bzw. die Ausbaumaßnahmen durchgeführt werden müssen. Erstmalig werden hier konkrete örtliche Betroffenheiten ausgelöst. Zwar ist die Betroffenheit in der Bundesfachplanung bzw. dem Raumordnungsverfahren noch nicht so konkret wie bei der anschließenden Planfeststellung. Aber die Aufmerksamkeit steigt deutlich. Die Einflussmöglichkeiten sind zu diesem Zeitpunkt auch noch gegeben. Aber sie sind natürlich etwas geringer als zu Beginn des Verfahrens.

Dieser Umstand sorgt teilweise zu Frustration bei denjenigen, die sich nun an den Planungsverfahren beteiligen möchten. Sie stellen fest, dass wesentliche Pflöcke bereits eingeschlagen sind. Dieses *Beteiligungsparadoxon* wird sich nicht vollständig lösen lassen. Aber im Kontext des Netzausbaus gibt es für die Betroffenen zumindest eine Besonderheit. Das Verfahren ist nach § 12a Abs. 1 EnWG in einem zweijährlichen Turnus angelegt. Das heißt, dass die Ausgangsfragen alle zwei Jahre neu überprüft und beantwortet werden. Dieser regelmäßige Turnus hat einige Nachteile. Der große Vorteil ist jedoch, dass die getroffenen Entscheidungen regelmäßig überprüft und gegebenenfalls korrigiert werden können.

VI. Erfolgsfaktoren der Beteiligung

Ausgewählte Erfolgsfaktoren einer erfolgreichen Beteiligung sind die rechtzeitige Einbindung aller Beteiligten, eine ehrliche Kommunikation auf Augenhöhe sowie eine zielgruppen- und phasenorientierte Beteiligung.

Den richtigen Zeitpunkt für die Beteiligung zu finden ist erfolgsentscheidend.[18] Die Beteiligung muss so früh einsetzen, dass eine Beteiligung auch noch erfolgreich möglich ist. Der Entscheidungsspielraum muss also noch eröffnet sein. Sie darf andererseits nicht zu früh einsetzen, so dass die Planungen noch so unkonkret sind, dass weder eine vernünftige Diskussion möglich ist, noch die notwendige Aufmerksamkeit gegeben ist. Gelingt es, diesen richtigen Zeitpunkt für die Beteiligung zu finden, so hat dies mehrere positive Effekte. Zunächst kann der Gesprächsfaden geknüpft werden, solang noch kein konkreter Konflikt besteht. Ferner können mögliche Kon-

---

[18] Vgl. *Hildebrand/Rau/Hinse/Rhümland/Schweizer-Ries*, in: BNetzA (Hrsg.), Tagungsband zum Wissenschaftsdialog 2015, S. 53 f.; *Brettschneider*, in: BNetzA (Hrsg.), Tagungsband zum Wissenschaftsdialog 2014, S. 20.

flikte frühzeitig erkannt werden. Im besten Fall können diese dann sogar ausgeräumt werden, bevor das eigentliche Verwaltungsverfahren startet. Schließlich können Informationen zeitnah in die Planungen einfließen und damit spätere Verzögerungen vermeiden helfen. Übertragen auf den Netzausbau bedeutet dies beispielsweise, dass die Vorhabenträger bereits im Vorfeld des eigentlichen Genehmigungsverfahrens aktiv werden müssen. Diese müssen die (Fach-) Öffentlichkeit in geeigneter Weise über ihr Vorhaben informieren und erste Hinweise einsammeln. Hierbei können sie unter Umständen von den Genehmigungsbehörden unterstützt werden. Denn erfahrungsgemäß bestehen bei vielen Beteiligten Fragen nicht nur zu den Netzausbauprojekten, sondern auch zum Ablauf und den Details des Genehmigungsverfahrens.

Eine Kommunikation auf Augenhöhe setzt mehrerlei voraus. Zunächst geht es darum, dass die Entscheidungsträger eine echte Bereitschaft zum Dialog zeigen, nicht „von oben herab" agieren und eine wertschätzende Grundhaltung mitbringen.[19] Die Beteiligten merken sehr schnell, wenn jemand den Dialog nur auf den Lippen trägt, es aber nicht ernst meint. Ferner verpflichtet es die handelnden Stellen zu Transparenz.[20] Nur wenn alle entscheidungserheblichen Informationen auf dem Tisch liegen, kann Beteiligung funktionieren. Das heißt auch, dass zumindest die grundsätzlichen Informationen in einer Weise aufbereitet werden müssen, die auch dem Laien verständlich ist. Zur Ehrlichkeit gehört aber auch – und das ist besonders wichtig – nicht nur die Möglichkeiten, sondern auch die Grenzen der Beteiligung aufzuzeigen. Übertragen auf den Netzausbau bedeutet dies beispielsweise, dass klar benannt werden muss, dass am Ende des Verfahrens nicht über den Streckenverlauf abgestimmt wird. Vielmehr beantragt der Vorhabenträger einen bestimmten Verlauf der Trasse bzw. der Leitung. Die Genehmigungsbehörde prüft und entscheidet zum Abschluss des Verfahrens, ob dieser Verlauf nach Recht und Gesetz zulässig ist.

Eine zielgruppen- und phasenorientierte Beteiligung verlangt von Vorhabenträgern und Behörden, dass sie sich Gedanken darüber machen, welche Interessengruppen zu welchem Zeitpunkt angesprochen werden müssen.[21] So gibt es je nach Vorhaben und je nach Belang unterschiedliche Interessengruppen, die mit speziellen Beteiligungsangeboten zielgerichtet angesprochen werden wollen. Außerdem ist streng darauf zu achten, in welchem Verfahrensschritt sich das jeweilige Vorhaben befindet. Übertragen auf den Netzausbau heißt dies beispielsweise, dass zwischen gesetzlichen und ergänzenden Maßnahmen zu unterscheiden ist. Vor dem eigentlichen Genehmigungsverfahren bietet sich nur letzteres an. Hier sind der konkreten Ausgestaltung nur wenige Grenzen gesetzt. Im Verfahren sieht es allerdings anders aus. Hier ist

---

[19] Vgl. *Brettschneider*, in: BNetzA (Hrsg.), Tagungsband zum Wissenschaftsdialog 2014, S. 20.

[20] Vgl. *Hildebrand/Rau/Hinse/Rhümland /Schweizer-Ries*, in: BNetzA (Hrsg.), Tagungsband zum Wissenschaftsdialog 2015, S. 54.

[21] Vgl. *Brettschneider*, in: BNetzA (Hrsg.), Tagungsband zum Wissenschaftsdialog 2014, S. 22 ff.

nicht nur darauf zu achten, den gesetzlichen Rahmen von bestimmten Beteiligungs-
schritten nicht zu verlassen. Es muss auch penibel darauf geachtet werden, dass die
gesetzlich vorgesehenen Schritte nicht durch flankierende Maßnahmen gestört, sondern idealerweise ergänzt werden.

VII. Praxisbeispiele der Bundesnetzagentur

Das NABEG sieht im Verfahrensablauf gleich eine ganze Reihe von Beteiligungs-
elementen vor. Es erweitert damit zugleich die öffentliche Teilhabe an diesen Verfahren. Die Netzplanung nach dem NABEG lässt sich in fünf Schritte unterteilen: Szenariorahmen, Netzentwicklungspläne und Umweltbericht, Bundesbedarfsplan, Bundesfachplanung bzw. Raumordnung sowie Planfeststellung. Bei jedem administrativen Schritt sind Beteiligungselemente vorgesehen. Lediglich im dritten Schritt, im
parlamentarischen Gesetzgebungsverfahren, sind keine direkten partizipativen Elemente vorgesehen. Hier können die Bürger über ihre Wahlentscheidung indirekt Einfluss nehmen.

Bereits im ersten Schritt, bei der Erstellung des Szenariorahmens, sieht § 12a Abs.
2 Satz 2 EnWG eine Konsultation durch die Bundesnetzagentur vor. Nach
§§ 12b Abs. 3, 12c Abs. 3 EnWG wird der Entwurf des Netzentwicklungsplans
und des Umweltberichtes gleich zweimal zur Diskussion gestellt. Zuerst von den
Übertragungsnetzbetreibern und, nach einer Überarbeitung, noch einmal durch die
Bundesnetzagentur. In den Bundesfachplanungs- und Planfeststellungsverfahren
sind ebenfalls mehrere Beteiligungsschritte vorgesehen. Zu Beginn der Verfahren
sieht das Gesetz in den §§ 7 Abs. 1, 20 Abs. 1 NABEG Antragskonferenzen vor.
Hier geht es für die Genehmigungsbehörde vor allem darum, Informationen über regionale Gegebenheiten zu erlangen. Denn auf Basis dieser Informationen legt die Behörde den Untersuchungsrahmen fest. Sie bestimmt damit, welche Untersuchungen
der Netzbetreiber noch durchführen muss. Je mehr Informationen vorliegen, desto
besser kann die Entscheidung aussehen. Im weiteren Verlauf der Verfahren sieht
das Gesetz in den §§ 9 und 22 NABEG eine Behörden- und Öffentlichkeitsbeteiligung bzw. ein Anhörungsverfahren vor. Die hierbei eingehenden Einwendungen
werden gemäß §§ 10 und 22 Abs. 7 NABEG in einem Erörterungstermin behandelt,
bevor die Behörde abschließend ihre Entscheidung trifft.

Über die gesetzlichen Anforderungen hinaus setzt die Bundesnetzagentur auf eine
ganze Reihe von weiteren Beteiligungsmaßnahmen. Besonders stark ausgebaut ist
u. a. der gesamte Bereich der Online-Kommunikation. So hat die Bundesnetzagentur
eine eigene Website eingerichtet.[22] Hier können allgemeine Informationen und ver-
fahrensrelevante Unterlagen abgerufen werden. Auch in den sozialen Medien ist die
Bundesnetzagentur aktiv und kommuniziert zum Thema Netzausbau auf Twitter.[23]

---

[22] Siehe: http://www.netzausbau.de/, zuletzt aufgerufen am 12. 10. 2017.

[23] Siehe: https://twitter.com/netzausbau, zuletzt aufgerufen am 12. 10. 2017.

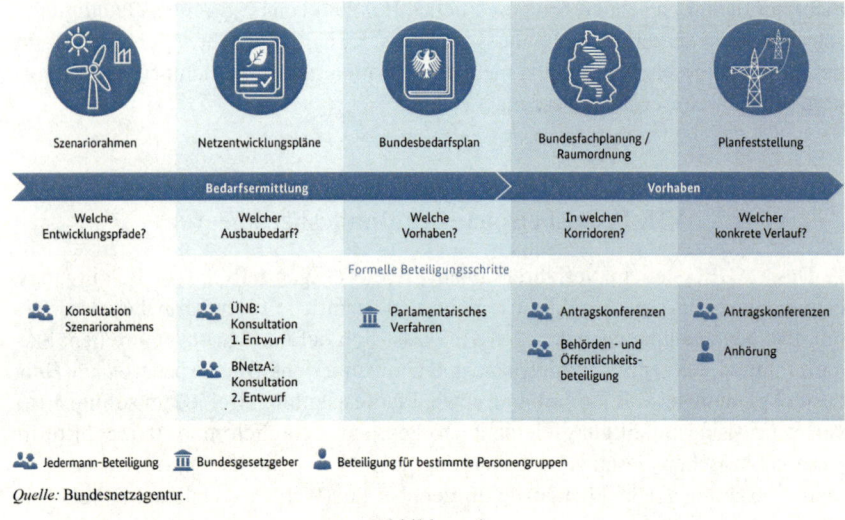

Quelle: Bundesnetzagentur.

Abbildung 4

Zudem werden eigene Kurzfilme produziert und auf YouTube veröffentlicht.[24] Vervollständigt wird das Online-Angebot u. a. durch einen Newsletter und die Bereitstellung von Vortragsfolien auf Slideshare.[25]

Aber auch außerhalb der virtuellen Welt ist die Bundesnetzagentur sehr aktiv. Auf zahlreichen Informations- und Dialogveranstaltungen im gesamten Bundesgebiet werden themen- und zielgruppenspezifische Veranstaltungen angeboten.[26] Hier bietet sich auch der direkte Kontakt zu den Entscheidungsträgern der Behörde, die regelmäßig vor Ort sind und sich den Diskussionen stellen. Außerhalb dieser Veranstaltungen kann man die Bundesnetzagentur auch über einen eigens eingerichteten Bürgerservice erreichen.[27] Hier werden einfache Fragen beantwortet bzw. weitere Informationen bereitgestellt. Hierzu zählen u. a. die Broschüren, die die Behörde erstellt hat.[28]

Diese ganzen Instrumente dienen der Transparenz und sollen eine Kommunikation auf Augenhöhe ermöglichen. Durch die Bereitstellung der Informationen soll den Beteiligten die Gelegenheit gegeben werden, sich mit der Materie vertraut zu machen und sich gegebenenfalls in das Verfahren einzubringen. Die verschiedenen

---

[24] Siehe: https://www.youtube.com/user/netzausbau, zuletzt aufgerufen am 12. 10. 2017.

[25] Siehe: http://de.slideshare.net/netzausbau, zuletzt aufgerufen am 12. 10. 2017.

[26] Siehe: http://www.netzausbau.de/termine, zuletzt aufgerufen am 12. 10. 2017.

[27] Der Bürgerservice der BNetzA ist über mehrere Wege zu erreichen – E-Mail: info@netz ausbau.de; Brief: BNetzA, Stichwort: Netzausbau, Postfach 80 01, 53105 Bonn; kostenfreies Telefon: 0800 638 9 638.

[28] Siehe: http://www.netzausbau.de/mediathek, zuletzt aufgerufen am 12. 10. 2017.

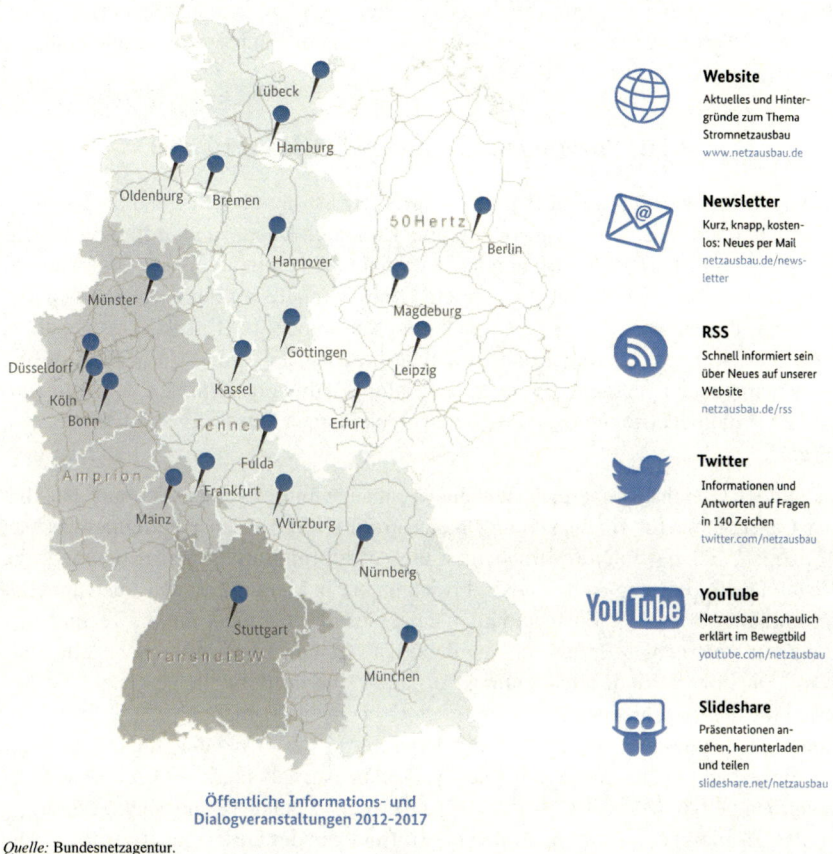

Öffentliche Informations- und
Dialogveranstaltungen 2012-2017

Quelle: Bundesnetzagentur.

Abbildung 5

Formate dienen dabei verschiedenen Zielgruppen und setzen zu unterschiedlichen Zeitpunkten des Verfahrens ein. So werden beispielsweise Technik- und Umweltdialoge verfahrensunabhängig zu besonderen Themenschwerpunkten durchgeführt.[29] Hier informieren Fachleute und diskutieren mit den Teilnehmern zu einem ganz bestimmten Themenkomplex. Die Informationstage zum Netzentwicklungsplan und zum Umweltbericht knüpfen dagegen ganz konkret an die entsprechende Konsultationsphase an.[30] Hier geht es darum, dass die sehr umfangreichen Dokumente von den Experten der Bundesnetzagentur vorgestellt und diskutiert werden. Diese Veranstal-

---

[29] Siehe z.B. Technikdialog 2017 zum Thema Hybridleitungen: http://www.netzausbau.de/ technikdialog-2017, zuletzt aufgerufen am 12.10.2017.

[30] Siehe z.B. Informationstage zu den Netzentwicklungsplänen 2017–2030 und zum Umweltbericht: http://www.netzausbau.de/2030-nep-ub, zuletzt aufgerufen am 12.10.2017.

tungen haben dabei einen informellen Charakter. Sie können und sollen nicht die eigentliche Konsultation ersetzen, sondern sie vielmehr flankieren und unterstützen.

VIII. Paradigmenwechsel bei HGÜ-Erdkabel

Die Stromübertragung im Hochspannungsnetz erfolgt überwiegend über Freileitungen und nur zu einem geringen Teil über Erdkabel. Dabei ist allerdings zu beachten, dass das bisherige Hochspannungsnetz, sieht man einmal von den Offshore-Anbindungsleitungen in der Nordsee ab, ein Drehstromnetz ist. Für den Drehstrombereich hat der Gesetzgeber im Energieleitungsausbaugesetz (EnLAG) festgehalten, dass Freileitungen die Regel und Erdkabel die Ausnahme sind. In § 2 EnLAG ist dementsprechend geregelt, dass einzelne Leitungen unter bestimmten Voraussetzungen als Erdkabel errichtet und betrieben werden können, um sie als Pilotvorhaben zu testen.

Für den Gleichstrombereich sieht die Rechtslage mittlerweile anders aus. Hier hat der Gesetzgeber für Hochspannungsgleichstrom (HGÜ) einen Paradigmenwechsel vollzogen. Für bestimmte Vorhaben ist die Ausführung als Erdkabel nunmehr die Regel. Die Freileitung ist bei diesen Projekten nur in klar umrissenen Ausnahmefällen zulässig. Bei seiner Entscheidung hat der Gesetzgeber nicht nur die Technik und die Kosten betrachtet. Er hat sich vor allem vom Gedanken der Akzeptanz leiten lassen.[31] Die ersten Bundesfachplanungsverfahren sind mittlerweile gestartet. Die Anträge für die verschiedenen Abschnitte des Netzausbauvorhabens „*SuedLink*" wurden zwischen dem 17. März 2017 und dem 28. April 2017 bei der Bundesnetzagentur eingereicht.[32] Die Anträge für das Netzausbauvorhaben „*SuedOstLink*" wurden zwischen dem 8. März 2017 und dem 26. April 2017 bei der Bundesnetzagentur gestellt.[33] Es bleibt abzuwarten, ob sich die Hoffnungen des Gesetzgebers erfüllen. Die ersten Anzeichen sind positiv; so konnten in beiden Verfahren die Antragskonferenzen binnen kurzer Zeit zwischen Mai und Juni 2017 ordnungsgemäß durchgeführt werden.[34]

---

[31] Siehe auch „Eckpunkte für eine erfolgreiche Energiewende" – Vereinbarung der Koalitionsparteien vom 1.7. 2015: „Erdkabel werden bei neuen Gleichstromtrassen in der Bundesfachplanung Vorrang erhalten. (…) Die Mehrkosten sind gerechtfertigt, da die Maßnahme zu mehr Akzeptanz und zu einem schnelleren Ausbau führt."

[32] Siehe: http://www.netzausbau.de/vorhaben3 bzw. http://www.netzausbau.de/vorhaben4, zuletzt aufgerufen am 12. 10. 2017.

[33] Siehe: http://www.netzausbau.de/vorhaben5, zuletzt aufgerufen am 12. 10. 2017.

[34] Siehe: http://www.netzausbau.de/vorhaben3 bzw. http://www.netzausbau.de/vorhaben4 sowie http://www.netzausbau.de/vorhaben5, zuletzt aufgerufen am 12. 10. 2017.

IX. Allheilmittel Beteiligung?

In der öffentlichen Debatte gewinnt man schnell den Eindruck, dass man die Menschen nur irgendwie beteiligen muss und alles wird gut. Gleiches gilt zuweilen für die fachliche Debatte. Aber ist das so? Ist (Bürger-)Beteiligung das neue Allheilmittel?

Die Antwort ist so einfach wie sie kurz ist: Nein! Denn Beteiligung kann substanzielle Schwächen von Genehmigungsverfahren nicht ausgleichen. Mit anderen Worten: Ein schlecht durchgeführtes Genehmigungsverfahren lässt sich nicht schönreden. Ganz im Gegenteil sollte gute Beteiligung immer auch einen Beitrag dazu leisten, das Verfahren besser und damit rechtssicherer zu machen.

Richtig ist allerdings: Ohne gute Beteiligung kommt heutzutage kein noch so gutes Genehmigungsverfahren aus. Wichtig ist, dass nicht einfach irgendwie beteiligt werden muss. Die Beteiligung muss ernst gemeint sein und professionell durchgeführt werden. Es darf nicht nur ein Feigenblatt sein, hinter dem sich Vorhabenträger, Genehmigungsbehörde oder Politik verstecken. Dazu gehört, dass von allen Akteuren auch die notwendigen Mittel für Beteiligung bereitgestellt werden. Sowohl personell als auch finanziell und vor allem in zeitlicher Hinsicht. Gute Beteiligung verbraucht erst einmal Zeit, bevor sie am Ende helfen kann, Zeit zu sparen.

Tagungsbericht[*]

Klimaschutz, Versorgungssicherheit und Wirtschaftlichkeit in der Energiewende: Reformen – Europäisierung – Zielkonflikte

Von Patricia Zentgraf, Würzburg

Die Energiewende zählt zu den bedeutendsten Vorhaben der Gegenwart. Sie wird maßgeblich durch das *„energiepolitische Zieldreieck"* aus Klimaschutz, Versorgungssicherheit und Wirtschaftlichkeit geprägt. Zwischen diesen Zielen bestehen sowohl Verflechtungen als auch Konflikte, deren Auflösung die politischen Akteure vor große Herausforderungen stellt. Um dieser Aufgabe gerecht zu werden, wurden in jüngster Vergangenheit sowohl auf nationaler als auch verstärkt auf europäischer Ebene diverse Gesetzgebungsverfahren auf den Weg gebracht. Die damit einhergehenden Rechtsfragen und Folgeprobleme waren Schwerpunkt der Tagung „Klimaschutz, Versorgungssicherheit und Wirtschaftlichkeit in der Energiewende" an der Julius-Maximilians-Universität Würzburg. Die Veranstaltung fand am 31. März 2017 auf Einladung von Prof. Dr. *Markus Ludwigs*, Inhaber des Lehrstuhls für Öffentliches Recht und Europarecht, statt. Sie ist Teil eines von der Fritz Thyssen Stiftung geförderten Forschungsvorhabens zum „Recht der Energiewende".

I. Einleitung

Der Dekan der Juristischen Fakultät der Universität Würzburg, Herr Prof. Dr. *Eckhard Pache*, begrüßte die zahlreichen Teilnehmerinnen und Teilnehmer der Tagung in der Neubaukirche der Alten Universität. Zunächst verwies er auf die letztjährige Tagung „Der Atomausstieg und seine Folgen", an die die Veranstaltung anknüpfe. Im Weiteren betonte *Pache* den großen Stellenwert der Thematik, da die Energiewende eines der bedeutendsten Vorhaben der Bundesrepublik Deutschland darstelle.

Anschließend führte Prof. Dr. *Markus Ludwigs* in die Thematik ein. Im Hinblick auf den Rechtsrahmen der Energiewende verwies *Ludwigs* zunächst auf die Vielzahl von Gesetzen auf nationaler Ebene aus den letzten zwölf Monaten. Zu nennen seien insbesondere die Einführung des Ausschreibungsverfahrens als Fördermechanismus im Erneuerbare-Energien-Gesetz (EEG 2017) und im novellierten Kraft-Wärme-Kopplungsgesetz (KWKG), die Etablierung neuer Mechanismen zur Gewährleis-

---

* Geringfügig veränderte Fassung des Tagungsberichts aus EWS 2017, 143.

tung der Versorgungssicherheit im Strommarktgesetz vom Juli 2016 sowie das Gesetz zur Neuordnung der Verantwortung der kerntechnischen Entsorgung vom Januar 2017. Auf europäischer Ebene sei insbesondere das am 30. November 2016 von der Europäischen Kommission vorgelegte sogenannte Winterpaket *„Saubere Energie für alle Europäer"* zu diskutieren. Schließlich hob *Ludwigs* neben dem Urteil des BVerfG zum Atomausstiegsgesetz vom 6. Dezember 2016 vor allem die Entscheidung des EuG zum Beihilfecharakter der nationalen Ökostrom-Förderung sowie der Industrieausnahmen von der EEG-Umlage hervor. Eine Bestätigung dieses Urteils in dem beim EuGH anhängigen Rechtsmittelverfahren hätte weitreichende Folgen für die Verteilung der Gestaltungskompetenzen in der Energiepolitik. Zugleich werfe die starke Stellung der Europäischen Kommission im Rahmen der Beihilfegenehmigung die Frage nach der verbleibenden Rolle des demokratisch legitimierten Gesetzgebers auf.

II. Themenblock 1: Einführungsreferate zur Energiewende

1. Verfassungs- und europarechtliche Rahmenbedingungen der Energiewende

Im ersten Vortrag stellte Prof. Dr. *Joh.-Christian Pielow* von der Ruhr-Universität Bochum im Hinblick auf das „Referenzgebiet" Energie grundlegende Betrachtungen zum nationalen und europäischen Verfassungsrecht an. Zunächst erläuterte er das Rangverhältnis innerhalb der Zieltrias aus Versorgungssicherheit, Preisgünstigkeit und Umweltverträglichkeit in § 1 Abs. 1 EnWG. Diese Ziele stünden nicht gleichrangig nebeneinander. Vielmehr komme der sicheren Energieversorgung vor allem unter Berücksichtigung grundrechtlicher Schutzpflichten der Vorrang zu.

Anschließend ging *Pielow* auf aktuelle Schlaglichter im deutschen Verfassungsrecht ein. Zunächst beleuchtete er das Atommoratorium aus dem Jahr 2011 unter dem Gesichtspunkt der Rechtsstaatlichkeit. Dieses habe sich insbesondere wegen fehlender gesetzlicher Ermächtigungsgrundlage sowie sachwidriger Ermessensausübung als rechtswidrig erwiesen. Daraufhin stand das Urteil des BVerfG zur 13. AtG-Novelle vom 6. Dezember 2016 auf dem Prüfstand. Im Hinblick auf den Grundrechtsschutz seien insbesondere die Anerkennung der Grundrechtsberechtigung von Vattenfall, das Erfordernis eines Güterbeschaffungsvorgangs als konstitutives Enteignungsmerkmal sowie die Berücksichtigung des Vertrauensschutzes für frustrierte Investitionen von Bedeutung. Zudem spiele der Grundrechtsschutz auch im Rahmen der Planung und Genehmigung von Anlagen und Netzen eine große Rolle. So habe das BVerfG im Urteil „Garzweiler-II" entschieden, dass eine Zwangsumsiedlung infolge des voranschreitenden Braunkohleabbaus eine nicht gerechtfertigte Enteignung darstellen könne.

Schließlich erläuterte *Pielow* die aktuellen Problemlagen im europäischen Verfassungsrecht. Insbesondere im Rahmen des Winterpakets der Europäischen Kommission würden aufgrund der Hochzonung von Entscheidungsbefugnissen auf die europäische Ebene zunehmende Kompetenzkonflikte auftreten. In Bezug auf die Europäischen Grundfreiheiten ging *Pielow* auf das Urteil des EuGH in der Rechtssache „*Ålands Vindkraft*" ein, in dem der EuGH die territoriale Begrenzung nationaler EE-Fördersysteme als eine aus Gründen des Klima- und Umweltschutzes gerechtfertigte Beeinträchtigung der Warenverkehrsfreiheit in Art. 34 AEUV eingestuft habe. Schließlich habe das EuG in seinem Urteil vom 10. Mai 2016 entschieden, dass die EE-Förderung und die besondere Ausgleichsregelung eine staatliche Beihilfe im Sinne des Art. 107 Abs. 1 AEUV darstelle. Gegen diese Entscheidung habe die Bundesrepublik Deutschland Rechtsmittel beim EuGH eingelegt.

Abschließend kritisierte *Pielow* die „Verhandlungslösung" der Bundesrepublik Deutschland und der Europäischen Kommission bei Erlass des EEG 2017 sowie der Neufassung des KWKG.

2. Stand und Perspektiven der Verwirklichung der Energiewende aus Sicht des BMWi

Die Sichtweise des Bundesministeriums für Wirtschaft und Energie auf die Verwirklichung der Energiewende wurde den Tagungsteilnehmern im Vortrag von Frau Dr. *Susanne Cassel* aus dem BMWi, eröffnet. Zunächst erläuterte sie die Zielarchitektur der Energiewende mit einem Zeithorizont bis 2050. Die geplante „*umfassende Transformation des Energiesystems*" basiere vor allem auf den zwei Säulen Ausbau der Erneuerbaren Energien sowie Steigerung der Energieeffizienz. Die 10-Punkte-Energieagenda, die das BMWi zu Beginn der Legislaturperiode vorgelegt habe, sei bereits zu 90–95 % umgesetzt. Zentrale Weichenstellungen seien die Marktintegration der Erneuerbaren Energien, die Weiterentwicklung der Rahmenbedingungen des Strommarkts, das Voranbringen von Netzausbau und Digitalisierung sowie die europäische Verankerung der Energiewende gewesen. Zudem sei die bislang vernachlässigte Steigerung der Energieeffizienz zur Priorität erklärt und mit Maßnahmen unterlegt worden. Mit den EEG-Reformen 2014 und 2017 sei für einen kosteneffizienteren Ausbau der Erneuerbaren und mehr Planbarkeit gesorgt worden. Die Einführung von Ausschreibungsverfahren zur Ermittlung der Förderhöhe für die erneuerbaren Energien stelle einen Paradigmenwechsel von der Preis- zur Mengensteuerung dar. Das Strommarktgesetz trage zu einer kosteneffizienten, sicheren und umweltverträglichen Stromversorgung bei und stärke die Mechanismen des liberalisierten Strommarktes. Der gesetzlich verankerte Erdkabelvorrang für neue Höchstspannungs-Gleichstrom-Übertragungsleitungen sei ein wichtiger Schritt für mehr Akzeptanz des notwendigen Netzausbaus. Nun gehe es darum, die Planungs- und Genehmigungsverfahren zügig voranzubringen.

Das sogenannte Winterpaket der Europäischen Kommission werde aus Sicht des BMWi grundsätzlich positiv bewertet, da es u. a. ein verbindliches EU-Energieeffizienzziel vorsehe und eine Grundsatzentscheidung für den „*Strommarkt 2.0*" beinhalte. Kritisch werde aber betrachtet, dass zu viele politische Punkte in technische Prozesse und Institutionen verlagert werden sollen. Insgesamt sei vor allem der Ausbau der Erneuerbaren Energien auf Zielkurs. Im Bereich Energieeffizienz seien zahlreiche Maßnahmen umgesetzt worden, deren Wirkung sich noch zeigen müsse. Lediglich im Verkehrsbereich seien signifikante Fortschritte bislang ausgeblieben.

In ihren Schlussbemerkungen betonte *Cassel*, dass in der kommenden Legislaturperiode die Dekarbonisierung in allen Sektoren vorangetrieben werden müsse. Zudem wies sie auf den Dreiklang der Energiewende bestehend aus der Senkung des Energiebedarfs, der direkten Nutzung Erneuerbarer Energien sowie der Sektorkopplung hin. Die Energiewende sei ein Modernisierungs- und Investitionsprojekt, bei dem Investitionen in Erneuerbare Energien und Energieeffizienz das neue Paradigma bilden würden.

III. Themenblock 2: Europäische Energieunion und Beihilferecht

1. Das Winterpaket der EU-Kommission als Markstein für die Modernisierung des Energiebinnenmarkts

Das Winterpaket der Europäischen Kommission stand im Mittelpunkt des Vortrags von Frau Dr. *Annegret Groebel* von der Bundesnetzagentur in Bonn. Nach einem Überblick über die „Vorarbeiten" im Vorfeld des Winterpakets erläuterte *Groebel* dessen verschiedene Teile. Neben der Mitteilung „*Clean Energy for all Europeans*" bestehe das Winterpaket vor allem aus einer Strommarkt-Richtlinie und einer Verordnung zum Strommarkt sowie zur Risikovorsorge im Stromsektor. Daneben sehe es eine Neufassung der ACER-Verordnung sowie der Erneuerbare-Energien-Richtlinie vor.

Ziele des „*Clean Energy for all Europeans*"-Pakets seien die Anpassung des bestehenden europäischen Rechtsrahmens an die Veränderungen auf den europäischen Strommärkten. Zudem gehe es um die Ausrichtung der Erneuerbare-Energien- und der Energieeffizienz-Richtlinie auf die Klima- und Energieziele der EU für 2030 sowie darum, die Erreichung dieser Ziele im Rahmen der Governance-Struktur zu gewährleisten. Zentrale Elemente des Winterpakets seien eine Umstellung der Förderung Erneuerbarer Energien auf marktbasierte Mechanismen, eine Öffnung der Fördersysteme für Anlagen aus anderen Mitgliedstaaten sowie die weitgehende Abschaffung des Einspeisevorrangs. Das Winterpaket beinhalte eine Präferenz für den *Energy-only-Markt (EOM)*, wie er im deutschen Strommarktgesetz zugrunde gelegt sei. Kapazitätsmärkte seien nur „*second-best*" und ausschließlich nach Prüfung der Zuverlässigkeit und binnenmarktkonformer Ausgestaltung zulässig. Zudem sei die Schaffung sogenannter Regional Operational Centres vorgesehen, denen auch Systemverantwortung übertragen werden solle. Im Hinblick auf den Entgeltmaßstab würden die im Winterpaket enthaltenen Vorschläge den bisherigen auf effizienten Kosten basierenden Ansatz, ergänzt um das Element der Flexibilität, fortführen.

Schließlich erläuterte *Groebel* die Reaktionen von CEER (Council of European Energy Regulators) und ACER (Agency fort he Cooperation of Energy Regulators) auf das Winterpaket, welche in einem *Regulator's Overview Paper* vom 23. Januar 2017 veröffentlicht wurden. Darin werde das „*Clean Energy Package*" insgesamt begrüßt, aber auch auf den bestehenden Verbesserungsbedarf hingewiesen.

In ihrem Fazit hob *Groebel* hervor, dass das Winterpaket insgesamt positiv im Sinne eines richtigen Signals für eine effiziente Energiebereitstellung zu bewerten sei. Kritisch betrachtet werde aber die Übertragung von Zuständigkeiten auf die Kommission (z. B. Gebotszonenzuschnitt), auf neue Regional Operational Centres (Zuständigkeit für Systemsicherheit) sowie auf ACER. Der Wirtschaftsausschuss des Bundestages habe bereits am 29. März 2017 über eine Subsidiaritätsrüge beraten und einen entsprechenden Vorschlag zur Annahme empfohlen. Am 30. März 2017 hat der Bundestag eine entsprechende Entscheidung gefasst.

2. Die Energiewende im Spiegel des Europäischen Beihilferechts

Prof. Dr. *Walter Frenz* von der RWTH Aachen betrachtete anschließend die Energiewende im Spiegel des Europäischen Beihilferechts. Zunächst ging er auf das Winterpaket der Europäischen Kommission ein, welches eine weitgehende Abschaffung des Einspeisevorrangs für Erneuerbare Energien vorsehe.

Den Schwerpunkt des Vortrags bildete die anstehende EuGH-Entscheidung zum Beihilfecharakter der nationalen Ökostrom-Förderung. Die Bundesrepublik Deutschland hatte hier Rechtsmittel gegen das Urteil des EuG eingelegt, in welchem die Förderung Erneuerbarer Energien sowie die Befreiung der energieintensiven Unternehmen von der EEG-Umlage als Beihilfe eingestuft wurden. Laut *Frenz* spreche aber die mangelnde staatliche Kontrolle über die Mittel gegen den Beihilfecharakter der Ökostrom-Förderung. Eine hinreichende staatliche Einflussmöglichkeit bestehe nur bei der Fachaufsicht, die Bundesnetzagentur übe aber lediglich eine Rechtsaufsicht über die Übertragungsnetzbetreiber aus. Die Ökostrom-Förderung sei im EEG 2017 jedenfalls so ausgestaltet, dass sie mit dem Unionsrecht übereinstimme. Allerdings dürfte sie lediglich solange erfolgen, wie es aus wirtschaftlicher Sicht notwendig sei, sodass die Erneuerbaren Energien auf lange Sicht in Konkurrenz mit den konventionellen Energieträgern bestehen müssten.

Anschließend ging *Frenz* auf die Frage nach der „*demokratiefernen Gestaltung der europäischen Beihilfeaufsicht*" ein. Allerdings sei auch die Kommission hinreichend demokratisch legitimiert, da z. B. der Präsident auf Vorschlag des Europäischen Rates vom Parlament gewählt werde. Zudem würden die Umweltschutz- und Energiebeihilfeleitlinien der Kommission der Rechtssicherheit und Vorhersehbarkeit dienen.

Schließlich erläuterte *Frenz* die Beihilferechtskonformität der Kapazitätsmechanismen. Die Kommission nehme hier generell eine Beihilfe an und verlange eine Anmeldung sowie eine nähere Darlegung der Erforderlichkeit. Allerdings könnten staatliche Zahlungen für die Vorhaltung von Reservekapazität auch als Gegenleistung für eine gemeinwohlbezogene Verpflichtung gesehen werden, wenn sie sich spezifisch auf die Kosten dafür beschränken und nicht den allgemeinen Betrieb abdecken. Dann stelle die staatliche Ausgleichszahlung keine anmeldepflichtige Beihilfe dar.

In seinem Fazit prognostizierte *Frenz*, dass die Ökostrom-Förderung insgesamt am ehesten auf europäischer Basis eine Perspektive habe. Auf nationaler Ebene drohe sie dagegen zu zerbrechen, wenn der Einspeisevorrang, wie im Winterpaket vorgesehen, fällt. Dieser Vorrang sei aber als nationales Opting out nach Art. 193 AEUV möglich, solange ein gleicher Wettbewerb zwischen regenerativen und konventionellen Energien noch nicht realisierbar ist.

IV. Themenblock 3: Fördermechanismus für Erneuerbare Energien und Kraft-Wärme-Kopplung

1. Das Ausschreibungsverfahren als wettbewerblicher Fördermechanismus in EEG und KWKG

Das Ausschreibungsverfahren als neues Fördersystem für Erneuerbare Energien und Kraft-Wärme-Kopplung stand im Vortrag von Herrn Prof. Dr. *Jochen Mohr*, Professor an der Technischen Universität Dresden und Richter am Oberlandesgericht Düsseldorf, auf dem Prüfstand. Zu Beginn erklärte *Mohr*, dass sich die Erneuerbaren Energien und KWKG-Anlagen aufgrund des „*Merit-Order-Effekts*" nicht allein über die auf dem Strommarkt gebildeten Preise refinanzieren könnten und daher förderungsbedürftig seien. Förderberechtigung und Förderhöhe sollen dabei mittelfristig unter Wettbewerbsbedingungen ermittelt werden. Anschließend ging *Mohr* auf die rechtlichen Rahmenbedingungen der Ausschreibungsverfahren ein. Im Hinblick auf das Unionsrecht sei insbesondere das Beihilfe- und Vergaberecht relevant. Eine wichtige Rolle würden die Leitlinien der Kommission für Umweltschutz- und Energiebeihilfen spielen, welche eine wettbewerbliche Ausschreibung verbindlich vorsehen würden. Auf nationaler Ebene seien im EEG 2014 Pilotausschreibungen für Elektrizität aus Photovoltaik-Freiflächenanlagen etabliert worden, um Erfahrungen mit einem Ausschreibungs-Fördersystem sammeln zu können. Vor diesem Hintergrund habe die Bundesregierung die Freiflächenausschreibungsverordnung (FFAV) erlassen, welche den rechtlichen Rahmen für die Pilotausschreibungen konkretisiere. Im Rahmen des EEG 2017 seien zusätzlich zu den Ausschreibungen für solare Strahlungsenergie auch Ausschreibungen für Windenergie an Land und auf See sowie für Biomasse vorgegeben. In der KWKG-Novelle 2017 sei im Kern die Einführung von Ausschreibungen für die Förderung von bestimmten KWK-Anlagen geregelt worden.

Schließlich erläuterte *Mohr* den Zielkonflikt zwischen Kosteneffizienz, Ausbaueffektivität und gesellschaftspolitischen Zielen, den es im Rahmen des Ausschreibungsverfahrens aufzulösen gelte. Der Konflikt bestehe insbesondere zwischen der Kosteneffizienz, der vor allem durch eine kompetitive Akteursvielfalt Rechnung getragen würde, und der Ausbaueffektivität, welche durch eine hohe Realisierungswahrscheinlichkeit verwirklicht werde. Insgesamt lasse sich der Zielkonflikt aber nicht abstrakt auflösen, sondern nur mit Blick auf das konkrete Ausschreibungsdesign.

In seinem Fazit betonte *Mohr*, dass der deutsche Gesetzgeber im EEG 2017 sowie dem KWKG 2017 die gebotenen Änderungen des Fördersystems vorgenommen habe und somit der Streit um die Beihilfeeigenschaft der Förderung weitgehend überholt sei. Allerdings werde die Grundentscheidung für wettbewerblich organisierte Ausschreibungen nicht stringent durchgehalten. Die Ausschreibungsregelungen würden vielmehr politische Kompromisse enthalten, die einer Senkung der Förderkosten entgegenstünden.

2. Grenzüberschreitende Öffnung von Ausschreibungsverfahren als neuer Mechanismus in EEG und KWKG

Dr. *Markus Kahles* von der Stiftung Umweltenergierecht in Würzburg ging in seinem Vortrag auf die grenzüberschreitende Öffnung von Ausschreibungsverfahren ein. Bei grenzüberschreitenden Ausschreibungsverfahren handle es sich um neue Instrumente, mit denen bislang wenig Erfahrung bestünde und die im Zuge der Beihilfeverfahren zum EEG und KWKG eingeführt wurden. Sie hätten aber keinen beihilferechtlichen Ursprung, sondern würden sich vielmehr aus den Vorschriften über verbotene Abgaben in Art. 30 AEUV sowie Art. 110 AEUV ergeben. Da es sich bei den bisherigen Regelungen im EEG sowie im KWKG um einen nicht zu rechtfertigenden Verstoß gegen Art. 30 und 110 AEUV gehandelt habe, sei durch die Kommission die Einführung grenzüberschreitender Ausschreibungen gefordert worden, um in anderen Mitgliedstaaten erzeugten EE- oder KWK-Strom in den nationalen Fördermechanismus zu integrieren. Sofern die Bedingungen zur Öffnung des EEG – Kooperationsvereinbarung, Gegenseitigkeit der Öffnung sowie physischer Import – vorliegen, würden die neuen deutschen Regelungen die grenzüberschreitende Ausschreibung von 5 % der jährlich zu installierenden Leistung vorsehen.

Anschließend stellte *Kahles* die Konzeption sowie die Ergebnisse der deutsch-dänischen Ausschreibungen vor. Sie bilde den ersten Anwendungsfall grenzüberschreitender Ausschreibungen und bestehe aus je einer gegenseitig geöffneten Pilot-Ausschreibungsrunde für Photovoltaik-Freiflächenanlagen. Somit konnten sich Bieter mit dänischen Standorten an der deutschen Ausschreibung beteiligen und *vice versa*. Die Gewinner der deutschen Ausschreibung erhielten die Marktprämie nach dem EEG, die Gewinner der dänischen Ausschreibung die Marktprämie nach dem dänischen Fördersystem. Im Ergebnis hätten sich bei der deutschen Ausschreibung fünf Gebote aus Dänemark durchgesetzt, bei der dänischen Ausschreibung seien überhaupt keine Gebote aus Deutschland beteiligt gewesen.

In seinem Schlusswort ging *Kahles* auf die Zukunft grenzüberschreitender Ausschreibungen ein. Einige Mitgliedstaaten hätten sich mittlerweile zur Öffnung ihrer EE-Förderregelungen verpflichtet und diese in nationaler Gesetzgebung angelegt. Allerdings gestalte sich die Partnersuche aufgrund langer Verhandlungsprozesse und hoher Voraussetzungen schwierig. Zudem seien nicht alle Mitgliedstaaten von der Problematik des Art. 30 bzw. 110 AEUV betroffen oder es stünden alternative Abhilfemaßnahmen bei einem Verstoß zur Verfügung. Schließlich finde sich im Winterpaket der Europäischen Kommission ein Vorschlag zur verpflichtenden Öffnung der Förderregelungen für alle Mitgliedstaaten. Hier bleibe der weitere Gesetzgebungsprozess abzuwarten.

V. Themenblock 4: Reservevorhaltung und Netzausbau

1. Kapazitätsreserve, Netzreserve und Sicherheitsbereitschaft als neue Instrumente zur Gewährleistung von Versorgungssicherheit und Klimaschutz

Das komplexe Geflecht von Kapazitätsreserve, Netzreserve und Sicherheitsbereitschaft war das zentrale Thema des Vortrags von Rechtsanwalt Dr. *Marc Ruttloff*, Assoziierter Partner der Kanzlei Gleiss Lutz. Zu Beginn seines Vortrags erläuterte *Ruttloff* die Stufenfolge der Maßnahmen, die den Übertragungsnetzbetreibern zur Gewährleistung der Sicherheit und Zuverlässigkeit der Energieversorgung dienen. Auf erster Stufe stünden dabei „netzbezogene Maßnahmen" nach § 13 Abs. 1 Nr. 1 EnWG, auf zweiter Stufe „marktbezogene Maßnahmen" nach § 13 Abs. 1 Nr. 2 EnWG. Auf dritter Stufe fänden sich schließlich die „Reserven" nach § 13 Abs. 1 Nr. 3 EnWG. Danach erfolgte ein Überblick über die Anpassungen von Einspeisungen (Redispatch) und deren Vergütung sowie über die hohen Anforderungen des § 13b EnWG an die Stilllegung von Anlagen, welche verfassungsrechtliche Bedenken aufgrund eines möglichen Eingriffs in Art. 12 GG sowie Art. 14 GG aufwerfen würden.

Den Schwerpunkt des Vortrags bildete die Vorstellung der verschiedenen Instrumente zur Gewährleistung der Versorgungssicherheit. Die Netzreserve nach § 13d EnWG diene insbesondere einem sicheren Netzbetrieb. Netzstabilitätsanlagen nach § 13k EnWG würden der Gewährleistung der Sicherheit und Zuverlässigkeit des Elektrizitätsversorgungssystems dienen und seien im Gegensatz zur Netzreserve nur als Übergangslösung konzipiert. Gegen die Regelung des § 13 EnWG bestünden allerdings insoweit Bedenken, als dass ein Trend zur stetigen Kompetenzerweiterung der Übertragungsnetzbetreiber erkennbar sei und ein funktionaler Eingriff in die Stromerzeugung zur Gewährleistung von Systemsicherheit erfolge. Die Kapazitätsreserve nach § 13e EnWG diene der Versorgungssicherheit bei kurzfristigen Angebotsengpässen und damit im Gegensatz zur Netzreserve der Absicherung des Strommarkts und nicht der Gewährleistung eines sicheren Netzbetriebs. Die Kapazitätsre-

serve sei allerdings aufgrund des strikten Vermarktungs- und Rückkehrverbots volkswirtschaftlich und energiepolitisch zweifelhaft. Zudem sei sie weder kosten- noch
wettbewerbsneutral. Die Sicherheitsbereitschaft diene dem Klimaschutz sowie der
Deckung des lebenswichtigen Bedarfs an Elektrizität. Allerdings stelle sie die abso-
lute *ultima ratio* mit Nachrang gegenüber allen anderen Reservekapazitäten dar.

In seinem Fazit stellte *Ruttloff* das Bekenntnis des Gesetzgebers zum *Energy-
only-Markt* in Frage. Aufgrund der Einführung von „Schatten-Kapazitätsmechanismen" unter Abschottung vom Strommarkt bleibe der Wettbewerb nicht unverzerrt.
Zudem sei die politische Duldung von Preisspitzen fragwürdig.

2. Netzausbau und Beteiligung – Aktueller Stand und Perspektiven

Im abschließenden Vortrag befasste sich Herr *Kim Paulus* von der Bundesnetzagentur in Bonn mit Fragen der Beteiligung der Öffentlichkeit im Rahmen des Netzausbaus. Nach einem Überblick über den gegenwärtigen Stand des Netzausbaus und
insbesondere über das Energieleitungsausbaugesetz (EnLAG 2009) sowie das Bundesbedarfsplangesetz (BBPlG 2013) erläuterte *Paulus* die verschiedenen Schritte des
Netzausbauverfahrens. Nach der Entwicklung eines Szenariorahmens würde die
Aufstellung von Netzentwicklungsplänen sowie einem Bundesbedarfsplan erfolgen.
Daran schließe sich die Bundesfachplanung sowie Planfeststellung an.

Anschließend erklärte *Paulus* die Phasen der Öffentlichkeitsbeteiligung am Beispiel der Bundesfachplanung. Hintergrund der Beteiligung sei der zunehmende öffentliche Widerstand gegen Infrastrukturprojekte, welcher zu Verzögerungen und
Kostensteigerungen führe und die Gefahr des Scheiterns des Vorhabens berge.
Ziel der Beteiligung sei die Schaffung einer guten Entscheidungsbasis durch Verständnis, Geschwindigkeit und Rechtssicherheit. Dabei würden eine frühzeitige Einbindung aller Beteiligten, eine Kommunikation auf Augenhöhe, Wahrhaftigkeit
sowie eine Zielgruppen- und phasenorientierte Beteiligung wichtige Erfolgsfaktoren
darstellen. Beispielhaft wurde auf die verschiedenen Informationskanäle der BNetzA
wie Printmedien und Bürgerservice aber auch soziale Medien verwiesen. Allerdings
wies *Paulus* auch auf das sogenannte „*Beteiligungsparadoxon*" hin, wonach zu Beginn der Planung noch ein großer Einfluss der Öffentlichkeit auf das Vorhaben bestehe, während die Aufmerksamkeit oft gering sei und am Ende der Planung der Einfluss ab-, die Aufmerksamkeit allerdings zunehme. Als Beispiel für eine Einbindung
der Beteiligten verwies *Paulus* auf den Erdkabelvorrang bei Gleichstromleitungen in
der Bundesfachplanung. Die dabei entstehenden Mehrkosten seien mit einer höheren
Akzeptanz und einem schnelleren Ausbau gerechtfertigt worden.

Schließlich ging *Paulus* auf die Frage ein, ob die (Bürger-)Beteiligung das neue
„*Allheilmittel*" darstelle. Dies sei nicht der Fall, da Kommunikation substantielle
Schwächen von Genehmigungsverfahren nicht ausgleichen könne. Allerdings spiele
die Beteiligung heute eine große Rolle bei der Genehmigung von Infrastrukturprojekten und sei aus einem guten Genehmigungsverfahren nicht wegzudenken.

Zur Abrundung seines Vortrags gab *Paulus* einen Überblick über den Stand der aktuellen Netzausbauvorhaben und deren weitere Planung. Zu nennen seien hier insbesondere das sogenannte „SuedLink"-Vorhaben sowie das sogenannte „SuedOst-Link"-Vorhaben, bei denen jeweils die ersten Antragsunterlagen zur Einleitung der Bundesfachplanung nach dem Netzausbaubeschleunigungsgesetz (NABEG) eingereicht worden seien.

VI. Resümee

In seinem Schlusswort dankte Prof. Dr. *Markus Ludwigs* den Referenten, dem interessierten Auditorium, den Förderern sowie den Mitarbeitern seines Lehrstuhls für das Gelingen der Veranstaltung. Die Ergebnisse der Tagung werden der wissenschaftlichen Öffentlichkeit im Rahmen eines Tagungsbandes, der im Verlag Duncker & Humblot erscheinen wird, zur Verfügung gestellt.

Verzeichnis der Autoren

Dr. *Susanne Cassel*, Referatsleiterin Koordinierung, Bundesländer, Information und Dialog, Bundesministerium für Wirtschaft und Energie, Berlin

Prof. Dr. *Walter Frenz*, Leiter des Lehr- und Forschungsgebiets für Berg-, Umwelt- und Europarecht an der RWTH Aachen

Dr. *Annegret Groebel,* Abteilungsleiterin Internationales und Regulierung Post, Bundesnetzagentur, Bonn

Dr. *Markus Kahles*, Projektleiter, Stiftung Umweltenergierecht, Würzburg

Prof. Dr. *Markus Ludwigs*, Inhaber des Lehrstuhls für Öffentliches Recht und Europarecht, Julius-Maximilians-Universität Würzburg

Prof. Dr. *Jochen Mohr*, Inhaber des Lehrstuhls für Bürgerliches Recht, Kartellrecht, Energierecht und Arbeitsrecht an der Juristenfakultät der Universität Leipzig sowie Richter am Oberlandesgericht Düsseldorf (3. Kartellsenat)

Kim Paulus, Referatsleiter Beteiligung und Rechtsfragen, Bundesnetzagentur, Bonn

Dr. *Marc Ruttloff,* Rechtsanwalt und assoziierter Partner bei Gleiss Lutz, Berlin

Patricia Zentgraf, Studentische Mitarbeiterin am Lehrstuhl für Öffentliches Recht und Europarecht (Prof. Dr. *Markus Ludwigs*) an der Julius-Maximilians-Universität Würzburg

Markus Ludwigs (Hrsg.)

Der Atomausstieg und seine Folgen

Als Lehre aus der Atomkatastrophe von Fukushima ist in Deutschland seit 2011 ein radikaler Wandel in der Klima- und Energiepolitik erfolgt. Prägend hierfür ist der durch die 13. Atomgesetznovelle fixierte Ausstieg aus der Kernenergie bis Ende 2022. Damit verbunden ist eine Vielzahl komplexer Rechtsfragen und Folgeprobleme. Aktuelle Schlaglichter bilden die anstehenden Entscheidungen des BVerfG zur Verfassungskonformität von Atomausstiegsgesetz und Kernbrennstoffsteuer, die vieldiskutierte Schiedsklage von Vattenfall vor dem ICSID-Schiedsgericht sowie die kontroversen Rechtsfragen sowohl im Kontext der Stilllegung und des Rückbaus von Kernkraftwerken als auch hinsichtlich der Endlagerung hochradioaktiver Abfälle. Daneben steht in interdisziplinärer Perspektive die moralisch-ethische Bewertung von Atomausstieg und Energiewende im Fokus.

Den derart skizzierten Problemkomplexen gehen die Beiträge des Sammelbandes nach. Er dokumentiert eine von Professor Dr. Markus Ludwigs organisierte Tagung, die am 8. April 2016 im Rahmen eines von der Fritz Thyssen Stiftung geförderten Drittmittelprojekts (»Das Recht der Energiewende«) an der Universität Würzburg stattfand.

»Es ist bemerkenswert und für den rechtswissenschaftlichen Diskurs förderlich, dass bereits während des laufenden Verfahrens vor dem BVerfG ein so genauer Einblick in die Argumentation der Kernenergiekonzerne gegeben wurde. [...] Der Sammelband beleuchtet die vielfältigen Folgen des Atomausstiegs in ihren Facetten blitzlichtartig und ist hilfreich dabei, sich eine eigene Meinung zu bilden. Schon allein aus diesem Grund ist der Tagungsband als Lektüre zu empfehlen.«

Florian Emanuel, in: Neue Zeitschrift zum Energierecht, 6/2016

Schriften zum Deutschen und Europäischen Infrastrukturrecht, Band 6
Abb., 153 Seiten, 2016
ISBN 978-3-428-15024-3, € 64,90
Titel auch als E-Book erhältlich.

www.duncker-humblot.de